Klaus Konrad / Silke Traub

Selbstgesteuertes Lernen

Grundwissen und Tipps für die Praxis

8. unveränderte Auflage

Schneider Verlag Hohengehren GmbH

Gedruckt auf umweltfreundlichem Papier (chlor- und säurefrei hergestellt).

Bibliografische Information der Deutschen Nationalbibliothek

Die Deutsche Nationalbibliothek verzeichnet diese Publikation in der Deutschen Nationalbibliografie; detaillierte bibliografische Daten sind im Internet über ›http://dnb.dnb.de‹ abrufbar.

ISBN: 978-3-8340-1813-7 – **8. unveränderte Auflage**

Schneider Verlag Hohengehren, 73666 Baltmannsweiler

Homepage: www.paedagogik.de

wbv Media GmbH & Co. KG
Auf dem Esch 4, 33619 Bielefeld
service@wbv.de

Inhaltsverzeichnis

1. Selbststeuerung - Bedeutung und Klärung

1.1 Die wesentlichen Fragen

Dass Lernende ihre eigenen Lehrer/innen sein sollten, ist eine alte pädagogische Forderung und ein aktueller Trend in der pädagogisch-psychologischen Diskussion, die gerade in Baden-Württemberg durch die Entstehung der Gemeinschaftsschule erneut aufgeblüht ist. Dabei vermischen sich nicht selten ideologische (autonomes Lernen als Wert an sich), gesellschaftliche (die Notwendigkeit lebenslanges Lernens erfordert die Entwicklung entsprechender Fähigkeiten) und pädagogisch-psychologische Argumente (günstige kognitive, motivationale und volitionale (= willentlich) Rückwirkungen dieser Methode auf den Lernenden). Verwechselt wird vor allem das angestrebte Ziel selbstgesteuerten Lernens mit den Mitteln seiner Erreichung. Eine Klärung ist also unabdingbar: Was ist selbstgesteuertes Lernen? Wie unterscheidet es sich von traditionellen Formen des Lernens? Welche Beziehungen bestehen zu anderen Konzepten wie Freiarbeit, Projektarbeit oder anderen Formen offenen Unterrichts? Kann man unter den Bedingungen der Lehre selbstgesteuert lernen?

Dieses Buch widmet sich allen genannten Aspekten. Es will einen Beitrag dazu leisten, dass die im Bildungsbereich Tätigen (Schüler/innen, Lehrer/innen und Dozierende) selbstgesteuertes Lernen verstehen, und zwar in ihrer historischen Entwicklung, ihrer aktuellen Relevanz und ihrer theoretischen Begründung. Ein zweites - vor allem für die pädagogisch-psychologische Praxis relevantes Anliegen lässt sich davon nicht trennen. Gemeint ist die Suche nach Möglichkeiten der Unterstützung von selbstgesteuertem Lernen. Dieser zweite Schwerpunkt erscheint um so dringlicher, als der Vergleich zwischen Erziehungsidealen und alltäglicher Unterrichtspraxis zeigt, dass im Bereich der „Selbststeuerung" deutliche Diskrepanzen bestehen: Autonomie-Ziele werden besonders stark angestrebt, aber nicht stärker umgesetzt als andere Ziele (z.B. Vermittlung von Wissen und Fertigkeiten, Einhaltung von Disziplin; Patry & Hofmann, 1998).

Alles in allem ist das vorliegende Buch ein Buch zum Lernen, und es ist eines übers Lernen. Es versteht sich von selbst, dass dieser Anspruch nur ein eingeschränkter sein kann. Die Praxis unterscheidet sich immer von dem, was schriftlich niedergelegt wird.

1.2 Begriffsklärung

Trotz oder gerade wegen des gestiegenen Interesses und der häufigen Verwendung ist der Begriff des „selbstgesteuerten Lernens" keineswegs einheitlich definiert. Autonomie, Selbstbestimmung, Selbstregulation, Selbstorganisation oder autodidaktisches Lernen, alle diese Termini werden im alltäglichen Sprachgebrauch zumeist synonym verwendet. Einige dieser Bezeichnungen sind wenig trennscharf, was nicht zuletzt damit zusammenhängen dürfte, dass sich nahezu alle Teildisziplinen der Psychologie und der Pädagogik mit der Selbststeuerung oder einzelnen Aspekten der Selbststeuerung befassen, allerdings jeweils unter anderem Blickwinkel (vgl. Friedrich & Mandl, 1997; Friedrich, 2006; Konrad, 2008, 2017a; Traub 2012a und b; Traub 2016).

1.2.1 Der Begriff „Selbststeuerung“

Begriffe wie „Selbstorganisation“ und „Selbststeuerung“ haben derzeit in der sozialwissenschaftlichen Beschäftigung mit den Problemen von Lernen Aus- und Weiterbildung „Hochkonjunktur“. Dies bedeutet aber noch nicht, dass alle Beteiligten auch wirklich dasselbe darunter verstehen. Im Folgenden soll daher zunächst versucht werden, den Begriff der „Selbststeuerung“ näher zu beleuchten. Hierzu liegt es nahe, die beiden Hauptkomponenten in Augenschein zu nehmen (vgl. Konrad, 2017a, s. Abschnitt 4.2).

Selbst

Jeder Mensch konstruiert ein Selbst, das er der Umwelt präsentiert. Genaugenommen sind es unzählige Aspekte und Facetten, die zusammengenommen unsere Persönlichkeit ausmachen. Das Selbst ist ein aktiver Agent, der menschliche Handlungen lenkt und reguliert. Richtet sich die Aufmerksamkeit einer Person auf das Selbst, überwacht sie ihr Verhalten stärker. Das kann auch im Dialog mit anderen Personen geschehen. Wir erfahren, wer wir sind, wenn wir hören, wie wir anderen unsere Lebensgeschichte erzählen (vgl. Goleman, 2014, S. 21). Der Selbstfokus fördert offenbar die Selbstregulation, indem er das Individuum dazu bringt, stärker im Einklang mit den eigenen Zielen und den geltenden sozialen Normen zu agieren (vgl. Morf & Koole, 2014, S. 192).
Große Teile dieses Selbst sind unbewusst beziehungsweise wir denken wenig darüber nach. Für Rogers (1981), den prominenten Vertreter der Humanistischen Psychologie, meint das Selbst vor allem ein Konzept. Es ist die „strukturierte und konsistente Vorstellungskraft“, die sich aus den Wahrnehmungen des Ichs und den Wahrnehmungen von den Beziehungen des Ichs zur Außenwelt und zu anderen Personen zusammensetzt. Dazu gehören auch die jeweiligen Wertvorstellungen gegenüber sich selbst und der Umwelt.
Selbstkonzepte, gelten allgemein als konstituierende Merkmale der Persönlichkeit eines Menschen (vgl. Pekrun & Schiefele, 1996). Sie bestehen aus kognitiven Repräsentationen der eigenen Person (selbstbezogene Wissensbestände, Überzeugungen und Vorstellungen) und liefern Kriterien für die Auswahl und Festlegung von Verhaltenszielen, ebenso wie für die Beurteilung von Situationen und Handlungen; dazu gehört gewiss auch die Einschätzung einer Aktivität als „selbst" gesteuert.

Zusätzlich zu diesen eher kognitiven Repräsentationen enthält die menschliche Selbstkenntnis auch eine Gesamteinschätzung des Selbst (z. B. Gefühle und Befindlichkeiten). Die Bewertung dessen, welches Gefühl das Individuum zu seinen Eigenschaften und zu seinem Selbstwert hat, wird als Selbstwertgefühl bezeichnet (vgl. Morf & Koole, 2014, S. 157). Selbstkonzept und Selbstwertgefühl umfassen sowohl stabile als auch dynamische Anteile.

In aktuellen theoretischen Vorstellungen, etwa des symbolischen Interaktionismus, wird das Selbst nicht ausschließlich als stabil und statisch konzipiert. Das Selbst ist veränderlich, aber in jedem Augenblick eine Einheit und ein „ständiger Bezugspunkt“, an dem sich das Ich und sein Handeln ausrichten.

Menschen haben ein aktives Selbstkonzept, das sich in der Auseinandersetzung mit sozialen Erfahrungen konstituiert. Daraus resultiert eine Vorstellung vom eigenen Selbst, das sowohl stabil als auch veränderlich sein kann. Selbstkonzepte sind dynamisch, weil Menschen als rationale Wesen, stets die Gelegenheit haben, Neues über die eigene Person zu lernen. Sie tun dies in bestimmten Kontexten und Situationen, in Einklang mit ihren Absichten und Zielen sowie in engem Zusammenspiel mit ihren generellen und spezifischen kognitiven, motivational-affektiven, soziokulturellen und strategischen Fertigkeiten (vgl. Alexander, 1997; Markus & Wurf, 1987).

Die enge Verbindung der Konzepte „Selbststeuerung“ und „Selbstkonzept“ ist offensichtlich und lässt sich theoretisch überzeugend begründen. Zum einen ist auf eine begriffliche Verwandtschaft zu verweisen. Termini wie „agency“ oder „self-determination“ bezeichnen Aktivitäten, welche das Individuum ausdrücklich wünscht, auswählt und schließlich auch ausführt. Zum anderen muss betont werden, dass die Bedeutung kognitiver, metakognitiver und insbesondere die Rolle affektiver und emotionaler Variablen für autonomes Lernen nur dann verständlich wird, wenn man berücksichtigt, wie sie durch Selbstsystem-Strukturen (Selbst-Schemata, Überzeugungen, Werte, Ziele) und Selbstsystem-Prozesse (self-awareness, Selbstbeobachtung, Selbstbewertung, Selbstbekräftigung) beeinflusst werden (vgl. McCombs & Whisler, 1989; Markus & Wurf, 1987).

Man kann also festhalten: Internal ablaufende Prozesse der Informationsverarbeitung, die in der Verantwortung und im Rahmen der Möglichkeiten des Lernenden liegen, verlangen stets eine Beteiligung des Selbst (vgl. Prenzel, 1993; Reinmann-Rothmeier & Mandl, 2001). Selbstgesteuertes Lernen ist ohne eine komplexe Integrationsleistung des „Ich“ nicht denkbar. Die folgende Übersicht (siehe Tabelle 1) zeigt das Begriffsumfeld von „Ich“ und „Selbst“ und macht die wechselseitigen Verweisungsfunktionen der Begriffe deutlich.

Tab. 1: Das Begriffsumfeld von „Ich“ und „Selbst“ (modifiziert nach Fritz, 1998, S. 117)

	Ich
Bewusst und kommunizierbar	**Identität** Als welche Person ich mich darstelle Ich-Identität Gefühl von Einheitlichkeit und Kontinuität meiner Person
Bewusst und nur teilweise kommunizierbar	Selbstkonzept Als welche Person ich mich empfinde; Schema, das ich von mir selbst gemacht habe
Nur teilweise bewusst	**Selbst** Gesamtheit meiner Möglichkeiten des Seins als Mensch

Steuerung

Als Steuerung bezeichnet man üblicherweise die Einstellung, Erhaltung oder Veränderung der Zustände eines Systems durch externe Festlegung der Eingangsgrößen ohne Rückkoppelung (vgl. Arnold, Eysenck & Meili, 1987, S. 2216). Diesem eher technischen Verständnis setzen verschiedene Wörterbucher Synonyme entgegen, die der hier interessierenden Bedeutung schon näher kommen: „stützen, helfen, ausstatten, beitragen“. Der Duden (2017) umschreibt „steuern“ mit „irgendwohin Kurs nehmen; eine bestimmte Richtung einschlagen“ oder „für einen bestimmten Ablauf, Vorgang sorgen“.

Von der Steuerung ist der häufig synonym verwendete Begriff der Regulation abzugrenzen (vgl. Konrad, 2008). Im Unterschied zur Steuerung, bei der der Informationsfluss nur in einer Richtung möglich ist, wird hier die Wirkungskette durch Hinzufügung einer Rückkoppelung ergänzt, wodurch adaptive Systeme - Regelkreise genannt - entstehen. Lernregulation liegt immer dann vor, „wenn der Lernende seine Lernaktivitäten, seinen Lernzielen und seinem individuellen Lernfortschritt anpasst“ (Weltner, 1978, S. 27).

Im Bereich der Pädagogischen Psychologie kann die Lernregulation generell als Aktivität betrachtet werden, welche in den ablaufenden Lernprozess eingreift und gezielt Maßnahmen zur Behebung des Unterschieds einleitet, sofern Diskrepanzen zwischen dem Ist- und dem Soll-Zustand vorliegen. Es sind damit Rückkoppelungsprozesse angesprochen, die sich entweder auf die Handlung oder auf das zuvor gesetzte Ziel beziehen.

Um eine nähere Eingrenzung von „Steuerung“ oder „Lernsteuerung“ zu erreichen, empfiehlt es sich, die beiden zentralen Varianten der Lernsteuerung – „Selbst-Steuerung“ und „Fremd-Steuerung" einmal genauer unter die Lupe zu nehmen.

1.2.2 Selbst- versus Fremdsteuerung

Interne Steuerung (Selbststeuerung) beinhaltet jene Einflüsse auf die Gestaltung des Lernens, die vom lernenden Individuum selbst ausgehen. Externe Steuerung (Fremdsteuerung) umfasst dagegen diejenigen Einflüsse, die von außen auf den/die Lernende(n) und die Gestaltung seines/ihres Lernens einwirken. Solche Einflüsse können direkt von anderen Personen ausgehen (z.B. Anweisungen der Lehrperson) oder unter Einsatz von Instruktionsmedien bzw. -techniken erfolgen (z. B. programmierte Unterweisung). Ferner können bestimmte Merkmale des weiteren Lernumfeldes (z.B. des Klassenzimmers) zur Fremdsteuerung gerechnet werden (vgl. Schiefele & Pekrun, 1996).

Erscheint die Unterscheidung von fremd- und selbstgesteuertem Lernen auf den ersten Blick äußerst plausibel, so ist sie bei genauerem Hinsehen, doch nur zu analytischen Zwecken sinnvoll. Zurecht ist von verschiedenen Autoren betont worden, dass Lernen immer sowohl fremd- als auch selbstgesteuert ist(vgl. Konrad & Wosnitza, 1995; Konrad, 2005; Einsiedler, Neber & Wagner, 1978; Schiefele & Pekrun, 1996).

Eine reine Fremdsteuerung ist nicht denkbar, da externe Einflüsse vom lernenden Individuum stets kognitiv verarbeitet werden und seine Lernaktivität deshalb nicht vollständig determinieren können (vgl. Reinmann-Rothmeier & Mandl, 2001). Aus konstruktivistischer Sichtweise findet bei jedem Lernen ein Mindestbeitrag an selbstregulativen Tätigkeiten statt (Weinert, 1982). Selbst im Frontalunterricht (hiermit ist das reine Instruieren gemeint), der sich durch ein Minimum an Eigenaktivität der Schüler/innen auszeichnet, lassen sich selbstregulative Aktivitäten nachweisen: Wenn sich der oder die Lernende beispielsweise selber fragt, ob die von der Lehrperson vorgetragenen Inhalte für ihn/ ihr verständlich sind oder wenn er/sie sich Inhalte des Vortrags notiert. In diesen und anderen Lernaktivitäten gleicht Lernen einem Ensemble zahlreicher unterschiedlicher, aber eben aktiver Prozesse, das von einem Subjekt realisiert wird, das sich Ziele setzt, denen Bedürfnisse und Motive zugrunde liegen.

Letztlich ist es das lernende Individuum, welches sich neues Wissen absichtlich aneignet und womöglich dauerhaft verankert. Selbststeuerung ist daher zunächst einmal eine Voraussetzung des selbstgesteuerten Lernens (vgl. Weinert, 1982).

Andererseits ist auch selbstgesteuertes Lernen nur ausnahmsweise in Reinform realisierbar. Selbst wenn durchaus Lernsituationen vorstellbar sind, die weitgehend frei von externen Einflüssen sind, ist da immer noch die Charakteristik des Lerngegenstandes, die als externer Faktor mitbestimmt, welche Lernaktivitäten durchgeführt werden. Ganz gleich, ob es sich um ein Fachbuch, ein Bild oder ein Lernspiel handelt, immer sind nur ganz bestimmte Aktivitäten möglich und andere werden ausgeschlossen. Schließlich ist auch die Lernsituation als Ganze zu bedenken. Selbst- und Fremdsteuerung sind nicht in jeder Lernsituation gleichermaßen angemessen und möglich. Es lassen sich grob drei grundsätzlich verschiedene Lernsituationen unterscheiden:

- Lernen im Unterricht
- Lernen in sozialen Situationen, außerhalb von Unterricht
- Lernen in der Einzelsituation (vgl. Weltner, 1978)

Die Möglichkeiten der Selbststeuerung sind sicherlich beim autonomen Lernen am größten und beim Lernen im Unterricht am geringsten. Für die Fremdsteuerung verhält es sich umgekehrt. Die folgende Abbildung 1 bildet das Kontinuum des selbstgesteuerten Lernens ab.

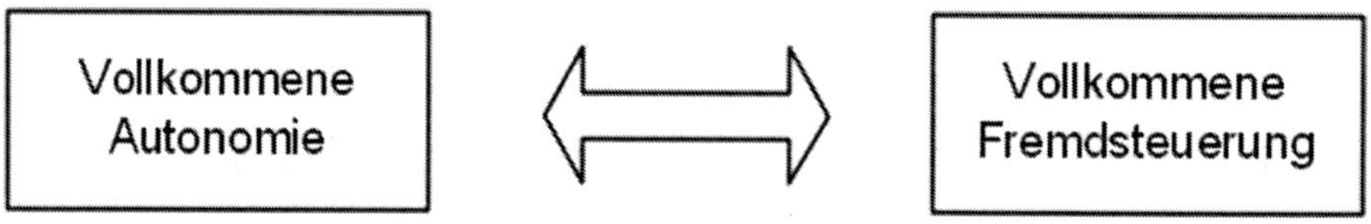

Abb. 1: Kontinuum des selbstgesteuerten Lernens

Es bleibt festzuhalten: Selbstgesteuertes Lernen kann auf einem Kontinuum angesiedelt werden, dessen Pole einerseits „absolute Autonomie“ und andererseits „vollkommene Fremdsteuerung“ heißen. Der Begriff Selbststeuerung markiert damit eine Lernform, bei der der/die Lernende mehr oder weniger Initiator und Verantwortlicher seiner/ihrer Lerntätigkeit ist und in unterschiedlichem Ausmaß Unterstützung und Hilfe erfahren und heranziehen kann. Wesentlich ist: Im Unterschied zur Außensteuerung des fremdbestimmten Lernens zeichnet sich selbstgesteuertes Lernen stets durch einen hohen Selbstbestimmungs- und Selbststeuerungsanteil aus (vgl. Friedrich & Mandl, 1990). Welche Gemeinsamkeiten und Unterschiede die Selbststeuerung zur Selbstregulation des Lernens aufweist, soll im folgenden Abschnitt erläutert werden.

1.2.3 Selbststeuerung versus Selbstregulation

Im Unterschied zu Konzeptionen der Selbststeuerung hebt die Untersuchung der „selbstregulatorischen Prozesse der Feinabstimmung, die bei jedem Lernen notwendigerweise auftreten...“ (Weinert, 1982, S. 103) auf die Mikroebene der Betrachtung selbstgesteuerten Lernens ab. Die Selbstregulation kann damit als Teilaspekt des selbstgesteuerten Lernens begriffen werden. Betont werden die Innensicht des Lernenden und seine (psychische) Kontrolle von Lernprozessen, -inhalten und -situationen. Prozesse bezeichnen in diesem Zusammenhang aktuelle offene oder verdeckte Verhaltensweisen in konkreten Lernsituationen (z.B. im Unterricht oder in Hausaufgabensituationen).

Wie bereits in Abschnitt 1.2.1 angedeutet, beschreibt Selbstregulation eine Form der Lernregulation, welche in den ablaufenden Lernprozess eingreift und gezielt Maßnahmen zur Behebung des Unterschieds einleitet, sofern Diskrepanzen zwischen dem Ist- und dem Soll-Zustand vorliegen.

In einer konkreten Lernsituation stellt der Soll-Zustand ein von der Lehrkraft vorgegebenes oder ein vom Schüler/der Schülerin selbstgesetztes Lernziel dar, wie beispielsweise das Bearbeiten von drei Mathematikaufgaben innerhalb einer Lektion. Die Wahrnehmung des Ist-Zustands gibt Auskunft darüber, wie viele Aufgaben zum aktuellen Zeitpunkt gelöst wurden. Sind für alle drei Aufgaben bereits Lösungen erarbeitet, liegt keine Diskrepanz vor und der Lernprozess ist abgeschlossen. Wurden allerdings erst zwei der drei Aufgaben erfolgreich gestaltet, gilt es für den/die Lernende(n), sich weiterhin mit den Aufgaben zu beschäftigen, um das Lernziel zu erreichen.

Ausgehend von diesem Beispiel können die zentralen Bestimmungsstücke des Regulationsprozesses abgeleitet werden (Konrad, 2005, 2008, 2017a):

1. Es muss ein Soll-Wert bzw. ein Ziel vorhanden sein (Zielsetzung).
2. Im Weiteren findet idealerweise eine Ausrichtung der Lernaktivität auf dieses Ziel hin statt (Handlung).
3. In der aktuellen Ausrichtung werden fortlaufend Informationen über den derzeitigen Ist-Zustand gesammelt (Überwachung).
4. Diese Informationen werden immer wieder mit der Zielsetzung abgeglichen (Evaluation).
5. Falls Diskrepanzen feststellbar sind, werden geeignete Maßnahmen zu deren Behebung eingeleitet (Regulation).

Für die Diskussion des selbstgesteuerten Lernens ist in der hier skizzierten Perspektive ein Verständnis von Regulation maßgebend, welche das Lerngeschehen in mehrere Phasen unterteilt: Zielsetzung, Durchführung der Handlung, Überwachung der Handlung, Evaluation des Lernprozesses und des Lernergebnisses sowie wenn nötig die Anpassung von Zielen oder Maßnahmen. Die Qualität des gesamten Regulationsprozesses ergibt sich aus der kompetenten und reflektierten Ausführung dieser einzelnen Schritte. Der Regulationsprozess ist dabei den basalen Lernaktivitäten übergeordnet (z. B. wahrnehmen, encodieren) und schreitet auf einer Metaebene des Lerngeschehens voran. Idealerweise findet die Regulation in selbstständiger Art und Weise statt, wobei reine Selbstregulation im Klassenzimmer selten anzutreffen ist, da es sich um eine Schnittstellenaktivität handelt, die sowohl von den Lehrenden als auch von den Lernenden beeinflusst wird.

Berücksichtigt man die damit angesprochenen internen und externen Bedingungen sowie ihre Wechselbeziehungen, ergibt sich das folgende mehrdimensionale Strukturmodell des selbstgesteuerten Lernens (siehe Abbildung 2).

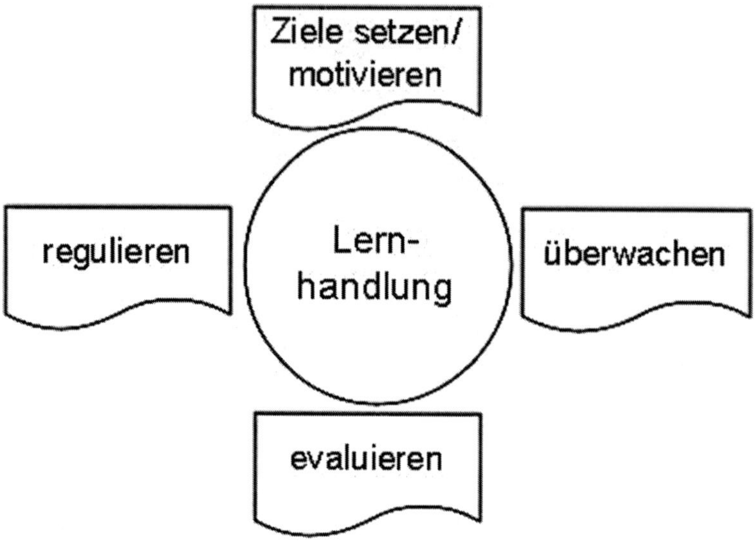

Abb. 2: Strukturmodell des selbstgesteuerten Lernens

Das in Abbildung 2 vorgelegte Ordnungsschema selbstgesteuerten Lernens bildet den Kern der nachfolgenden Betrachtungen. Ausgehend von der damit vorgenommenen Eingrenzung und dem daraus resultierenden Blickwinkel auf die Selbststeuerung können die Teilelemente dieses Konstrukts theoretisch näher bestimmt werden.

1.2.4 Zentrale Merkmale des selbstgesteuerten Lernens

In Anlehnung an die Arbeiten von Zimmerman (1989; Schunk & Zimmerman, 1994) und Corno (1989) lassen sich zentrale Merkmale des selbstgesteuerten Lernens identifizieren. Selbststeuerung des Lernens bedeutet, dass

- die Lernenden in kognitiver bzw. metakognitiver, motivationaler und verhaltensbezogener Hinsicht den Lernprozess selbst aktiv beeinflussen;
- eine selbstbezogene Feedbackschleife während des Lernprozesses wirksam ist. Die Lernenden überwachen im Lernprozess ständig ihre Lernaktivitäten und reagieren auf verschiedene Weise auf dieses Feedback;
- Lernende sich selbst motivieren. Dieses motivationale Element betrifft die Frage, warum und mit welcher Intensität eine Person eine bestimmte selbststeuernde Maßnahme ergreift;

die Lernenden ihr Verhalten volitional steuern. Dazu gehört insbesondere die Fähigkeit des Individuums, über Mechanismen der Motivations- und/oder Emotionskontrolle, seine Lernabsichten vor konkurrierenden Einflüssen zu schützen (vgl. Kuhl, 1987; Schiefele & Pekrun, 1996; Konrad, 2005; Konrad & Bernhart, D. 2017, s. Abschnitt 1.2).

Zusammenfassend schlagen wir folgende Definition selbstgesteuerten Lernens vor:

Selbstgesteuertes Lernen ist eine Form des Lernens, bei der die Person in Abhängigkeit von der Art ihrer Lernmotivation sowie den Anforderungen der aktuellen Lernsituation selbstbestimmt eine oder mehrere Selbststeuerungsmaßnahmen (kognitiver, volitionaler oder verhaltensmäßiger Art) ergreift und den Fortgang des Lernprozesses selbst (metakognitiv) überwacht, reguliert und bewertet.

Aus einer solchen Definition folgt, dass Theorien der Selbststeuerung des Lernens aber auch praktische Maßnahmen zur Förderung entsprechender Lernformen sowohl die kognitive Seite des Lernprozesses als auch die motivationale und metakognitive (volitionale) Seite thematisieren müssen. Nur so kann erklärt werden, warum Schüler/innen ihr „Selbststeuerungswissen“ nicht immer anwenden, wenn sie lernen. Und nur so kann pädagogisch-psychologisch angemessen darauf reagiert werden.

1.3 Pädagogische Bedeutsamkeit selbstgesteuerten Lernens

Nach Ansicht verschiedener Autoren (vgl. Zimmerman, 1989; Schiefele & Pekrun, 1996) sind Lernende unterschiedlichen Alters in der Vergangenheit zu einseitig als passive Individuen behandelt worden. In dem Bestreben, die Effektivität schulischen Lernens zu erhöhen, hat die Instruktionsforschung vor allem der Lehrperson eine zentrale Rolle zugewiesen. Dies gilt in besonderem Maße für den Bereich der Schule. Als wesentliche Aufgabe des Lehrers/der Lehrerin wurde dabei gesehen, den Unterricht den Merkmalen der einzelnen Schüler/innen (z.B. Intelligenz, soziokultureller Hintergrund, Leistungsniveau) anzupassen. Tabelle 2 gibt eine Übersicht zur Verteilung der Lernaktivitäten im herkömmlichen Unterricht.

Tab. 2: Typische Aktivitäten von Lehrer/innen und Schüler/innen

Der Lehrer **Die Lehrerin**	• plant • entscheidet • trägt vor • informiert • korrigiert • experimentiert • strukturiert	• agiert problemorientiert • übernimmt Verantwortung • zeigt Initiative • organisiert • weist an • fragt	• erklärt • demonstriert • bewertet • visualisiert • löst Probleme • dominiert
Die Schüler /innen sollen	• zuhören • rezipieren • abstrahieren	• angepasst lernen • aufpassen • einspeichern	• reproduzieren • Durchhaltevermögen zeigen
Aber:	Sie können und wollen immer weniger		

Ganz interessant sind in diesem Zusammenhang die Ergebnisse der sogenannten Hattie-Studie. Hattie fasst in seinem epochalen Werk sämtliche Meta-Analysen zu schulischem Lernerfolg und zu Bedingungen schulischer Leistungen zusammen (Hattie 2013). Dabei benennt er folgende Belege als besonders bemerkenswert: Die größten Effekte auf das Lernen treten dann auf, wenn die Lehrperson in Bezug auf das Lehren selbst zu Lernenden werden und wenn Lernende zu ihren eigenen Lehrpersonen werden. Wenn Lernende ihre eigenen Lehrpersonen werden, dann zeigen sich bei ihnen diejenigen selbstregulierenden Merkmale, die bei Lernenden besonders erwünscht sind (Selbstbeobachtung, Selbstbewertung, Selbsteinschätzung, Selbstunterrichtung; Hattie 2013, S. 27 in der deutschen Übersetzung von Beywl und Zierer).

Lernende zu eigenen Lehrpersonen werden zu lassen, ist also für schulischen Lernerfolg besonders bedeutsam und sollte durch die Entwicklung von Lernstrategien ermöglicht werden.

Haufig wird Lernen aber eher als Produktionsprozess gesehen. Das Lerngeschehen wird in Analogie zu den Vorgängen im Produktionsbereich eines Unternehmens aufgefasst (vgl. Geißler, 1995). Beobachtet man die Alltagspraxis, so ist doch auffällig, dass Bildungsprozesse oftmals am Muster dieser Produktion, z.B. eines Kleidungsstücks, orientiert werden: „In zwei Tagen“, so die falsche Vorstellung, „kann ich den Lernenden doppelt soviel beibringen wie an einem Tag“. Schließlich kann man an zwei Tagen auch doppelt so viele Hosen produzieren wie an einem Tag. Von neueren kognitionspsychologischen und sozial-konstruktivistischen Überlegungen geprägte Ansätze zum selbstgesteuerten Lernen schlagen einen anderen Weg vor. Jugendliche und Erwachsene sollen die Möglichkeit haben, ihre Lernfähigkeit durch die selbstbestimmte Anwendung von Lernstrategien zu erhöhen, ihre Lernumgebung positiv zu gestalten und Form und Ausmaß der Lehre, die sie benötigen, selbst zu beeinflussen. Auf entsprechende Vorschläge und Methoden trifft man in Bildungsplänen, reformpädagogischen Ansätzen, pädagogisch-psychologischen Entwürfen und Konzepten des offenen Unterrichts sowie nun auch in dem großen Werk John Hatties (2013).

1.3.1 Bildungspläne

Formen des selbstgesteuerten Lernens implizieren die Überlegung, dass sich Lernen nicht an logisch aufeinanderfolgenden Schritten orientiert. Es verläuft nicht-linear und hat eine entsprechend unterschiedliche Logik als ein Produktionsprozess. Immer wieder werden Lernziele nur auf krummen Wegen und manchmal auch auf krummen Touren erreicht. Sobald man direkt darauf zugeht, läuft man mitunter auch Gefahr, es zu verfehlen. Nicht schlichte Ursache-Wirkungs-Verhältnisse sind es, die die Grundlage produktiver Gestaltungs- und Steuerungsaktivitäten ausmachen, sondern nichtlineare Denk- und Handlungsweisen (vgl. Geißler, 1995).

Diesen Erkenntnissen und Einsichten wurde auch in den Bildungsplänen Rechnung getragen. So haben alle Länder in Deutschland ihre Bildungspläne auf Kompetenzorientierung ausgerichtet und legen ihren Kerncurricula die KMK-Standards zu Grunde. Orientiert wurde sich dabei am Kompetenzbegriff Weinerts. Er bezeichnet als Kompetenzen „die bei Individuen verfügbaren oder durch sie erlernbaren kognitiven Fähigkeiten und Fertigkeiten, um bestimmte Probleme zu lösen, sowie die damit verbundenen motivationalen, volitionalen und sozialen Bereitschaften und Fähigkeiten, um die Problemlösungen in variablen Situationen erfolgreich und verantwortungsvoll nutzen zu können" (Weinert, 2001, S. 27 f.).
Diese Definition wird in den Leitgedanken der Bildungspläne weiter ausgeführt. Exemplarisch wird hier der Bildungsplan des Landes Baden-Württemberg zitiert, dessen Leitgedanken Hans Anand Pant formuliert hat:
Wichtige Aspekte dieses Begriffsverständnisses sind, dass Kompetenzen

- im Verlauf von Bildungs- und Erziehungsprozessen erlernt bzw. erworben werden, was insbesondere die Förderbarkeit von Kompetenzen aller Schüler/innen betont;
- die Bewältigung von unterschiedlichen Aufgaben bzw. Lebenssituationen ermöglichen, d. h. einen Bezug zum „wirklichen Leben" aufweisen, und damit eine flexible Verbindung von Wissen und Können in der Bewältigung von bekannten und neuen Handlungsanforderungen sind;
- die Fähigkeit zur Selbstregulation, d. h. der erfolgreichen Verknüpfung von Denken (Kognition), Wollen (Motivation) und „Anpacken" (Volition) benötigen;
- die Bereitschaft und Fähigkeit zu sozial-kommunikativem, kooperativem und *gleichzeitig* zu selbstständigem und selbstverantwortlichem Lernen und Handeln einschließen und
- nicht zuletzt Haltungen umfassen, die sich in kulturbezogenen Tugenden wie kritisch-reflektierendem, aber respektvollem Verhalten gegenüber Mensch, Gemeinschaft und Natur ausdrücken. (Ministerium für Kultus, Jugend und Sport, Baden-Württemberg 2016)

Im Zusammenhang der Kompetenzorientierung nimmt die Fähigkeit zur Selbstregulation eine immer größere Rolle ein und an Bedeutung zu. Die Kompetenz zur Selbstregulation wird im Bildungsplan 2016 explizit genannt und gefördert.
Im Kompetenzerwerb wird zwischen fachlichen (Sachkompetenz) und überfachlichen (Methoden-, Sozial- und Personalkompetenz) Kompetenzen unterschieden.

Kompetenz ist sowohl Qualifikation als auch Qualität. Qualifikation heißt hier jemanden kompetent machen, in dem ihm Wissen und Methoden, richtiges Sozialverhalten und Wissen über Verantwortlichkeiten vermittelt werden. Qualität bedeutet, jemanden zum Aufbau von Haltungen zu befähigen, ihn zum Reflektieren zur Diskursfähigkeit zu bringen, also selbstgesteuertes, bewusstes Handeln zu ermöglichen (vgl. Löwisch, 2000).

Kompetenzen können aber nur durch den selbstständigen Erwerb der dazu notwendigen Fähigkeiten, Einstellungen und Kenntnisse erworben werden.

Was wird unter den jeweiligen Kompetenzen verstanden?

Sachkompetenz

Sachkompetenz besteht aus einem Fach- oder Sachwissen und steht damit für die Sachlichkeit des Handelns in entsprechenden Handlungsfeldern. Sachwissen ist auch verknüpft mit Einsichten in die Zusammenhänge eines Bereiches und die Möglichkeit, in diesem Bereich weiter zu denken, Gedanken zu entwickeln. Der professionell Handelnde muss über entsprechendes Fachwissen verfügen, damit er die notwendigen Voraussetzungen aufweist, in entsprechenden Bereichen urteils- und handlungsfähig zu sein. Um diese Kompetenz zu erwerben, benötigt man umfassendes Wissen und die Fähigkeit, sich Wissen anzueignen. Dieses Wissen muss auch bewertet und reflektiert werden (vgl. Löwisch, 2000).

Methodenkompetenz

Die Methodenkompetenz kann als Könnenskomponente bezeichnet werden. Sie ist notwendig, um sich Wissen anzueignen und mit diesem adäquat umzugehen. Problemlösungen müssen geplant, Mittel zur Ausführung bereitgestellt werden, Lösungswege erarbeitet und Ergebnisse reflektiert werden. Methoden helfen, Wissen zu strukturieren, zu ordnen, es zu vernetzen und damit vom Wissen zum Handeln zu kommen. Es schließt die Fähigkeit ein, das Lernen zu lernen, Lernprozesse selbstständig und selbsttätig voranzubringen.

Sozialkompetenz

Der Sozialkompetenz kommt eine große Bedeutung für die Bildung von Handlungskompetenz zu. Handeln findet immer in einem sozialen Raum, meist in Interaktion mit anderen statt. Handeln ist Handeln zwischen Menschen. Sozialkompetenz meint nun, sich in diese Interaktionen einzubringen, darin auszugleichen, aber auch die eigene Ich-Identität zu bewahren. Die Fähigkeiten, sich auf andere einzulassen, Aufgaben in Rollen und Gruppen zu übernehmen, andere gelten zu lassen, sich aber auch mal durchzusetzen sind zentrale Aspekte der Sozialkompetenz.

Personale Kompetenz

Personale Kompetenz könnte auch mit Selbstkompetenz gleichgesetzt werden oder mit Verantwortungskompetenz. Der Mensch muss als Person hinter dem stehen, was er tut und dies auch selbst verantworten können. Er muss ein eigenes Welt- und Selbstbild entwickeln, dieses nach außen vertreten und reflektierend über andere nachdenken. Die personale Kompetenz ist eng verbunden mit den anderen Kompetenzen, da ein Mensch nur dann eigenverantwortlich handeln kann, wenn er Wissen besitzt über den Entscheidungsprozess, wenn er über Methoden verfügt, sich Lösungen zu suchen und wenn er die sozialen Fähigkeiten besitzt, dies in Kooperation mit anderen zu tun (Löwisch, 2000).

Die nähere Erklärung dieser Kompetenzen macht deutlich, dass es sich dabei um Grundlagen handelt, die in einem lebenslangen Prozess erworben und vertieft werden.

Im momentan praktizierten Unterricht spielt das angeleitete Lernen die weitaus größere Rolle (über 80% des Unterrichtsgeschehens; Hage, 1985). Es zeigt sich vor allem im darbietenden, entwickelnden oder fragenden Unterricht. Angeleitetes Lernen ist wichtig und notwendig, um die oben genannten Ziele zu erreichen, aber es ist nur ein Bestandteil von Unterricht. Selbstgesteuertes Lernen macht die andere Säule des Unterrichts aus, die jedoch in der Unterrichtspraxis noch stark vernachlässigt wird. Aktuelle pädagogische und didaktische Strömungen versuchen diesen Zustand zu korrigieren und messen selbstgesteuerten Lernprozessen eine ebenso große Bedeutung bei wie dem überwiegend praktizierten angeleiteten Lernen. Beide Lernformen müssen als Bestandteile des Unterrichts aufgefasst werden, die nur in gegenseitiger Ergänzung die Zielvorstellungen von Unterricht erreichen können und zu deren Verwirklichung geeignete Methoden gefunden und entwickelt werden müssen.

1.3.2 Reformpädagogische Bemühungen

„Selbstgesteuertes Lernen" stellt keine neue Entwicklung der pädagogischen Theorie und Praxis dar. Entsprechende Ansätze haben sich genauso historisch herausgebildet wie Formen des angeleiteten Lernens. In jüngster Zeit erinnert man sich immer mehr an die historische Entwicklung selbstgesteuerten Lernens, die sich vor allem in der Zeit der Reformpädagogik vollzogen hat. Es wird in diesem Zusammenhang häufig von einer „Renaissance der reformpädagogischen Bewegung" seit Ende der 70-er Jahre gesprochen. Den meisten Reformkonzepten liegt die Leitidee einer „Pädagogik vom Kinde aus" zugrunde. Neben Montessori, Petersen und Freinet, die in diesem Zusammenhang immer wieder herangezogen werden, gibt es weitere wichtige Reformpädagogen, die die selbsttätige Arbeit und das selbstorganisierte Lernen in den Mittelpunkt ihrer Bemühungen stellten.

Hugo Gaudig (1860-1923; Gaudig, 1930; Scheibner, 1962) vertrat bereits eine Persönlichkeitspädagogik; die zu entwickelnde Persönlichkeit stand im Zentrum seiner Arbeit. Das wichtigste didaktische Prinzip stellte für ihn die Selbsttätigkeit im Sinne der freien geistigen Arbeit dar, durch die der Lernende zu Selbständigkeit gelangen soll. Gaudig bezeichnet die Selbsttätigkeit als das Kernstück einer Schule der Zukunft (vgl. Müller, 1963). Dem Prinzip der Selbsttätigkeit weist er große Bedeutung während der gesamten Schulzeit zu. Das Prinzip hat Gültigkeit vom ersten Schultag, über alle Fächer, für alle Phasen des Arbeitsvorgangs, für alle Arbeitsformen und für alle Sozialformen. Dabei muss der Lernende über Arbeitstechniken verfügen bzw. diese trainieren, die ihm die freie geistige Tätigkeit überhaupt erst ermöglichen. Gaudig geht von folgenden Annahmen aus:

- Der Mensch ist ein selbsttätiges, aktives Wesen, wodurch sich Bildung als Selbstbildung vollziehen kann.
- Er verkörpert eine einmalige Persönlichkeit (Individualität), durch die er Würde erhält.
- Er ist handelndes Subjekt, mit dem Ziel, sein Leben selbst zu entfalten. Deshalb muss er auch selbst die Verantwortung für sein Tun übernehmen (vgl. Traub 1999, S. 148ff; vgl. Traub 2000, S.82ff).

Auf Schule und Unterricht bezogen soll der/ die Lernende sich in freier Tätigkeit Bildungsinhalte selbstständig erarbeiten, vorbereiten und sich aneignen. Dadurch kann der Lernende seine Persönlichkeit entfalten, wobei die geistige Selbsttätigkeit ein wichtiges Wesensmerkmal darstellt. Da das Kind sich aber nicht durch eigene Kraft Kulturgüter aneignen kann, braucht es die "freie geistige Schularbeit", die ihm die Auseinandersetzung erst ermöglicht. Gaudig sieht die Aufgabe der Schule darin, als Lebensstätte des Kindes Kulturgüter in freier geistiger Schularbeit zu vermitteln und gleichzeitig den Willen zur Kulturaneignung und zum Kulturschaffen zu wecken und zu verstärken. Letztlich besteht das Ziel der Arbeitsschule darin, den Lernenden zu selbstständiger, freitätiger Gestaltung des Arbeitsvorganges zu erziehen, die über die Schulzeit hinaus Wirkung zeigt (vgl. Traub, 2000).

Auch der Dalton-Plan von Helen Parkhurst (1886-1973; Popp 1995) stellt ein System selbstständigen Lernens dar, das aus der Praxis heraus entwickelt wurde.

1. Ein wichtiges Prinzip schulischer Arbeit sieht die Autorin in der Freiheit gegenüber der Bearbeitungszeit, dem Lernort, den Sozialformen, der Auswahl der Arbeitsschwerpunkte und des Anforderungsniveaus. Dabei gibt es aber ein sogenanntes Fundamentum, das für alle Lernende verbindlich ist.
2. Ein zweites Prinzip sieht Parkhurst in der Zusammenarbeit, die viele soziale Elemente beinhaltet.
3. Schließlich gewinnt die kontrollierte Arbeitsplanung Bedeutung. Dieses Prinzip verwirklicht Parkhurst dadurch, dass jeder Lernende einen auf ihn zugeschnittenen Arbeitsplan erhält (vgl. Traub 1999a, 146ff; Traub 2000 S. 79ff).

Die genannten didaktischen Prinzipien sind dem Ziel untergeordnet, die Lernenden zum selbstständigen Handeln und zum demokratischen Verhalten zu führen. Die Lernenden müssen dazu gebracht werden, selbst die Verantwortung für ihr Lernen zu übernehmen. Fasst man die Charakteristika des Dalton-Plans zusammen, so kann man sechs Merkmale herausarbeiten:

- Freiheit: Lernender ist innerhalb eines bestimmten Rahmens frei in seinen Entscheidungen
- Zielgerichtetheit: Ziele werden von der Lehrperson vorgegeben
- Beachtung der Individualität: individuelles Lernen steht im Vordergrund; der Einzelne wird in seiner Individualität anerkannt

- Selbstverantwortung: der Lernende hat für sein Lernen selbst Verantwortung, auch wenn eine externe Kontrolle vorhanden ist
- Selbstprüfung: jeder lernt nach seinem eigenen Tempo
- Sachgebundenheit: Lernende müssen sich selbst motivieren durch sachbezogene Auseinandersetzung mit bestimmten Lerninhalten (vgl. Traub 1999 A. 146ff; Traub 2000 S. 79ff).

In der Praxis stellen sich diese Prinzipien wie folgt dar: Für einige Stunden des Schultages wird der direkte Unterricht durch das Selbststudium der Lernenden ersetzt. Es gibt schriftliche Studieranleitungen, fachspezifisch ausgestattete Räume sowie Fachlehrer/innen, die die Arbeit der Lernenden unterstützen. In dieser Zeit werden die Schüler/innen eigenständig tätig, sie kommunizieren und kooperieren frei mit ihren Mitschüler/innen und können die Beratung von Lehrenden in Anspruch nehmen. Ziel des Unterrichts ist es, Selbstständigkeit, Selbstverantwortung und kooperative Verhaltensweisen anzubahnen. Wie die Beispiele von Gaudig und Parkhurst andeuten, waren Ansätze des selbstgesteuerten Lernens bereits in der Reformpädagogik vorhanden; sie sind bis heute wirksam und können weiterhin als wichtige Lernformen des Unterrichts betrachtet werden (vgl. Traub, 2000).

1.3.3 Bezüge zu neueren pädagogisch-psychologischen Entwürfen

Was sind die Ursachen für die Wiederentdeckung reformpädagogischer Ideen? Krieger (1994) gibt dafür eine erste Begründung, indem er die Erkenntnisse der Reformpädagogik als Erkenntnisse darstellt, die auch heutigen psychologischen und pädagogischen Überlegungen entsprechen.

Die 'Freiarbeit' ist ein integriert reformpädagogisches Konzept einer individualistischen Unterrichtsorganisation. Sie wurzelt im liberalistischen Gedankengut der traditionellen Reformpädagogik einer 'Pädagogik vom Kinde aus', die das im Denken und Handeln eigeninitiative Kind möchte und es zum Subjekt des Unterrichtsgeschehens macht. Darüber hinaus liegt ihr die Generalhypothese zugrunde, dass der Mensch nur durch Selbsttätigkeit zur Selbstständigkeit gelangt und Erziehung nur als Aufforderung zur freien Selbsttätigkeit verstanden werden kann. Dieses 'reformpädagogische Selbsttätigkeitsprinzip' ist inzwischen durch die Erkenntnisse der Lernpsychologie mehrfach bestätigt worden. (Krieger 1994, S.4).

Potthoff (1990) sieht durch die Rückbesinnung auf die Reformpädagogik eine Möglichkeit, aus der unbefriedigenden Situation der Schulpraxis herauszukommen, die durch Verwissenschaftlichung und Resignation zustande gekommen ist. Aktuelle Forderungen nach vernetzendem Denken, nach Lehren und Lernen mit allen Sinnen usw., finden sich wieder in der reformpädagogischen Bemühung um die Ganzheitlichkeit des Menschen. Auf ähnliche Vorstellungen trifft man in der neueren pädagogisch-psychologischen Literatur. Gleichwohl erfährt der zu beobachtende Rückgriff auf die reformpädagogischen Ansätze der Zeit zwischen 1900 und 1932 eine wesentliche Einschränkung: Aus der Reformpädagogik wird nur das rezipiert, was in Einklang zu neueren wissenschaftlichen Kenntnissen sowie zur aktuellen Lebens- und Lernsituation der Schüler/innen steht.

Man kann noch einen Schritt weitergehen. Der Verweis auf die reformpädagogischen Wurzeln darf nicht den Eindruck hinterlassen, dass ein übereinstimmendes „Grundmuster“ für selbstgesteuertes Lernen vorgelegen hätte, das für heutige Lernformen als didaktische Schablone benutzt werden könnte. Dazu war der Gebrauch von Formen des selbstgesteuerten Lernens in der Reformpädagogik viel zu vielschichtig. Alle reformpädagogischen Ansätze sind in einem ganz bestimmten historischen gesellschaftspolitischen Kontext entstanden und haben dort ihren Platz und ihre Bedeutung gehabt. In unserer Zeit haben schulische Probleme andere Ursprünge. Deshalb sind Bedenken angezeigt, wenn reformpädagogische Konzepte ungeprüft übertragen oder für heutige Situationen „modernisiert“ werden.

Offenbar kann selbstgesteuertes Lernen nicht allein von seinen theoretischen Wurzeln her begründet werden; ebenso wichtig ist die Angemessenheit entsprechender Entwürfe für die heutige pädagogische Praxis. Generell erweist sich eine Rückbesinnung nur dann als sinnvoll, wenn dahinter das Ziel steht, „Altes wie Neues“ im Lichte unserer gegenwärtigen Erfahrungen zu prüfen und eine epochaltypische Weiterentwicklung, Ausgestaltung und Einordnung in ein „demokratisch verfasstes Schulsystem“ (Claussen 1995, S. 15) zu ermöglichen.

Selbstgesteuertes Lernen muss stets auf dem Boden aktueller Anforderungen entwickelt werden, um den Bedürfnissen unserer Zeit gerecht werden zu können. Einige Beispiele mögen diesen Gedanken erläutern:

Viele Schüler/innen sind von Hause aus über Gebühr verwöhnt und überbehütet; die Folge ist eine geradezu chronische Hilflosigkeit und Bequemlichkeit. Solchen Tendenzen ist durch die Betonung des selbstgesteuerten Lernens entgegenzuwirken.

Die stoffbezogene Rezeptionsbereitschaft und -fähigkeit vieler Schüler/innen hat unter dem Einfluss des alltäglichen Medienkonsums erheblich abgenommen. Von daher sind die tradierten direktiven/darbietenden Methoden mehr und mehr in Frage gestellt; der Lehrer/die Lehrerin als „Entertainer" hat einen schweren Stand!

90% unserer Mittelstufen-Schüler/innen sind praktisch-anschauliche Lerner; sie brauchen zum erfolgreichen Lernen die praktische Lerntätigkeit! Mit anderen Worten: „Was der Schüler sich nicht selbst erwirkt oder erarbeitet hat, das ist er nicht und das hat er nicht!“ (Diesterweg)

Bildung ist mehr als kurzzeitiges Auswendiglernen und gedankenlose Paukerei; Bildung zielt auf Persönlichkeitsentwicklung im weitesten Sinne des Wortes; auf Selbstständigkeit, Kreativität, soziale Sensibilität und Kompetenz. Deshalb erscheint es ratsam, den Schüler/innen mehr zuzutrauen und zuzumuten! Wir müssen sie im eigenverantwortlichen Arbeiten verstärkt fordern und fördern! Denn sie können mehr als sie im alltäglichen Schulbetrieb zeigen.

Ebbens und Ettekoven (2009) unterscheiden in diesem Zusammenhang drei verschiedene Lernniveaus und vier Lernaktivitäten. In allen Aspekten sind Strategien selbstgesteuerten Lernens und deren Anwendung besonders bedeutsam.

Beim Lernen, gezielt auf Einprägen (Lernniveau 1) geht es „um das Behalten und Erinnern von Informationen, das Beherrschen von Handlungen und das Verstehen von Fakten und Begriffen. Die beiden Lernaktivitäten der Schüler/innen sind hier „Behalten" und „Verstehen"." (Ebbens & Ettekoven 2009, S. 2).

Beim Lernen, gezielt auf Verknüpfen (Lernniveau 2) geht es darum, dass die Schüler/innen „neue Kenntnisse mit bereits vorhandenen Vorkenntnissen so kombinieren, dass eine passende und dauerhafte Verbindung entsteht. Der Schüler/die Schülerin muss dazu erst die Vorkenntnisse aktivieren. Die auf Verknüpfen des Gelernten zielende Lernaktivität der Schüler/innen ist „integrieren". "(Ebbens & Ettekoven 2009, S. 2).

Lernen, gezielt auf flexible Konstruktion geht davon aus, dass kreativ mit dem Gelernten umgegangen werden kann. „Es geht nicht nur darum, dass der Schüler etwas weiß, sondern dass er das Gelernte in einer neuen Situation anwenden kann. Er soll in der Lage sein, unter Anwendung seines erworbenen Wissens ein unbekanntes Problem (eine Aufgabe) auch ohne Unterstützung des Lehrers zu lösen und neues Wissen zu konstruieren. Die Lernaktivität für die flexible Anwendung ist „kreatives Anwenden". " (Ebbens & Ettekoven 2009, S. 2f.).

Alle drei Lernaktivitäten sind notwendig und wichtig und allen wohnt ein gewisses Grad an Selbststeuerung inne. Ohne Wiederholungs- und Einprägestrategien kann dem ersten Lernniveau nicht entsprochen werden, ohne Enkodier- und Elaborationsstrategien kann Wissen nicht mit Vorwissen verknüpft werden und ohne Reflexionsstrategien kann das Erworbene nicht in Handlung überführt werden.

1.3.4 Offener Unterricht

Für das gegenwärtige Schulsystem muss genau überlegt werden, welche Methoden übernommen bzw. so verändert werden können, damit man sie in Regelschulen einsetzen kann. Auf der Suche nach Unterrichtsmethoden, die selbstgesteuertes Lernen ermöglichen, stößt man immer wieder auf den Begriff des Offenen Unterrichts, der häufig als Oberkategorie selbstgesteuerter Lernformen fungiert. Wulf Wallrabenstein erklärt den Begriff des „Offenen Unterrichts" näher: Offener Unterricht ist ein „Sammelbegriff für unterschiedliche Reformansätze in vielfältigen Formen inhaltlicher, methodischer und organisatorischer Öffnung mit dem Ziel eines veränderten Umgangs mit dem Kind auf der Grundlage eines veränderten Lernbegriffs." (Wallrabenstein, 1994, S.54) Unter den „vielfältigen Formen" der Öffnung versteht Wallrabenstein (1994)

- die inhaltliche Dimension: Öffnung für Inhalte und Erfahrungen aus der unmittelbaren Lebenswelt der Kinder,

- die methodische Dimension: Öffnung für neue Lernformen und für die Mitgestaltung des Unterrichts durch die Kinder und
- die organisatorische Dimension: Öffnung für veränderte Unterrichtsabläufe und Organisationsformen des Unterrichts wie Freie Arbeit, Projekte und Wochenpläne.

Offener Unterricht stellt sich als Dach- oder Oberbegriff dar, dem die verschiedenen Ansätze der Förderung von Selbststeuerung und Methoden des selbstgesteuerten Lernens subsumiert werden können.

Falko Peschel (2010) geht in seinem Ansatz vom einzelnen Kind aus, wenn er von der Öffnung des Unterrichts spricht. Jedes Kind ist selbst für sein Lernen verantwortlich und damit dies möglich ist, muss der Unterricht offen gestaltet werden. Die Lernenden erhalten die Freiheit, eigenständig zu lernen, Lernen wird zum Erforschen dessen, was die Kinder interessiert. Die Kinder müssen als einzelne Individuen angenommen werden und es muss ihnen ermöglicht werden, selbständig zu arbeiten. Die Lehrperson steht dabei als Berater und Ansprechpartner zur Verfügung. Dies gelingt nur, wenn die Lehrperson dem Lernenden vertraut, dass dieser selbst weiß, was er wann und wie lernen möchte. Dabei schließt er sich bei der Betrachtung der Dimensionen durchaus den Vorstellungen Wallrabensteins an. Für ihn ist zentral, dass diese Dimensionen ansatzweise erfüllt werden müssen, um die Mindestanforderung an Offenen Unterricht zu erreichen. Unterricht kann sich dann von diesen Mindestanforderungen weiter öffnen zu einem Unterricht, bei dem diese Dimensionen nahezu alle komplett erfüllt werden (vgl. Peschel 2010).

Peschel selbst führte vier Jahre eine Klasse, in der ausschließlich eigenständig und interessengeleitet gelernt wurde und weist dabei gute Erfolge nach (vgl. Peschel 2010).

Wir neigen dazu, den Begriff „offen“ durch „selbstgesteuert“ zu ersetzen und betrachten den „selbstgesteuerten Unterricht“ bzw. „selbstgesteuerte Lernverfahren“ als übergeordnete Kategorien. Dabei soll noch einmal betont werden, dass Lernen immer sowohl fremd- als auch selbstgesteuert ist (s. Abschnitt 2.1.2). Auch angeleitete Lernformen enthalten Momente der Selbststeuerung. Aus kognitionspsychologischer Sicht erfordert jedes Lernen ein Minimum an selbstgesteuerter Aktivität (vgl. Reinmann-Rothmeier & Mandl, 2001). Insbesondere ist die Enkodierung neuen Wissens immer auch ein vom Lerner intendierter Vorgang.

Zusammenfassend lässt sich sagen, dass selbstgesteuertes Lernen eine lange Tradition in der Pädagogik hat, deren Bedeutsamkeit angesichts aktueller gesellschaftlicher Entwicklungen und daraus resultierender Änderungswünsche wieder gewachsen ist. Warum selbstgesteuertes Lernen in der aktuellen pädagogisch-psychologischen Theorie und Praxis eine tragende Rolle spielt und welche gesellschaftlichen Hintergründe hierfür verantwortlich zu machen sind, soll nun weiter präzisiert werden (vgl. Traub, 1997).

2. Begründungen für selbstgesteuertes Lernen

Wenn selbstgesteuertes und selbstverantwortetes Lernen zu einem wichtigen Bestandteil schulischer Lehr- und Lernarbeit werden soll, muss dies begründet werden. Dies gilt um so mehr als die Tradition unserer Schulen und Hochschulen und die damit einhergehenden Erwartungen, etwa seitens der Eltern, immer noch eher auf den angeleiteten, lehrerorientierten Unterricht ausgerichtet ist. Auch zeigt sich in der Unterrichtspraxis nach wie vor eine eindeutige Dominanz angeleiteter Lehr-Lernformen.

Welche Gründe sind dafür ausschlaggebend, dass methodisch-didaktische Konzepte des selbstgesteuerten Lernens gerade zum jetzigen Zeitpunkt für so wichtig und praktisch relevant erachtet werden? Selbstgesteuertes Lernen als Allheilmittel in einer Zeit, in der die Schule in eine Krise geraten ist? Selbstgesteuertes Lernen als Motivationsschub, als Hoffnungsschimmer im Kampf gegen Schulfrust und Abwehrhaltungen? Diese Ansichten werden häufig von pädagogischen Experten und Laien vertreten; sie alleine reichen aber nicht aus, um den Einsatz selbstgesteuerten Lernens in der Schule zu begründen.

2.1 Gesellschaftlicher Begründungszusammenhang

Unsere Gesellschaft unterliegt einem schnellen und stetigen Wandel. Die durch Herkunftsmilieus tradierten Lebensstile werden heute grundlegend in Frage gestellt. Ein schneller und starker Wertewandel erschwert überdies eine leichte Entscheidung für oder gegen bestimmte Werte, was vielfach zu Orientierungslosigkeit der in dieser Gesellschaft lebenden Menschen führt. Nicht weniger weitreichend wirken die Veränderungen der gesellschaftlichen Lebensformen. Markant sind Wandlungen des familiären Gefüges. Zu beobachten ist einmal, dass sich die Berufe der Eltern aus dem häuslichen Rahmen nach draußen verlagert haben. Zum anderen gibt es häufig nicht mehr die klassische Familie, in der Vater, Mutter und Kinder zusammenleben. Vielmehr trifft man auf eine Vielfalt von Formen des Zusammenlebens, wie alleinerziehende Väter und Mütter, Wohngemeinschaften, Tagesstätten, Tagesmütter usw. Auch wie ein Kind oder ein Jugendlicher zu sein hat, ist heute im Gegensatz zur bürgerlichen Gesellschaft nicht mehr eindeutig festgelegt. In der bürgerlichen Gesellschaft waren Rollen und Traditionen wie ein Gerüst, das dem Einzelnen Sicherheit gab. Zwar war dieses Gerüst oft auch ein einengendes Korsett, dafür aber bot es Verlässlichkeiten und Vorhersehbarkeit (vgl. Traub, 2000).

Ohne diese Stütz- und Leitlinien entwickelt sich die Lebensführung immer mehr zu einem individualisierten Projekt, in dem das Individuum herausgefordert ist seine Lebensentwürfe selbst zu konstruieren. Was bei Erwachsenen häufig unter dem Begriff der „Selbstverwirklichung" firmiert, zeigt sich im Verhalten vieler Kinder in Form einer weitgehenden Ich-Bezogenheit. Sie nehmen die Anliegen anderer nicht wahr und sind stark auf ihr eigenes Handeln sowie ihre eigenen Wünsche fixiert. Möglicherweise spielt hier eine ursächliche Rolle, dass viele Kinder als Einzelkinder aufwachsen und weniger Kontakt zu anderen Kindern haben.

Eine weitere nennenswerte Tendenz offenbart sich in der Zunahme der Bedeutung der Medien. Diese dringen massiv in das Leben der Kinder und Jugendlichen ein und prägen ihr Meinungsbild. Sie beeinflussen in hohem Maße die Wertebildung und machen einen gewichtigen Teil ihres Freizeitverhaltens aus. Dabei präsentiert sich mediale Welt in einer unverbindlichen Vergleichzeitigung von Bildern, Tönen und Texten, aus denen der Rezipient das für ihn Wichtige nach Belieben auswählen und zusammenstellen kann (vgl. Fritz, 1998; Konrad, 2009a). Die neuen Technologien eröffnen auch ganz neue Erfahrungsräume. Die elektronische Welt vom Fernsehen bis zum Computer liefern „Erfahrungen aus zweiter Hand“. Vorfabrizierte Deutungen, nicht die Realität wird angeboten. Damit verbunden ist die Reduktion von selbstständigen Erfahrungsmöglichkeiten zugunsten des Vordringens konsumierender Formen. Gerade sinnliche Erfahrungen sind es aber, die aus lernpsychologischer Sicht Lernen und Wissenserwerb begünstigen. Eigenes Tun ist die materielle Grundlage der menschlichen Erkenntnistätigkeit.

Neue Informationssysteme haben darüber hinaus tiefgreifende Auswirkungen auf die beruflichen Qualifikationsstrukturen. Die immer schnellere und weiter reichende technische Entwicklung beschleunigt die Verfallszeit des konkreten beruflichen Wissens und Könnens. Was heute relevant und aktuell ist, gilt schon morgen nicht mehr. Fachwissen veraltet sehr schnell, das Wissen zum Aneignen neuen Wissens wird stärker gefordert. Eine gute Schulbildung garantiert schon lange nicht mehr einen adäquaten Beruf oder eine adäquate Berufsausbildung.

Schließlich spielen im gesamtgesellschaftlichen Kontext auch ökologische Fragen eine gewichtige Rolle. Hervorzuheben sind z.B. Umweltprobleme, die sich zu globalen Schwierigkeiten ausweiten können und denen die Menschen meist hoffnungslos gegenüberstehen. Bevölkerungsentwicklungen und Migrationen bringen neue gesellschaftliche Probleme ins Spiel, die sich international ausweiten und Auswirkungen auf alle Lebensbereiche haben (vgl. Bildungskommission NRW, 1995, S. 21-69; Rademacher & Schulze, 1998, S. 9-14).

Neue methodisch-didaktische Modelle werden entwickelt, die Antworten auf gesellschaftliche Veränderungen liefern sollen. Bisher eingesetzte unterrichtliche Vorgehensweisen scheinen den genannten Entwicklungen nicht mehr gerecht werden zu können. Zunehmend werden Forderungen nach Phasen selbstgesteuerten Lernens laut.

Bedeutsam wird in diesem Zusammenhang auch die Einführung neuer Schularten wie zum Beispiel der Gemeinschaftsschule in Baden-Württemberg. Ziel dieser Schulart ist es, auf die gesellschaftliche Entwicklungen zu reagieren und längeres gemeinsames Lernen in hoher Individualität zu fördern. Durch diesen neuen Schultyp soll der Heterogenität der Lernenden, die durch Faktoren wie soziale Ungleichheit, Medienkonsum, Migrationshintergrund, usw. entstanden ist, besser gerecht werden. Lernende sollen hohe individuelle Lernangebote erhalten wie sie der „offene Unterricht“

bietet, aber auch Lernen in Kooperation mit anderen wird hier sehr bedeutsam werden. Individualisiertes Lernen wird hierbei häufig mit selbstgesteuertem Lernen gleichgesetzt, zumindest aber ist ein gewisses Maß an Selbststeuerung notwendig, um den Anforderungen an individualisiertes und kooperatives Lernen gerecht zu werden. Weitere Informationen zur Gemeinschaftsschule kann dem Buch von Thorsten Bohl und Sibylle Meissner „Expertise Gemeinschaftsschule" entnommen werden.

2.2 Lerntheoretische Begründungen

Wenn Lernen im Kern ein individueller Prozess ist, sind Anregungen unausweichlich, die die Lernenden dazu befähigen, über den herkömmlichen Unterricht hinaus, ihr Lernen selbst in die Hand zu nehmen. Konkret bedeutet dies, ihnen Möglichkeiten zu eröffnen, ihre Lernprozesse (nach)steuern zu können. Jeder Lernende muss die im Unterricht aufgenommenen Inhalte individuell verarbeiten. Dazu benötigt er Raum, Zeit und die Möglichkeit, seine von ihm favorisierten Lernwege zu benutzen (vgl. Simons, 1992; Weinert, 1997; Traub 2016).

Frontalunterricht folgt der Vorstellung, dass ein von einem Lehrer/einer Lehrerin durchgeführter Unterricht stets 20-30 Lernprozesse synchron initiiert, realisiert und zu einem Ergebnis führt. Dies ist sicher eine Illusion. Lernprozesse, die man in der Regel nicht genau und differenziert genug initiieren kann, werden allenfalls teilweise synchron zum abgehaltenen Unterricht verlaufen. Häufig werden sie sich unstet vollziehen, also irgendwann anfangen, abbrechen, später wieder beginnen. Ein zweites Problem besteht darin, dass bei lehrerorientiertem Unterricht das Lerntempo sich an einem angenommenen Durchschnitt ausrichtet. Individuelle Lernprozesse bleiben außer Acht. Die Konsequenz kann sein, dass abgebrochene, nicht in Gang gekommene und im Tempo verzerrte Lernprozesse schließlich zur Kumulation von Halb- bzw. Nicht-Verstandenem führen. Man bezeichnet dies gern als Lernstörungen (vgl. Bönsch, 1995). Selbstbestimmtes, selbstverantwortliches Lernen kann hier andere Lernmöglichkeiten eröffnen.

Das Lernen zu lernen steht im Vordergrund der lerntheoretischen Begründung. Lernende müssen Möglichkeiten erhalten, ihren Lerntyp, ihre Lernstrategien, ihre Lern- und Arbeitstechniken herauszufinden, um ihr Lernen selbst verantworten zu können. Daraus ergeben sich notwendigerweise Konsequenzen für die Lehrenden: Sie geben immer weniger den Unterrichtsinhalt vor und legen die Lernziele fest. Sie planen auch nicht mehr alleine den Unterrichtsablauf, bestimmen immer weniger die Methoden, die Sozialformen und die von den Schüler/innen zu verwendenden Hilfsmittel. Die Lehrkraft ist auch weniger verantwortlich für das Festhalten der Ergebnisse. Schüler/innen übernehmen zunehmend selbst die Verantwortung für ihren Lernprozess. Letztlich kommt es der Qualität des Lehrens und Lernens zugute, wenn der Lernende in seiner Vielfältigkeit angenommen wird. Dies kann aber nur gelingen, wenn differenzierende Maßnahmen ergriffen werden. Differenzierung bezieht sich auf sachbezogene, soziale und personzentrierte Lernprozesse.

Die Forderungen nach Individualisierung und Differenzierung steht unmittelbar mit den in Abschnitt 2.1 beschriebenen gesellschaftlichen Veränderungen in Verbindung. Die erkennbaren pluralen Einflüsse unserer Gesellschaft verstärken die ohnehin vorhandene Unterschiedlichkeit der Lernvoraussetzungen, -fähigkeiten und -stile seitens der Lernenden. Will man dem Einzelnen gerecht werden, sind differenzierende und individualisierende Maßnahmen zwingend geboten (vgl. Traub 2000, Traub 2016). Auch dafür steht die Einrichtung der Gemeinschaftsschule.

Auch sozialerzieherische Gründe können herangezogen werden, um selbstorganisiertes Lernen in der Schule zu rechtfertigen. Gegenseitige Hilfe, Anregung, Beratung, gemeinsames Lernen, tutorielle Hilfe (Schüler helfen Schüler), Ermutigung usw. sind nicht notwendigerweise Illusionen. In selbstorganisierten Unterrichtskonzepten können Solidarität, Empathie und Kooperation Realisierungschancen bekommen, die der Frontalunterricht so nie anbieten kann. Bei selbstbestimmtem Lernen erfährt der Einzelne, was ein anderer sich vornimmt, wie er arbeitet, welche Hilfen er benutzt und ob bzw. wie er seine Schwierigkeiten bewältigt.

2.3 Bildungstheoretische Begründungen

Schule ist eine Bildungsinstitution, und alle Lehrer/innen sind neben dem Erziehungsauftrag auch einem Bildungsauftrag verpflichtet. Deshalb ist es wichtig und notwendig zu überlegen, welche Aufgaben selbstgesteuerte Lernprozesse im bildungstheoretischen Sinn in der Schule haben und wie sie aus dieser Sicht begründet werden können.

Der Neuhumanist Wilhelm von Humboldt (1767-1835; Benner, 1990) beschreibt in seiner Bildungstheorie bereits Gedanken, die für die heutige Gestaltung von Unterricht wichtig sind. Humboldt vertritt die Auffassung, dass der Mensch in einer Mannigfaltigkeit kultureller und sozialer Beziehungen lebt. Er ist in eine Fülle von Situationen hineingestellt, in denen er sich immer wieder entscheiden muss. Um solche Entscheidungen treffen zu können, benutzt der Mensch eine in ihm wohnende Kraft, die nicht nur formal begriffen werden kann, sondern die sich auch inhaltlich und moralisch ausgestaltet und äußert. Jedes Individuum trägt eine Kraft in sich, die sich aber nur durch die Auseinandersetzung mit der Welt entwickelt. Humboldt spricht von einer Dialektik zwischen Individuum und Welt: Das Individuum braucht die Welt, um seine Kräfte entfalten zu können, die Welt braucht das Individuum, um gesellschaftliche Welt sein zu können. Das Individuum ist im Sinne Kants ein moralisches Wesen und kann deshalb verantwortungsvoll handeln. Voraussetzung für dieses Denken ist ein Menschenbild, welches dem Menschen Selbst- und Weltreflexivität zuordnet, also die Eigenschaft, sich selbst zu bilden und diese Bildung verantwortlich in gesellschaftliches Handeln umzusetzen (vgl. Traub 1999, S. 132; Traub 2000, S.65 f.)

Humboldt sieht die Bestimmung des Menschen darin, zu seinem Wesen, zu seiner Individualität zu kommen, also seine Persönlichkeit zu entwickeln. Diese Wechselwirkung zwischen Mensch und Welt bedarf der Freiheit und der Mannigfaltigkeit, um bildend und bildungswirksam sein zu können. Die Entwicklung der Individualität soll den Menschen auf eine selbstverantwortete Mitwirkung an der menschlichen Gesamtpraxis vorbereiten und zur Teilnahme an der Gründung einer neuen Öffentlichkeit befähigen (vgl. Benner, 1990).

Humboldts Bildungsauffassung lässt sich in selbstgesteuerten Lernformen durchaus verwirklichen. Diese bieten den Lernenden eine Mannigfaltigkeit an Aufgaben an, aus denen sie dann, gemäß ihren Bedürfnissen, auswählen können. Sie verfügen damit über die von Humboldt geforderten Entscheidungsspielräume, die er als notwendig erachtet, um Bildung in Gang zu setzen. In diesem Sinne stellen sie einen Bildungsprozess dar oder anders ausgedrückt, ein Unterrichtskonzept, in dem sich Bildung im Sinne Humboldts vollziehen kann (vgl. Traub 1999, S. 133; Traub 2000, S.66 f.).

Humboldts Theorie wird von Wolfgang Klafki (vgl. Klafki 1996), einem der bekanntesten neueren Bildungstheoretiker, in seinem Konzept einer allgemeinen Bildung fortgeführt. Als ursprünglicher Vertreter der bildungstheoretischen Didaktik weitet er seine Didaktik zur kritisch-konstruktiven Didaktik aus, wobei er versucht, ein Konzept zu schaffen, das eine Neuinterpretation von Hermeneutik, Empirie und Gesellschafts- bzw. Ideologiekritik in pädagogischer Perspektive einschließt. Dabei prägt er den Begriff der kategorialen Bildung. Darunter versteht er eine grundlegende Bildung, insofern sich in diesem Prozess grundlegende Formen und Inhalte des Erkennens bzw. des Verstehens herausbilden. Diese erzeugen Kategorien im Menschen, mit deren Hilfe sie sich selbst und die Welt sowie das Verhältnis Mensch-Welt interpretieren und dabei ein begründetes Handeln entwickeln können. Kategoriale Bildung beinhaltet sowohl Momente der formalen als auch der materialen Bildung. Es besteht ein ständiger Verweisungszusammenhang zwischen beiden Komponenten. Kategoriale Bildung muss Ziel jeglichen Unterrichts sein, wenn man von einer bildungstheoretischen oder auch kritisch-konstruktiven Didaktik ausgeht. Kategoriale Bildung beinhaltet die Zielsetzungen, die immer wieder an selbstgesteuerte Arbeitsformen gestellt werden: Aneignung von Methoden und bestimmter Fähigkeiten (formale Aspekte), Beschäftigung mit Inhalten (materiale Bildung); beides zusammen soll den Schüler/innen helfen, sich in der Welt zurechtzufinden, verantwortlich darin handeln zu können und eigene Entscheidungen zu treffen (vgl. Traub 1999, S. 134ff; Traub 2000, S.67 f., Traub 2012b, S. 11 ff).

Über bestimmte Inhalte muss diskutiert werden. Damit dies geschehen kann, sind lehrerzentrierte Informationsphasen durchaus sinnvoll, sofern sie die selbstständige Weiterverarbeitung zulassen oder anregen. Selbstgesteuertes Lernen kann dann einen Beitrag zur Kategorialen Bildung leisten, wenn es in weiteres Unterrichtsgeschehen eingebettet wird und darin einen Platz einnimmt, der es den Schüler/innen ermöglicht, eigenständig Kategorien für das Verständnis der Welt zu entwickeln (vgl. Traub, 1997 und 2000).

Klafki (1996) sieht die Forderung nach Bildung als Befähigung zu vernünftiger Selbstbestimmung schon in den klassischen Bildungstheorien verwirklicht. Neben Selbstbestimmung werden auch Begriffe wie Freiheit, Emanzipation, Mündigkeit, Selbsttätigkeit oder Autonomie verwendet. Diese Gesichtspunkte nimmt Klafki auf, wenn er zwölf Thesen zur Konstruktion eines Allgemeinbildungskonzepts formuliert (vgl. Klafki, 1996, S. 43-81). Die wesentlichen Thesen sollen nun sinngemäß wiedergegeben werden.

Nach Klafki muss Bildung heute als selbsttätig erarbeiteter und personal verantworteter Zusammenhang dreier Grundfähigkeiten verstanden werden:

- Jeder Mensch muss die Fähigkeit zur Selbstbestimmung haben über seine eigenen Lebensbeziehungen und Sinndeutungen, über berufliche, ethische, zwischenmenschliche oder religiöse Belange.
- Jeder Mensch hat Mitbestimmungsfähigkeit, da jeder Anspruch und Verantwortung hat für die Gestaltung unserer Welt, unserer Ordnungen und unserer Lebensverhältnisse.
- Jeder Mensch muss über Solidaritätsfähigkeit verfügen, damit er den eigenen Anspruch auf Selbstbestimmung und Mitbestimmung auch auf die übertragen kann, die dazu selbst aus verschiedenen Gründen nicht in der Lage sind. Diese Grundfähigkeiten machen Bildung aus und müssen in der Schule entwickelt werden. Auch wenn ein solcher Anspruch in der Praxis wohl nie vollständig eingelöst wird, können Ansätze von Selbstbestimmungs-, Mitbestimmungs- und Solidaritätsfähigkeit im Unterricht grundgelegt werden
  (vgl. Traub 1999, S. 135; Traub 2000, S.69 f.).

Weiter geht Klafki auf den Begriff Allgemeinbildung ein. Er unterscheidet dabei zwischen drei Bedeutungsmomenten:

1. Bildung für alle. Damit setzt sich Klafki für mehr Chancengleichheit zur Entwicklung menschlicher Grundfähigkeiten ein. Hier kann selbstgesteuertes Lernen durch Differenzierung und Individualisierung durchaus einen Beitrag leisten.
2. Bildung muss alle Grunddimensionen menschlicher Fähigkeiten berücksichtigen, also das Lernen mit Kopf, Herz und Hand praktizieren. Bildung soll sich vielseitig vollziehen. Dies bezieht sich vor allem auf Aspekte formaler Bildung, aber auch auf inhaltliche Vielseitigkeit. Das Moment der Vielseitigkeit ist eine wichtige Ergänzung des dritten Bestandteils von Allgemeinbildung (Bildung im Medium des Allgemeinen), der für Klafki das Kernstück seines Konzepts darstellt.
3. Bildung im Medium des Allgemeinen. Hier geht Klafki auf sein Schlüsselproblemkonzept ein. Allgemeinbildung bedeutet in dieser Hinsicht, ein geschichtlich vermitteltes Bewusstsein von zentralen Problemen der Gegenwart und - soweit voraussehbar - der Zukunft zu gewinnen, Einsicht in die Mitverantwortlichkeit aller angesichts solcher Probleme und Bereitschaft, an ihrer Bewältigung mitzuwirken. Abkürzend kann man von der Konzentration auf

epochaltypische Schlüsselprobleme unserer Gegenwart und der vermutlichen Zukunft sprechen. Es muss sich dabei um Probleme handeln, die global bedeutsam sind, ihre Bedeutung über längere Zeit (eine Epoche) nicht verlieren und auch für den einzelnen zentral sind. Klafki nennt solche Schlüsselprobleme: Friedensfrage, gesellschaftlich produzierte Ungleichheit, Gefahren und Möglichkeiten der neuen Medien, Umweltprobleme usw. (vgl. Traub 1999, S. 135f; Traub 2000, S.70 f.).

Die schulinterne Auseinandersetzung mit Schlüsselproblemen soll Schüler/innen dabei helfen, sich selbst ein Bild von der Problematik machen zu können und damit eigene Urteile zu bilden, die es ihnen ermöglichen, nach Lösungen zu suchen. Der einzelne erfährt sich als Betroffener, der angeregt wird, auch zu handeln. Die Auseinandersetzung mit Schlüsselproblemen ist notwendig, um zu den von Klafki genannten Grundfähigkeiten zu kommen. Damit spielen sie auch eine Rolle, wenn es um die Selbstständigkeit junger Menschen geht. Um sich mit solchen Schlüsselproblemen auseinandersetzen zu können, müssen verschiedene Einstellungen und Fertigkeiten erlernt werden. Klafki nennt folgende:

- Kritikbereitschaft und -fähigkeit, um Standpunkte aufnehmen und hinterfragen zu können
- Argumentationsbereitschaft und -fähigkeit, um eigene Auffassungen darstellen zu können
- Empathiefähigkeit, um andere verstehen und sich in sie hineinversetzen zu können
- Fähigkeit zum vernetzenden Denken, um Zusammenhänge zu erkennen (vgl. Traub 1999, S. 137; Traub 2000, S.71.).

Wichtig ist die Frage, wie Klafki glaubt, seine Schlüsselprobleme im Unterricht thematisieren und behandeln zu können. Dabei spricht er vor allem von vier Prinzipien:

1. Exemplarisches Lehren und Lernen, also ausgewählte Sachverhalte, an denen dann Zusammenhänge erklärt und Prinzipien verständlich werden können
2. Methodenorientiertes Lernen, um sich Verfahrensweisen anzueignen, die es ermöglichen, sich mit Sachverhalten auf unterschiedliche Weise auseinanderzusetzen
3. Handlungsorientierter Unterricht, wo auch praktisch gelernt werden kann
4. Verbindung von sachbezogenem und sozialem Lernen
5. Konzentrationsfähigkeit, Anstrengungsbereitschaft, Rücksichtnahme usw. gehören ebenfalls zu einem Allgemeinbildungskonzept

(vgl. Traub 1999, S. 137; Traub 2000, S.71 f. ; Konrad & Bernhart, A., 2014, S. 18).

Bei den hier ausgeführten Prinzipien kann selbstgesteuertes Lernen von großer Bedeutung sein. Es schafft die Voraussetzungen für die Arbeit mit Schlüsselproblemen, indem

- exemplarisch, methodenorientiert, handlungsorientiert gearbeitet wird,
- soziales und sachliches Lernen beachtet wird und
- in der Auseinandersetzung mit anderen Argumentations- und Kritikfähigkeit erlernt wird.

Voraussetzung hierfür ist, dass die Bildungsinstitution genügend Anlässe und Gelegenheiten anbietet, in denen ein lernendes Individuum eigene Interessen entwickeln, selbst etwas für wichtig erachten und entsprechend bearbeiten kann. Nur wenn solche Freiheitsgrade verfügbar sind, wird das Individuum das Lernen selbst in die Hand nehmen und sich selbstständig mit den Problemen der Welt auseinandersetzen.

.

3. Psychologische Voraussetzungen für selbstgesteuertes Lernen

Alle neueren Lerntheorien begreifen Lernen als gesteuerten Prozess, der bestimmte Komponenten einschließt (vgl. Neber, 1978; Konrad, 2005). Zu jedem Lernvorgang gehören:

1. Die Zielstellung (Elaboration der Ziele, die mit einer Lernepisode erreicht werden sollen)
2. während des Lernprozesses durchgeführte Operationen (diese umfassen sowohl Lernaktivitäten, z.B. das Anfertigen von Notizen, als auch Regulationsaktivitäten) und
3. zielorientierte Kontrollprozesse (Bewertung des Ergebnisses einer Lernepisode).

Die beschriebenen Bestimmungsstücke können sowohl extern als auch intern gesteuert werden. Je nachdem, welche Komponenten des Lernens in einem bestimmten Fall fremd- bzw. selbstbestimmt sind, können unterschiedliche Grade von Fremd- und Selbststeuerung unterschieden werden (vgl. Schiefele & Pekrun, 1996). In den folgenden Abschnitten beleuchten wir jene personalen und situativen Bedingungen, die für selbstgesteuertes Lernen erfüllt sein müssen.

3.1 Voraussetzungen der Person

Selbstgesteuertes Lernen muss gelernt werden, und die Lernenden müssen die Bereitschaft zur selbstgesteuerten Arbeit mitbringen und weiter entwickeln. Des Weiteren benötigen sie bestimmte Fähigkeiten oder Kompetenzen, die dazu beitragen, das selbstgesteuerte Lernen in Gang zu bringen und aufrechtzuerhalten.

Systematisch betrachtet sind es auf der Personseite drei Aspekte, die eine genaue Betrachtung verdienen:

- Motivation
- Lernstrategien
- Metakognition.

3.1.1 Motivation

Bei der Bestimmung der Selbststeuerung kommt affektiv-motivationalen Variablen eine hervorgehobene Bedeutung zu. Einmal abgesehen von inzidentellem Lernen, ist eine hinreichende Motivation ebenso als notwendige Bedingung für jedwede Art von Wissenserwerb anzusehen, wie dies für kognitive Variablen unterstellt werden kann (vgl. Pekrun & Schiefele, 1996). Drei Ansätze der Motivationspsychologie sollen hier näher vorgestellt werden.

(1) In Abkehr von der biologisch orientierten Motivationsforschung, die in den elementaren organismischen Trieben die Quelle aller Verhaltensenergie sah, haben sich in den letzten Jahrzehnten kognitive Motivationsmodelle durchgesetzt, die wesentliche Elemente des selbstgesteuerten Lernens theoretisch begründen und erklären können.

- Wertkomponenten: Valenzen der Folgen, handlungsimmanente Anreize
- Erwartungskomponenten: Situations-Handlungs-Erwartungen, Handlungs-Ergebnis-Erwartungen
- Affektive Komponenten: selbstbezogene Gefühle, aufgabengerichtete emotionale Reaktionen.

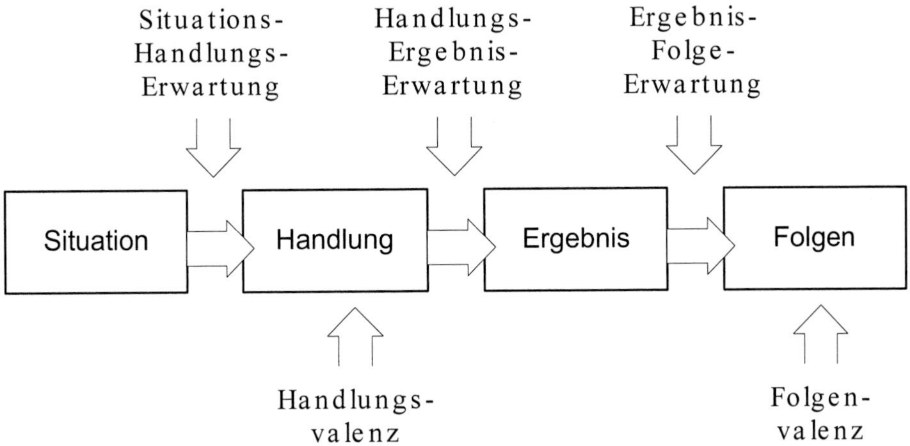

Abb. 3: Differenziertes Erwartungs-mal-Wert-Modell

Nach Ansicht vieler Autoren (vgl. Heckhausen, 1989) bestimmt das Erwartungs-mal-Wert-Prinzip die Stärke der Handlungstendenz, also das Ausmaß, in dem sich eine Absicht zur Erledigung aufdrängt. Als Kriterium der Handlungswahl gilt: es wird diejenige Absicht zur Behandlung ausgewählt, für die das Produkt aus Wichtigkeit (Valenz = V), Kontrollerwartung (Handlungs-Ergebnis-Erwartung = HEE) und Kompetenzempfinden (Situations-Handlungs-Erwartung = SHE) am größten ist (vgl. Konrad, 1993). Die folgende Formel bringt diesen Tatbestand zum Ausdruck:

Handlung = SHE * HEE * V

Den multiplikativen Charakter dieser Ansätze entsprechend dürfen weder der Anreizwert noch die Erwartungen bestimmte kritische Schwellen unter- oder überschreiten, andernfalls kommt es zu keiner Lernhandlungstendenz.

Bereits diesen skizzenhaften Hinweisen ist zu entnehmen, dass auf dem Weg von Motivation zur Handlung zwischen mehr oder weniger bewussten Alternativen gewählt werden muss. dass souveränes menschliches Handeln gerade mit solchen Wahl- und Entscheidungsprozessen zusammenhängt, ist offenkundig.

(2) Ein zweiter Theoriestrang trachtet danach, die Lücke zwischen Informationsverarbeitungs- und Motivationstheorien zu schließen. Ausgehend vom Ansatz Kuhls (1987), der zwischen Selektions- und Handlungsmotivation unterscheidet, wird der Motivationsprozess vor der Handlungsausführung in eine motivationale und in eine volitionale (= willentliche) Phase unterteilt (s. Abbildung 4). Gegenüber den Vorstellungen der Erwartungs-Wert-Theorien (s. Abbildung 3) werden nun auch die Determinanten des Handlungsvollzugs (Planung, Handlungsausführung usw.) berücksichtigt.

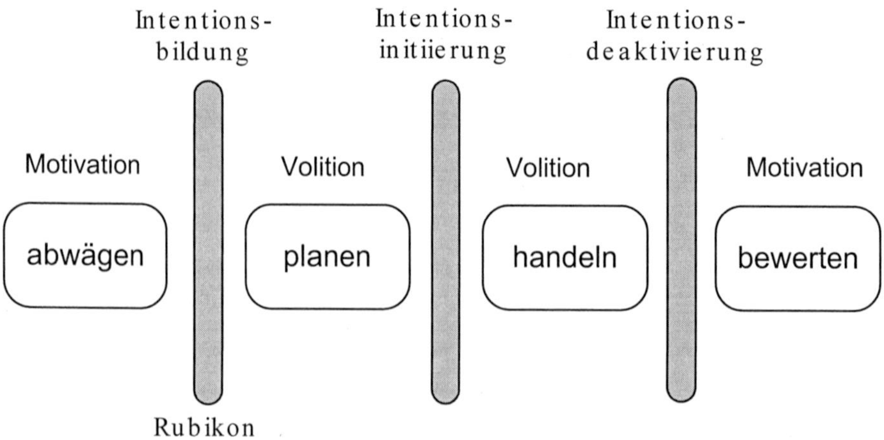

Abb. 4: Ablaufschema von Motivation und Volition

Nach Abbildung 4 umfasst eine Lernepisode vier Phasen:

- Abwägen: Die Wahl relativ attraktiver und erreichbarer Ziele erfordert das vergleichende Abwägen der Wünschbarkeit und Realisierbarkeit dieser Wünsche. Es kommt zur Ausbildung einer Zielintention.
- Planen: Die Zielintention liegt vor und man ist entschlossen, das intendierte Ziel zu realisieren. Die Realisierung kann vorangetrieben werden, indem man sich um die Initiierung relevanter Handlungen bemüht. Hierbei entsteht eine spezifische Handlungsintention, die sich genauer als Ausführungsintention bezeichnen lässt.
- Handeln: In der aktionalen Phase stellt sich die Aufgabe, die begonnene Realisierung des Ziels erfolgreich zu Ende zu führen.
- Bewerten: Schließlich steht in der postaktionalen Phase die Aufgabe an, das Handlungsergebnis und dessen Folgen zu bewerten. Es geht darum, herauszufinden, ob das intendierte Handlungsergebnis auch erreicht wurde und ob die erwarteten Konsequenzen auch eingetreten sind.

Motivations-Volitions-Theorien stellen Kontrollmechanismen in Rechnung, die über das hinausgehen, was der Handelnde subjektiv als kontrollierbar wahrnimmt. Annahme ist, dass die Wahl eines Ziels und die motivationale Persistenz beim Streben nach diesem Ziel nicht hinreichen. Es müssen Willensprozesse hinzukommen, die dem Lernenden bewusst sind und die er willkürlich zur Steuerung der zur Zielerreichung relevanten Tätigkeiten einsetzt.

Personen, die mehr von ihren Absichten in die Tat umsetzen als andere, scheinen dies durch folgende willentliche Kontrollprozesse zu erreichen (vgl. Kuhl, 1987, 1996; Pekrun & Schiefele, 1996):

- durch Kontrolle der Aufmerksamkeit, d. h. absichtsgefährdende Informationen und Stimuli werden ausgeblendet;
- durch Kontrolle der Motivation, d. h. attraktive Anreizmomente der beabsichtigten Handlung werden fokussiert;
- durch Kontrolle der eigenen Emotionen, beispielsweise indem man absichtsgefährdende Emotionslagen (z. B. Traurigkeit) meidet;
- durch eine handlungsorientierte Bewältigung von Misserfolgserlebnissen und deren emotionalen Folgen (z. B. Enttäuschung oder Ärger), d. h. sich beispielsweise nach einem Misserfolg nicht selbst in Frage zu stellen, sondern eher einen weiteren Anlauf zur Ausführung der Handlung zu unternehmen oder ein realistischeres Ziel anstreben;
- durch Umweltkontrolle, d. h. durch Gestaltung und Veränderung der unmittelbaren Umgebung, um absichtsgefährdende Stimuli zu meiden und
- durch das Erkennen der richtigen Gelegenheit zur Handlung (Initiierungskontrolle) sowie durch eine sparsame Informationsverarbeitung. Beispielsweise wird es vermieden, ausufernd über das Für und Wider einer geplanten Handlung zu reflektieren und fortlaufend Informationen einzuholen, da ein solches Verhalten eher zur Lähmung der Handlungsbereitschaft führt.

Aufgabe der volitionalen Handlungssteuerung ist es, die genannten Selbst-Regulations-Techniken (z.B. Emotions- und Motivations-Kontrolle) zu aktivieren. Mit ihrer Hilfe ist es zum Beispiel möglich, die vorhandene Emotionslage („ich fühle mich traurig, antriebslos usw.") und die damit verbundene motivationale Handlungstendenz („Ich habe keine Lust") zu unterdrücken. Auch ist es möglich, mit Tendenzen des Aufschiebens (s. Abschnitt 8.3.6) konstruktiv umzugehen.

Gerade der erfolgreiche Lerner ist zu solchen Aktivitäten in der Lage. Er tut bisweilen auch Dinge, die er nicht gerne macht, wenn er gesetzte langfristige Ziele erreichen will („Ich lerne für die Prüfung, obwohl ich wenig Lust dazu habe").

(3) Für selbstgesteuertes menschliches Handeln sind auch theoretische Vorstellungen von zentraler Bedeutung, die erst in letzter Zeit wieder in den Fokus der Aufmerksamkeit gerückt sind. Gemeint ist die Unterscheidung von motivierten Handlungen nach dem Grad ihrer Kontrolliertheit. Entsprechend unterscheiden Deci und Ryan (1991, 1993) in ihrer Theorie des selbstbestimmten Handelns intrinsische (d.h. tätigkeits- und gegenstandszentrierte Motivation; Pekrun & Schiefele, 1996, S. 153) und extrinsische (d.h. auf Handlungsergebnisse bzw. -folgen zielende) Motivation voneinander. Manche Intentionen erscheinen frei von äußeren Einflüssen, Erwartungen, Anordnungen. Sie sind intrinsisch, autonom, selbstbestimmt. Die Person empfindet keinen Druck oder äußeren Zwang, sondern hat den Eindruck, frei wählen oder tun zu können, was sie möchte; sie engagiert sich spontan für eine Aktivität, die sie interessiert (vgl. Deci & Ryan, 1991). Die Theorie spricht daher von selbstintentionalen Aktivitäten. Es liegt nahe, intrinsische Motivation als Beitrag zur Mündigkeit zu betrachten (vgl. Schiefele, 1993). Voraussetzung für intrinsisch motivierte oder selbstintentionale Aktivitäten sind Umfeldbedingungen, unter denen sich die Person als autonom, kompetent und sozial eingebunden erlebt (vgl. Prenzel, 1993).

Im Alltag greift das Konzept der intrinsischen Motivation allerdings nicht weit genug. Lernaktivitäten sind meist kompliziert; sie beruhen nicht nur auf einer einzigen Motivation. Man muss daher auch Komponenten der extrinsischen Motivation in Rechnung stellen. Deci und Ryan (1993) konzipieren extrinsische Motivation auf vier Ebenen: extrinsische Regulation, introjizierte Regulation, Identifikation und Integration. Diese vier Ebenen repräsentieren ein Kontinuum, das von einer fremdbestimmten Regulation durch äußere Kontrolle bis zu einer vollen Selbstbestimmung durch Integration in das Wert- und Zielsystem der Person reicht. Selbststeuerung im Lerngeschehen kann nach alledem erst dann unterstellt werden, wenn eine Person sich mit Lernerfordernissen identifiziert oder diese in ihr Zielsystem integriert hat (vgl. Prenzel, 1993; Krapp, 1996).

Wie mehrere empirische Arbeiten übereinstimmend belegen, bezieht sich hohe intrinsische Lernmotivation auf Kenntnisse und Prozeduren, die besonders mit einer differenzierten und gründlichen Aneignung des Lerngegenstandes zu tun haben (Tiefenstrategien des Lernens). Dagegen ist extrinsische Motivation auf oberflächliche Strategien orientiert, die auf das schnelle Erreichen von Zielen ausgerichtet sind (oberflächliche Lernstrategien) (vgl. Schiefele & Schreyer, 1994; Konrad, 1996, 2005).

3.1.2 Lernstrategien

Lernende benötigen strategische Kompetenzen, wollen sie ihre Aufgaben erfolgreich bewältigen. Hierzu zählen vor allem kognitive Strategien, mit deren Hilfe neue Informationen verarbeitet, mit Vorwissen verknüpft und behalten werden können. Bei der Systematisierung von Informationsverarbeitungsstrategien folgen wir der Klassifikation von Weinstein (vgl. Weinstein & Mayer, 1986; Reinmann-Rothmeier & Mandl, 2001; Pintrich, 2002; Konrad. 2009a; Traub 2016), der Wiederholungs-, Elaborations- und Organisationsstrategien voneinander unterscheidet:

- *Wiederholungs/Einprägungsstrategien* heben auf die Aufmerksamkeit und die Enkodierung des Lerninhalts im Kurzzeitgedächtnis ab. Durch die mehrfache Wiederholung des Lernstoffes, das schriftliche Zusammenfassen der wichtigsten Informationen oder indem der Lernende Textauszüge markiert, sorgt er dafür, dass neue Informationen so lange im Arbeitsspeicher gehalten werden, bis sie dauerhaft ins Langzeitgedächtnis eingegangen sind.
- *Elaborationsstrategien* dienen dazu, Informationen im Langzeitgedächtnis zu verankern, indem neue Wissensinhalte mit bestehenden Strukturen in Beziehung gesetzt werden. Beispiele hierfür sind Fragen stellen, Zusammenfassen, Analogien bilden.
- *Organisationsstrategien* helfen dem Lerner bei der Auswahl relevanter Wissensinhalte und beim Aufbau eines Netzwerkes von Beziehungen zwischen den gelernten Informationen. Zu den erfolgreichsten Organisationsstrategien zählen Metaplan- und Netzplan-Techniken.

Neben diesen Informationsverarbeitungsstrategien werden in der Literatur weitere Formen der Strategieanwendung unterschieden (vgl. Konrad, 2008, 2011):

- *Ressourcenstrategien*: Mit Hilfe von Ressourcenstrategien erschließen und nutzen Lernende beim selbstgesteuerten Lernen externe Ressourcen. Hierzu gehören Medien und Materialien, aber auch Personen bzw. Personengruppen sowie die Lernzeit.
- *Selbstbilderhaltende Bewältigungsstrategien:* Für den Verlauf und das Ergebnis des selbstgesteuerten Lernens kann es von Bedeutung sein, wie Lernende mit selbstwertbedrohenden Ereignissen umgehen. Um ein positives Selbstbild aufrechtzuerhalten kann es beispielsweise sinnvoll sein, Misserfolge auf äußere Faktoren zurückzuführen, bei wahrgenommenen Anforderungen die Anstrengung zu erhöhen oder sich bedrohlichen Entwicklungen einfach zu entziehen.
- *Volitionale Bewältigungsstrategien:* Wie im Abschnitt 3.1.1 bereits angemerkt, ist der Wille, Absichten in Taten umzusetzen, beim selbstgesteuerten Lernen von zentraler Bedeutung. Volitionale Strategien können die Kontrolle von Aufmerksamkeit, Motivation und Emotion ebenso einbeziehen wie die Gestaltung der Lernumwelt.

3.1.3 Metakognition

Zu jedem eigeninitiierten Lernprozess gehören kontinuierliche Anpassungen und Feinabstimmungen der Lernhandlungen durch Prozesse der Selbstregulation (vgl. Brown, 1984; Konrad, 2005, 2008). Im Handlungsvollzug muss der Lernende unter anderem

- den Ausgangspunkt der Handlung bestimmen
- Ziele definieren
- Handlungswege ableiten
- Handlungsschwierigkeiten erkennen
- die erforderlichen Lernschritte ausführen
- das eigene Vorgehen bzw. die bisherigen Ziele im Handlungsvollzug modifizieren.

Die Untersuchung solcher Anpassungsprozesse geschieht für gewöhnlich im Rahmen der Metakognitionsforschung. Was ist mit „Metakognition" gemeint? Ganz allgemein, hat der Begriff Metakognition mit dem Wissen und der Kontrolle über das eigene kognitive System zu tun. Metakognitive Aktivitäten heben sich von den übrigen mentalen Aktivitäten dadurch ab, dass kognitive Zustände oder Prozesse die Objekte sind, über die reflektiert wird. Metakognitionen können daher Kommandofunktionen der Kontrolle, Steuerung und Regulation während des Lernens übernehmen. Auf der phänomenologischen Ebene können sie als eine Art innerer Dialog gesehen werden, den der/die Handelnde mit sich selbst führt (Konrad & Bernhart, D., 2017, s. Abschnitt 1.1).

Die metakognitiven Strategien werden als die zentrale Komponente des selbstregulierten Lernens betrachtet (vgl. beispielsweise Artelt, 2000; Borkowski, Chan & Muthukrishna, 2000; Schraw, Crippen & Hartley, 2006). Schraw formuliert beispielsweise:

„We believe that the role of metacognition is especially important because it enables individuals to monitor their current knowledge and skill levels, plan and allocate limited learning resources with optimal efficiency, and evaluate their current learning state" (Schraw, Crippen & Hartley, 2006, S. 116).

Diese Sichtweise fokussiert vor allem auf die Prozessebene der Metakognition. In der psychologischen Literatur wird der Begriff der „Metakognition" zur Bezeichnung zweier unterschiedlicher Forschungsfragestellungen verwendet: (1) Das Wissen über Kognitionen und (2) die Kontrolle und Steuerung von Kognitionen (vgl. Brown, 1984). Diese beiden Formen der Metakognition sind eng miteinander verknüpft, da sie sich gegenseitig verstärken. Beide wurzeln in der reflexiven Tätigkeit des Individuums. Sie sind konstitutiv für ein Lernen, das in hohem Maße seine eigenen Schritte, Zustände, Zwischen- und Endergebnisse reflektiert.

1. Metakognitive Kontrolle

Für die Mehrzahl der Modelle zu metakognitiven Kontrollstrategien sind Strategien zur Planung, Überwachung und Regulation kognitiver Prozesse essentiell.

- Planen: Planungsaktivitäten implizieren das Setzen von Zielen, das Generieren von Fragen und die Durchführung einer Problemanalyse. Alle diese Aktivitäten unterstützen den Lernenden darin, den Gebrauch von Strategien vorzubereiten und die damit verbundenen Informationen zu nutzen. Darüber hinaus werden Querverbindungen zu vorhandenen Wissensbereichen hergestellt und die Organisation des Lernmaterials unterstützt.
- Überwachen: Überwachungs-Tätigkeiten werden vom Lernenden zur Diagnose des Lerngeschehens herangezogen. Ziel ist es, die angebotenen oder selbst erarbeiteten Informationen zu verstehen und in bereits vorhandene Wissensbestände zu integrieren.
- Regulation: Selbstregulations-Prozesse sind eng mit den beschriebenen Überwachungs-Aktivitäten verknüpft. Die Regulation von Kognitionen wird dann relevant, wenn es um die aktuelle Bearbeitung von Problemlöseaufgaben geht. Sie betrifft eine Reihe von Entscheidungen bzw. strategischen Aktivitäten, die dabei notwendig werden können.

Es handelt sich bei diesen Aspekten des Lernens und Problemlösens um Funktionen zur Selbststeuerung exekutiver Prozesse, welche in der metakognitiven Forschung als höchst bedeutsam beschrieben werden (vgl. Brown, 1984; Flavell, 1979). Lernbegleitende Kontrollstrategien laufen beim selbstgesteuerten Lernen vielfach vor- oder unbewusst ab und sind von Informationsverarbeitungsstrategien theoretisch nicht immer leicht abzugrenzen (vgl. Reinmann-Rothmeier & Mandl, 2001). Handlungsbegleitende und -steuernde Kontroll- und Korrekturprozeduren erfüllen nach dem aktuellen Wissensstand vor allem zwei Funktionen: (1) Sie tragen dazu bei, das spezifische Strategiewissen zu optimieren, indem z. B. unzureichende Strategieinformation entdeckt wird. (2) Sie sorgen für die Initiierung, Kontrolle und Regulation laufender kognitiver Prozesse und für eine abschließende Bewertung ihres Erfolges (vgl. Weinert, 1994).

Ohne sie ist eine Steuerung der eigenen Aktivitäten so wenig denkbar, wie eine angemessene Beurteilung der entsprechenden Resultate. Exekutive Kontrollstrategien verbessern vor allem dann die Lernleistung, wenn die Aufgaben von mittlerer subjektiver Schwierigkeit sind, bei günstigen erfolgs- und handlungsorientierten Motivkonstellationen und wenn die Lerninhalte neu und unvertraut sind.

2. Metakognitives Wissen

Deklaratives sowie epistemisches Wissen und Bewusstsein - die zweite Komponente der Metakognition - ist für jeden Lernvorgang essentiell (vgl. Weinert, 1991).

Es handelt sich hier um Wissen über das eigene kognitive System, deshalb wird es auch als metakognitives Wissen bezeichnet (vgl. Pintrich, 2002).

- Wissen über Kognitionen richtet sich auf Kenntnisse des Lernenden über Person-, Aufgaben- und Strategievariablen.
- Als Wissen über Personvariablen bezeichnet man jenes Wissen, das sich auf Merkmale von Personen als denkende, affektive und motivierte Organismen bezieht (Wie gut ist mein Gedächtnis für diese oder jene Art von Lernstoff?) (metamemoriales Wissen und Metagedächtnis nach Flavell, 1979).
- Mit Wissen über Aufgabenvariablen ist gemeint, dass Menschen etwas über die Aufgaben lernen, mit denen sie zu tun haben (Um welchen Aufgabentyp handelt es sich hier?).
- Kenntnisse über Strategievariablen richten sich schließlich auf kognitive Leistungen oder Prozeduren, mit deren Hilfe gegebene Zustände verändert und Ziele angestrebt werden können (Welche Lernstrategie ist für diese Aufgabe angemessen?).

Trainingsmaßnahmen in Schule und Erwachsenenbildung rücken das Metawissen in den Mittelpunkt der Betrachtung. Die Betonung verlagert sich damit vom Faktenwissen stärker auf den Erwerb von kognitiven Fähigkeiten und von (meta)kognitiven Strategien, die als Voraussetzungen für erfolgreiches Lernen angesehen werden können. Solche Strategien sind auch wichtig, wenn es darum geht, die Konzentration aufrechtzuerhalten.

3.1.4 Konzentration

Wenn Kindern oder Jugendlichen das Lernen nicht so leicht fällt, wenn sie im Unterricht störend auffallen, unruhig und impulsiv sind, sich leicht ablenken lassen, nicht alles mitbekommen, für scheinbar einfache Aufgaben Stunden brauchen, erst gar nicht anfangen, Zeit vertrödeln, tauchen vielfach die Begriffe „Aufmerksamkeit“ und „Konzentration" auf.

Was ist mit Aufmerksamkeit gemeint? Was bedeutet Konzentration? Welche Rolle spielen solche Prozesse im Zuge des (selbstgesteuerten) Lernens?

Definition
„Aufmerksamkeit" und „Konzentration". Das sind zwei Wörter, die häufig gleiche oder ähnliche Zustände beschreiben. Eine eindeutige, verbindliche Definition gibt es bis heute nicht. Deswegen beschränken wir uns hier auf einen zentralen Aspekt der Unterscheidung.

Aufmerksamkeit bedeutet, uns bewusst und fokussiert Sachen zuwenden zu können. Wir sind bereit, auf Reize oder Informationen aus unserer Umwelt zu reagieren.

Konzentration heißt, dass wir mit unserer Aufmerksamkeit bei einem Gedanken oder einer Sache bleiben können (vgl. Konrad & A. Bernhart, 2014, Kap. 1.3.4).

Die Metapher der Taschenlampe passt hier gut. So gesehen gleicht die Konzentration dem Schein einer Taschenlampe, die wir in der Dunkelheit benutzen, um vorwärts zu kommen. Je gezielter und ausschließlicher, also je konzentrierter wir den Schein auf die vor uns liegenden Meter richten, desto schneller geht es vorwärts. Wir lassen uns dann nicht oder nur durch uns wichtig erscheinende Vorkommnisse ablenken.

Wie die Gedanken wandern

Was im Buddhismus schon lange als „Affengeist" (Schöneberger, 2017, S. 20) bekannt ist, nennt die moderne westliche Forschung *mind wandering*. Dass die Gedanken sich vom gegenwärtigen Moment lösen und in die Zukunft oder Vergangenheit abschweifen, ist normal. Wir geben uns gerne der Illusion hin, Herr oder Herrin unserer Gedanken zu sein, aber tatsächlich wandert unser Geist bis zu 50 Prozent unseres Wachlebens und führt uns überall hin, oft auch dahin, wo wir aktuell nicht sein wollen.

Der *Stressreport Deutschland 2012* der Bundesanstalt für Arbeitsschutz (2013) kommt zu dem Ergebnis, dass rund 44 Prozent der Befragten häufig ihre Arbeit unterbrechen müssen. Bei einer anderen Studie, bei der Arbeitnehmer an ihrem Arbeitsplatz gefilmt wurden, zeigte sich, dass sie durchschnittlich nach elf Minuten unterbrochen wurden.

Selbst und Selbststeuerung

Bezüge zu Selbst und selbstgesteuertem Lernen (s. Abschnitt 1.2) sind offenkundig (vgl. Metzinger, 2014).

Aus lernpsychologischer Sicht schwächt die fortlaufende geistige Wanderung zunächst einmal unsere geistige Autonomie, Gemeint ist die Fähigkeit, unsere inneren Handlungen kontrollieren zu können. Wir verzetteln uns und bringen die Aufgaben nur selten zu Ende.

Ein zweite Erfahrung kommt hinzu: Als reflexive Wesen kennen wir die Grenzen unserer Aufmerksamkeit. Und genau diese Einsicht in die kurze Aufmerksamkeitsspanne müssen wir verdrängen, weil sie zu beschämend ist, also lenken wir uns noch mehr ab. So beschreibt der Philosoph Thomas Metzinger (2014) den Kreislauf. Mit anderen Worten: Wenn wir immer wieder erleben, dass uns die geistige Autonomie abhanden kommt und wir das Gegenteil von dem tun, was wir eigentlich tun möchten, schwächt das unsere Selbstwirksamkeit, eine wichtige

Komponente der Selbststeuerung. Wir erleben uns unserem eigenen Geist gegenüber als ohnmächtig. Wer sich dieser Erfahrung stellt, muss sich eingestehen, dass es kein einheitliches, kein wirkliches Selbst gibt und er oder sie unbewussten Mechanismen ausgeliefert ist.

Ein interessanter Ansatz, der solche Phänomene erklärt, heißt Zeigarnik-Effekt, der nach seiner Entdeckerin, der russischen Psychologin Bljuma Wulfowna Seigarnik, benannt wurde (vgl. Schöneberger, 2017, S. 20). Danach spuken unerledigte, nicht beendete Dinge einem menschlichen Wesen länger im Kopf herum als erledigte. Auch wenn der Zeigarnik-Effekt umstritten ist, besteht doch kein Zweifel daran, dass unerledigte Dinge wie ein noch nicht abgeschlossenes Referat im Gehirn ein Eigenleben führen und in unpassenden Momenten nach Aufmerksamkeit schreien. Fritz Perls (2002), der Begründer der Gestalttherapie, sprach von unfinished business.

Lösungen
Es bleibt die Frage nach möglichen Lösungen. Was können Menschen tun, um konzentriert zu bleiben?

Laien kommt es häufig so vor, als bräuchten sie eine geradezu heroische Haltung, um den tausend Ablenkungen zu widerstehen. Womöglich müssen wir uns wie Odysseus an einem Mast festbinden, um uns nicht vom Gesang der virtuellen Sirenen verführen zu lassen, die uns ständig zurufen: „Lies mich!“ „Leite mich weiter!“ „Speicher mich ab!“ „Druck mich aus!“ „Bewerte mich!“ „Buche mich!“ „Vergleiche mich!“ „Like mich!" (vgl. Schöneberger, 2017, S. 21).

Motivationspsychologen wissen inzwischen genau, was hilfreich ist, um aus einem Zustand mentaler Zersplitterung in eine innere Sammlung zu kommen:

- Mono- statt Multitasking
- Eins nach dem anderen tun
- Große Aufgaben in überschaubare Portionen aufteilen
- Regelmäßig Pausen machen
- Für störungsfreie Zeiten sorgen
- Offlinezeiten einrichten
- Ausreichend schlafen
- Regelmäßig Sport treiben
- Täglich meditieren (vgl. Krengel, 2013; Konrad, 2011).

Zusätzliche Beispiele für die Konzentrationsförderung finden sich beispielsweise in dem Arbeitsbuch von Konrad und A. Bernhart (2014).

Generell gilt: Aufmerksamkeit funktioniert wie ein Muskel (vgl. Goleman, 2014, S. 22). Wir können sie trainieren. Der nachweislich beste Weg ist Meditation, denn Meditation erhöht, wie Metzinger (2014) sagt, die geistige Autonomie. Das

Individuum wird sich bewusst, was gerade passiert, und kommt seinen Ablenkungsmechanismen auf die Schliche. Diese und andere Strategien treffen allerdings immer wieder auf Barrieren. Im menschlichen Geist gibt es widerstrebende Kräfte. Grund dafür sind die genannten Besonderheiten der Informationsverarbeitung: Spätestens nach elf Minuten sehnen sich die meisten Menschen nach einer Unterbrechung.

Vier Informationseinheiten

Es kostet eine Menge Energie, ständig bei einer Sache zu bleiben und die Aufmerksamkeit immer wieder zum Ausgangspunkt zurückzubringen.

In jüngster Zeit vertreten Kognitionsforscher die Auffassung, dass die Aufmerksamkeitsgrenze bei vier Informationseinheiten liegt. Wer mit seinen Gedanken oft abschweift, braucht jeweils mehrere Minuten, um den Faden wieder aufzunehmen. Je häufiger das geschieht, desto schwächer wird die Konzentration. Wir haben offenbar keinen dehnbaren Aufmerksamkeitsballon, den wir mehrfach einsetzen können, sondern eine enge, feste Pipeline (vgl. Goleman, 2015). Wie neurowissenschaftliche Untersuchungen belegen, fokussieren wir unsere Aufmerksamkeit auf verschiedene Arten und zu verschiedenen Zwecken. „Dabei nutzen wir jeweils unterschiedliche neuronale Pfade, die sich in manchen Fällen ergänzen, in anderen aber gegenseitig behindern (vgl. Goleman, 2014, S. 21).

Aufmerksamkeit ist demnach eine begrenzte Ressource; sie braucht ein besonderes Schutzprogramm, wie Daniel Goleman (2015) in seinen Publikationen eindrucksvoll nachweist. . „Kognitive Kontrolle" ist der wissenschaftliche Begriff für die Fähigkeit, unsere Aufmerksamkeit in die gewünschte Richtung zu lenken und dort zu halten, auch wenn wir versucht sind abzuschweifen. Eine umgangssprachliche Bezeichnung dafür lautet „Willenskraft". Sie gehört zu den Exekutivfunktionen unseres Gehirns und ist im präfrontalen Kortex angesiedelt (vgl. Goleman, 2014, S. 21). Über eine gute kognitive Kontrolle verfügen beispielsweise Menschen, die in Krisensituationen Ruhe bewahren, ihre eigene Aufregung bezwingen und nach Niederlagen oder Katastrophen rasch wieder auf die Beine kommen. Die in Abschnitt 3.3.1 illustrierten Volitionstheorien mit ihren Handlungskontrollstrategien („Wie kann ich meine Gefühle in den Griff bekommen?" „Wie kann ich störende Reize ausblenden?") liefern in diesem Zusammenhang wertvolle Ansatzpunkte. Wer solche Praktiken in die Tat umsetzen kann, zählt mit hoher Wahrscheinlichkeit zu den erfolgreich (selbstgesteuert) Lernenden.

3.1.5 Der erfolgreiche (selbstgesteuerte) Lerner

Fasst man die bisherigen Überlegungen zusammen, dann erfordert erfolgreiches selbstgesteuertes Verhalten nicht nur Metakognitionen oder eine günstige Lernmotivation, sondern eine Allianz kognitiver, metakognitiver, motivationaler und situativer

Komponenten. Pressley, Borkowski und Schneider (1987) beschreiben fünf Merkmale guter Strategieanwender bzw. erfolgreicher Lerner:

1. Erfolgreiche Lerner verfügen über zahlreiche spezifische und generelle Lernstrategien und setzen diese auch flexibel und reflexiv ein.
2. Zusätzlich zum strategischen Wissen besitzen sie auch ein breites Weltwissen, so dass sie bei vielen Lernanforderungen auf reichhaltige inhaltsspezifische Vorkenntnisse zurückgreifen können.
3. Im aktuellen Lernprozess wirken strategische, metakognitive und Vorwissenskomponenten eng zusammen.
4. Der gute Lerner sieht einen ursächlichen Zusammenhang zwischen persönlicher Anstrengung bei der Ausführung und Steuerung von Strategien und dem Lernerfolg.
5. Schließlich schirmt er sein Lernverhalten erfolgreich gegen konkurrierende Verhaltensweisen oder ungünstige Emotionen ab.

Es bleibt festzuhalten, dass die Förderung und das Training von kognitiven und motivationalen Fertigkeiten in der aktuellen Erforschung des selbstgesteuerten Lernens von zentraler Bedeutung sind. Zugleich ist klar, dass auf diesem Gebiet noch zahlreiche Fragen offen sind, die einer weiterführenden empirischen Erhellung bedürfen (s. hierzu auch Abschnitt 6.1.1).

3.2 Situative Voraussetzungen

Selbstgesteuertes Lernen sowie die darauf bezogenen emotionalen, motivationalen und kognitiven Erfahrungen existieren nicht in einem luftleeren Raum, losgelöst von sozialen und bildungspolitischen Bedingungen. Neben der Person und ihrem individuellen Lernverhalten spielt darum bei der Initiierung selbstgesteuerter Lernprozesse immer auch die den Lernenden umgebende Situation eine wichtige Rolle. Sie kann ausschlaggebend dafür sein, ob selbstgesteuertes Lernen überhaupt möglich ist.

3.2.1 Aspekte der Fremdsteuerung von Lernprozessen

Ob in Schule, Hochschule oder Weiterbildung: Die Gestaltung und die Steuerung von Lehr-Lernprozessen geschieht immer unter mehr oder weniger einschränkenden und/oder fördernden Konstellationen. Niemand ist völlig frei bei der Steuerung der eigenen Lernaktivitäten. Eine wichtige Bedingung für Schüler/innen und Studierende ist der Kontext der Institution, in der Lehren und Lernen geschieht. Hier gelten bestimmte Regelungen, die bei der Ausbildung einzuhalten sind. Das jeweilige Hausrecht beeinflusst Steuerungsmöglichkeiten insbesondere in Konfliktsituationen ebenso wie die Traditionen der jeweiligen Bildungsinstitution. So ist damit zu rechnen, dass die Handlungsmöglichkeiten und die Handlungsnotwendigkeiten in einer berufsbildenden Schule an vielen Stellen anders sind als in einer Pädagogischen

Hochschule. Und diese unterscheiden sich wiederum von jenen an einer Universität oder in selbstorganisierten Bildungsinitiativen (vgl. Geißler, 1995).

Weitere einschränkende und/oder fördernde Vorgaben werden durch den institutionell-organisatorischen Bedingungsrahmen gesetzt. Dies beginnt beim Selbstverständnis der jeweiligen Institution, die Bildung anordnet, anbietet oder ermöglicht, und endet bei den Vorgaben, die durch die räumlichen Möglichkeiten und die Ausstattung mit Lernmedien gesetzt werden. In nicht wenigen Bildungsprozessen sind die Steuerungsmöglichkeiten in erster Linie von der Gutwilligkeit des Hausmeisters oder der Flexibilität der Mitarbeiter des Medienzentrums abhängig.

Ein weiterer Punkt ist mit dem zeitlichen Orientierungsbedarf verbunden. Die Organisation des Arbeitsablaufes und die gemeinsame Erarbeitung des zu lernenden Wissens erfordern die Strukturierung und Nutzung der Zeit. Dieser grundlegende Sachverhalt wird leicht übersehen. Viele Lernhandlungen sind überhaupt nicht denkbar ohne Koordinierungsleistung, die die Uhrzeit erst möglich macht. Der Ablauf des Semesters oder Schuljahres, Ferientermine, Prüfungen oder das Jahrgangsprinzip und die entsprechende zeitliche Anordnung des Curriculums im Bildungsplan erzeugen einen bestimmten Rhythmus und setzen zugleich Grenzen der Unterrichtsgestaltung durch den Lehrer/die Lehrerin. Die (Uhr)Zeit setzt weitreichende Verbindlichkeiten und damit Verlässlichkeiten und Abhängigkeit.

So mag sich der Lernende fragen: „Wie lange muss ich hier sein?" „Gibt es Zwischenpausen?" „Welche Veranstaltungen soll/muss ich in diesem Semester belegen?" „Wann will oder muss ich meine Prüfungen ablegen?" (vgl. Bromme, 1997).

Ungeachtet dieser oft unveränderbaren Rahmenbedingungen ist eine unerlässliche Voraussetzung aller Selbststeuerungsvarianten beim Lernen, dass der Lernende Wahlmöglichkeiten hat und erlebt, dass er in der Lage ist, selbst etwas zu verursachen und zu bewirken, oder anders formuliert, dass er in Selbstbestimmung lernen kann (vgl. Deci & Ryan, 1985; Reinmann-Rothmeier & Mandl, 2001).

3.2.2 Handlungs- und Entscheidungsspielräume

Selbstgesteuertes Lernen formt sich erst in kommunikativen und für soziale Beziehungen offenen Handlungszusammenhängen (vgl. Bandura, 1986). Theoretisch reflektiert wird der Einfluss von Entscheidungs- und/oder Handlungsspielräumen in mehreren komplexen Theorieansätzen, etwa der Motivationstheorie von Deci und Ryan (1993) und dem Konzept des „Tätigkeitsspielraums" von Hacker (1986).

Nach dem Konzept des Tätigkeitsspielraums sind Handlungen immer nur in Abhängigkeit von den vorhandenen Möglichkeiten und Freiheitsgraden verstehbar. In den Bereichen von Schule und Hochschule können Freiräume sowohl durch institutionelle Regelungen als auch durch die pädagogischen Maßnahmen der Lehrenden gewährt oder blockiert werden. Werden die Aktivitäten der Lernenden von außen reglementiert und stark vorstrukturiert, so haben sie wenig Gelegenheit, die Fähigkeit zu entwickeln, selbstständig zu lernen. Umgekehrt begünstigt Autonomie im Sinne von

Freiheitsgraden für selbstständige Zielstellungen und Entscheidungen für Tätigkeitsinhalte und -formen die Motivation und Souveränität der Lernenden (vgl. Simons, 1992).

Von den zahlreichen Einflussgrößen, denen das selbstgesteuerte Handeln in Schule und Hochschule unterliegen kann, räumen wir den folgenden Faktoren eine besondere Bedeutung ein (vgl. Weinert, 1982):

- Lehr-/Lernqualität
- soziale Einbindung
- Möglichkeiten zu Eigenaktivität und zur Kompetenzerfahrung
- Gruppenkohäsion
- Sozial- und Leistungsdruck
- Kontrolle über Lernziele, -inhalte und -wege.

Erfahrungswissenschaftliche Untersuchungen befassen sich in erster Linie mit den „Kontrollstrukturen" von Lernaktivitäten. Ökologische Ansätze der Psychologie legen die Erkenntnis nahe, dass Lernaktivitäten in Abhängigkeit von Gelegenheiten zur Kontrolle über Verhaltensalternativen, Arbeitsgeschwindigkeit, Materialien und zwischenmenschliche Beziehungen variieren. Lernende zeigen in lernerkontrollierten Umgebungen mehr Engagement als in lehrerkontrollierten.

Dazu passen Befunde aus der Motivationspsychologie, die bestätigen, dass ein hohes Maß an Lehrerkontrolle die Selbsteinschätzung der eigenen Kompetenz negativ beeinflusst. Materielle Belohnungen, Bewertungen und aufgezwungene Ziele werden als eher kontrollierend erlebt und zerstören Kompetenzeinschätzungen und intrinsische Motivation. Das Angebot von Wahlmöglichkeiten und die Äußerung anerkennender Gefühle werden dagegen in der Regel als autonomiefördernd wahrgenommen und steigern die intrinsische Motivation sowie die Erwartung, ein Handlungsergebnis kontrollieren zu können (vgl. Deci & Ryan, 1993). Verstärkt werden solche Einflüsse, wenn sich Lehrende enthusiastisch und interessiert geben und wenn sie die Bedeutung und den Wert des Lernmaterials betonen (vgl. Bromme, 1997). Die gegenteilige Wirkung wird hervorgerufen, wenn Lehrpersonen wenige Möglichkeiten bereitstellen, das Geschehen zu steuern und Verantwortung für das Lernen zu übernehmen. In solchen Fällen sehen Lernende ihr Tun von außen kontrolliert und sind eher extrinsisch motiviert. Schließlich können auch die Anreize, die der Lehrer/die Lehrerin anbietet, das Lernverhalten beeinflussen. Die häufige Verwendung von Noten, zeitlichen Zwängen und Konkurrenzsituationen untergräbt die Kontrolle und das Interesse der Lernenden.

4. Implikationen für die Förderung selbstgesteuerten Lernens

Die bislang dargestellten Bedingungen des selbstgesteuerten Lernens liefern wertvolle Anknüpfungspunkte zur Unterstützung solcher Lernformen. Basis und Ausgangspunkt entsprechender Maßnahmen bilden Modelle der Kognitionspsychologie, welche die in Kapitel 3 genannten Kernelemente miteinander verknüpfen.

4.1 Kognitions(Handlungs)psychologische Überlegungen

Kognitive Lerntheorien betonen die Bedeutung konstruktiver mentaler Aktivitäten. Sie entwerfen das Bild des aktiven Lerners, dessen Lernaktivitäten von Vorgängen des sukzessiven Entwerfens und Entscheidens begleitet und reguliert wird (vgl. Lahtinen, Lonka & Lindblom-Ylänne, 1997). Abbildung 5 (die als Ausdifferenzierung von Abbildung 2 verstanden werden kann) versucht diese Position zu veranschaulichen. Kernstück des präsentierten Variablengefüges sind personbezogene Prozesse und Strukturen, die bei jeder Form des Lernens im Mittelpunkt stehen. Bei der Förderung des selbstgesteuerten Lernens kommt ihnen insofern eine besondere Bedeutung zu, als sie vom Lernenden selbst, d.h. weitgehend unabhängig von externen Hilfen und Anregungen ausgeführt werden müssen.

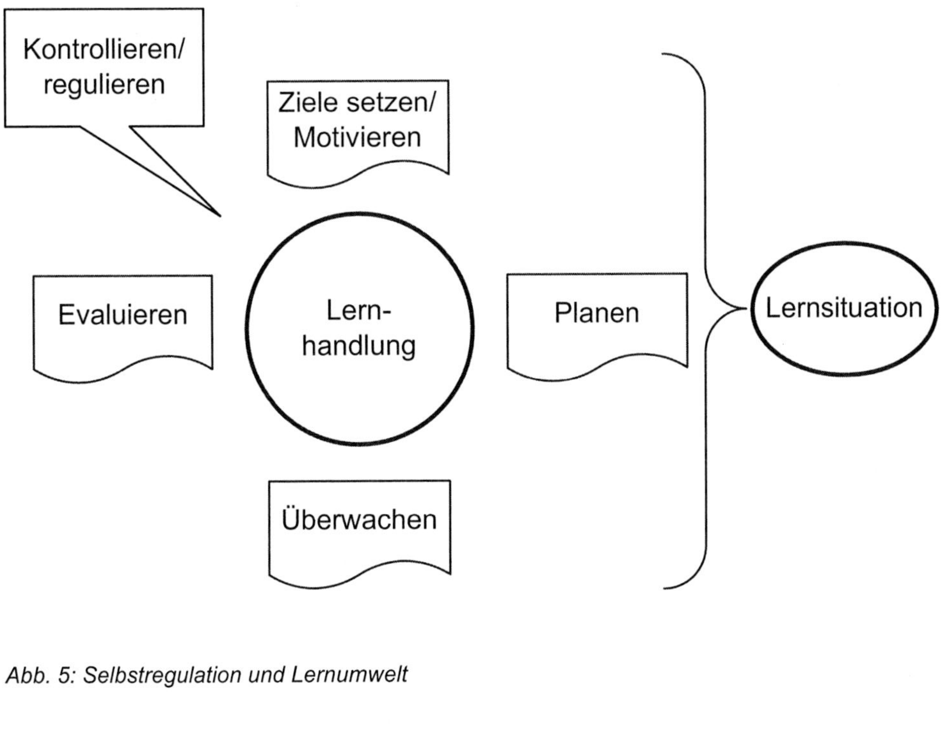

Abb. 5: Selbstregulation und Lernumwelt

Ebenfalls ausgewiesen sind situative Bedingungen des Lernens, welche die individuelle Selbststeuerung fördern oder blockieren können. So dürfte es dem/ der Lernenden in Situationen, in denen ihm/ihr durch Instruktion und Führung weitgehend ein Verhalten vorgegeben oder von ihm/ihr erwartet wird, schwer fallen, eigene Handlungsstrategien zu wählen oder das eigene Lernen zu planen sowie zu bewerten.

Unser Modell des selbstgesteuerten Lernens verdeutlicht, dass der Regulationsprozess beim Lernen in verschiedene Phasen eingeteilt werden kann (siehe auch Pintrich, 2000, 2002). Damit steht das chronologische Geschehen beim selbstgesteuerten Lernen im Mittelpunkt. Wir unterscheiden fünf Phasen, in welchen das selbstregulierte Lernen stattfinden kann: Motivieren, Planen, Überwachen, Evaluieren und Regulieren (siehe auch Abbildung 2). Diese Phasenabfolge darf jedoch nicht als streng hierarchisch oder linear interpretiert werden, da frühere Sequenzen nicht immer vor späteren stattfinden müssen. Empirische Befunde (vgl. Pintrich et al., 2000; Konrad, 2005) bestätigen diese Einschätzung: Metakognitive Prozesse des Überwachens, Kontrollierens und Evaluierens können auch simultan ablaufen. Hinzu kommt, dass die gängigen Erhebungsverfahren (Fragebogenmethoden, Lautdenk-Protokolle u.ä.; siehe Kapitel 5) nur bedingt in der Lage sind, die genannten einzelnen Vorgänge hinreichend zu differenzieren.

Tabelle 3 führt die in Abbildung 5 veranschaulichten Überlegungen weiter, indem sie jeder (hierarchisch übergeordneten) metakognitiven Phase vier Bereiche zuordnet: Kognition, Motivation, Verhalten und Umwelt. Metakognition, Kognition und Motivation konstituieren zusammen genommen die Selbstregulation (in Tabelle 3 grau unterlegt).

Der kognitive Bereich beinhaltet einerseits die Informationsverarbeitungsstrategien, die den eigentlichen Lernprozess unterstützen und von den metakognitiven Strategien gesteuert werden. Andererseits integriert der kognitive Bereich auch Wissenstrukturen. Dabei handelt es sich um das inhaltliche (Vor)wissen und um das (metakognitive) Wissen über die Strategien. Der Bereich Motivation und Affekt umfasst alle motivationalen Überzeugungen über sich selber im Hinblick auf eine Aufgabe, auch die Aufgabenwerte, das Interesse bezüglich einer Aufgabe und die positiven und negativen Emotionen im Zusammenhang mit einer Aufgabenstellung. Schließlich finden sich auch hier Strategien, welche die Individuen nutzen, um ihre Motivation und Emotion zu kontrollieren und zu regulieren. Bezüglich des Verhaltens differenzieren wir einerseits die Anstrengung, die jemand auf sich nimmt, aber auch die Ausdauer, das hilfesuchende Verhalten und die Verhaltensauswahl. Der Kontext als vierte Komponente repräsentiert verschiedene Aspekte der Aufgabe und der Umgebung, in welchen das Lernen stattfindet. Die Lernumgebung bestimmt einerseits das Lernverhalten des Individuums; sie kann andererseits bis zu einem gewissen Grade vom Individuum kontrolliert und reguliert werden.

Tab. 3: Phasen und Hierarchische Anordnung der Selbststeuerung, (in Anlehnung an Pintrich, 2000, S. 454)

Meta-kognition	1. Voraussicht: Planung und Aktivierung	2. Überwachung	3. Kontrolle	4. Reaktion und Reflexion
Kognition	Zielsetzung; Aktivierung des inhaltlichen Vorwissens Aktivierung des metakognitiven Vorwissens	Metakognitive Bewusstheit und Überwachung der Kognition	Selektion und Anpassung der kognitiven Strategien	Kognitive Bewertungen Attributionen (Ursachen-zuschreibung)
Motivation	Übernahme einer Zielorientierung Wirksamkeits-einschätzungen Wahrnehmung der Aufgabenschwierigkeit Aktivierung des Interesses	Bewusstheit und Überwachung von Motivation und Affekt	Selektion und Anpassung der Strategien zur Regulation der Motivation und des Affekts	Affektive Reaktionen Attributionen
Verhalten	Planung der Zeit und Anstrengung Planung der verhaltensbezo-genen Selbst-beobachtung	Bewusstheit und Überwachung von Anstrengung, Zeitnutzung und benötigter Hilfen Beobachtung des eigenen Verhaltens	Erhöhen /Senken der Anstrengung, Durchhalten, Aufgeben, Hilfe suchen	Verhaltens-auswahl
Kontext/ Lernum-gebung	Aufgaben-wahrnehmung Wahrnehmung des Kontexte	Überwachung von Veränderungen der Situations- und Kontext-Gegebenheiten	Ausgabe wechseln oder neu verhandeln Kontext wechseln oder verlassen	Evaluation der Aufgaben Evaluation des Kontextes

Aus diesem Modell resultieren bereits erste Konsequenzen für die Unterstützung des selbstgesteuerten Lernens. Vor dem Hintergrund des theoretisch und empirisch breit abgesicherten Wechselspiels zwischen lernendem Individuum und Lernumgebung, kommt es in erster Linie auf das Ausmaß der Selbststeuerung an, welches im Unterricht variiert werden kann. In diesem Zusammenhang kann auch von „Spielräumen" in Lernsituationen gesprochen werden, die für selbstständiges Arbeiten geschaffen werden müssen (s. Abschnitt 3.2.2; Weinert, 1982, S. 102). Die Spielräume können sich beispielsweise auf das Lernziel oder die Lernaktivitäten beziehen.

Um Missverständnissen vorzubeugen: Das Gewähren von Spielräumen garantiert noch keine Selbstregulation. Es ist nämlich das eine, als Lehrkraft solche Spielräume in den Unterricht einzubauen, etwas anderes ist es, ob der oder die Lernende diese als solche wahrnimmt und dann auch nutzt (vgl. Weinert, 1982). Das Augenmerk richtet sich damit auf die Schnittstelle zwischen Fremdsteuerung (bzw. Lehrerregulation) und der Fähigkeit des lernenden Individuums zur Selbststeuerung. Bezogen auf die Gestaltung von Unterricht in Schule, Hochschule und Erwachsenenbildung muss es das hauptsächliche Anliegen sein, eine Balance zwischen Instruktion und Konstruktion herzustellen. Es geht darum, zwischen der Fremdsteuerung der Lehrperson und der Kompetenz zur Selbstregulation des/ der Lernenden eine optimale Passung herzustellen.

Im Sinne von Vermunt und Verloop (1999) wird dann von Reibung (friction) gesprochen, wenn sich die Schüler- und Lehrerregulation nicht ideal ergänzen. Diese kann konstruktiv, aber auch destruktiv sein. Drei Szenarien sind hier denkbar:

1. Sind die Lernenden von der Lehrperson überreguliert, mehr als vom Schüler/der Schülerin subjektiv als notwendig betrachtet, so kann sich dies negativ auf den Einsatz von Lernstrategien auswirken.
2. Eine Überforderung der Lernenden, bei nur schwach ausgeprägter Selbst- und Fremdregulation, kann ebenfalls die genannten inadäquaten Konsequenzen nach sich ziehen.
3. Konstruktiv weist sich diese Reibung dann aus, wenn im Sinne der optimalen Passung eine leichte Überforderung bezüglich des Anspruchs an Selbstregulation besteht, die der Lernende als Herausforderung betrachten kann.

Für die Vermittlung des selbstgesteuerten Lernens lässt sich aus diesen Überlegungen zweierlei ableiten:

1. Ein Ziel besteht darin, die Spielräume zur Selbstregulation zu erhöhen und gleichzeitig eine optimale Passung zwischen Lehrer- Schülerregulation herzustellen.
2. Ein zweites Anliegen bezieht sich auf die Qualität der Selbstregulation. Ein selbstständiges Ausführen von Lernaktivitäten, ausgelöst durch einen Auftrag des Lehrers/der Lehrerin, ist unseres Erachtens für ein selbstgesteuertes Vorgehen noch nicht ausreichend. Der Schüler bzw. die Schülerin ist zwar aktiv, aber es ist fraglich, ob er/sie tatsächlich erkennt, welcher Sinn hinter dem gewählten Vorgehen steckt. Selbstgesteuertes Lernen ist mehr als das reaktive Anwenden

von Lernstrategien, es beinhaltet auch das Wissen darum, weshalb bei dieser Aufgabe, das gewählte Vorgehen sinnvoll und richtig ist, und weshalb bei einer anderen Aufgabe ein anderes Vorgehen adäquat wäre.

Es handelt sich also um die Unterscheidung zwischen einer von außen ausgelösten Reaktivität des Lernenden und einem reflektierten, bewussten Lernprozess. Welche Aufgaben in diesem Geschehen der Lehrperson zukommen und wie Lehreraktivitäten die individuelle Selbstregulation ergänzen können, soll nun diskutiert werden.

4.2 Die neue Rolle der Lehrenden

„Die Veränderung des Unterrichts in Richtung auf mehr Selbstverantwortung und Mitbestimmung durch Schüler/innen schließt eine Veränderung der Lehrer/innenrolle ein“ (Schulze, 1993, S. 24). Die Rolle als Belehrer muss durch die Lehrenden weitgehend aufgegeben werden. Sie sollten sich vielmehr als Unterstützer und Förderer der durch Lernende selbstbestimmten Lernprozesse begreifen.

Die Lehrperson hält nicht mehr alle Fäden in der Hand, sie muss loslassen können und die Lernenden an ihren Überlegungen zu selbstgesteuerten Lernprozessen beteiligen. Sie muss sich selbst aus dem Mittelpunkt des Unterrichts herausnehmen können. Hilfreich hierfür sind ganzheitliche Lernmethoden und eine personzentrierte Haltung, die mit Respekt, Einfühlungsvermögen und Echtheit auf andere Personen eingeht und ihnen Freiheit für persönliches Wachsen lässt. Untrennbar damit verbunden ist eine Menschenbildannahme, die den Menschen als ein sich selbst verwirklichendes Wesen sehen kann, das Hilfe braucht, aber keinen Dompteur. Lernende, ganz gleich ob Schüler/innen oder Student/innen müssen in ihrer Eigenart angenommen werden. Der Respekt vor der Persönlichkeit ist hier zentral, um andere Personen in ihrer Freiheit ernst zu nehmen und ihnen das notwendige Vertrauen entgegenbringen zu können.

Ungeachtet dieser Überlegungen übernehmen Lehrende nach wie vor eine zentrale Rolle im Unterrichtsgeschehen; allerdings hat sich diese gegenüber dem herkömmlichen Unterricht verändert:

Die Lehrperson muss auf eine starke Steuerung des Unterrichts verzichten und den Lernenden mehr Handlungsspielräume und Eigeninitiative einräumen. Seine Rolle verlagert sich auf die Beratung, Anregung und Unterstützung bei Schwierigkeiten. Diese Rolle verlangt ein hohes Maß an Kompetenz, da er sich zurückhaltend, abwartend und zugleich helfend, initiierend verhalten soll.

Die Lehrkraft sollte die Lernenden ernst nehmen, ihnen Akzeptanz, Empathie und Ambiguitätstoleranz entgegenbringen, was sich im Unterricht durch das Schaffen von Freiräumen und im Verzicht auf starke Lenkung und Gängelung zeigt. Der Lehrende ist verantwortlich für eine Lernumwelt, in der die Lernenden zunehmend ihre Lernprozesse selbstverantwortlich in die Hand nehmen können.

Bei der Durchführung selbstgesteuerter Lernformen besteht die Aufgabe des Lehrers / der Lehrerin vornehmlich in indirekten, individuell erzieherischen Maßnahmen.

Vor allem hat er / sie die individuelle Entwicklung der Lernenden zu beobachten und muss ihnen bei Bedarf Hilfestellungen geben. Hierzu gehört:

- Material für eine sinnvolle Beschäftigung anzubieten
- motivierend zu wirken
- selbst passiv zu werden, damit der Schüler/die Schülerin aktiv werden kann
- den Lernfortschritt durch Registrierung und Kontrolle der erledigten Aufgaben zu überwachen
- die Gruppenaufgaben zu beobachten und bei der Lösung von Schwierigkeiten behilflich zu sein.

Die Arbeit des Lehrenden verlagert sich in dieser Argumentation zunehmend aus dem Unterricht heraus in die Vorbereitungsphase. Dort muss sich die Lehrperson genau überlegen, wie selbstgesteuerte Lernprozesse initiiert werden können, welche Bildungswerte der Lernende durch die von ihm geforderte Arbeit gewinnen kann und welche Arbeitsweise diesen Anliegen dienlich ist. Im Unterricht selbst übernimmt sie dann zunehmend die Rolle des Beobachters und Beraters. Solche Aktivitäten schaffen den Rahmen, um selbstgesteuerte Lernprozesse in Gang setzen zu können, die dann zur Selbsttätigkeit und zur Entwicklung der Persönlichkeit führen können (vgl. Traub, 2004; Konrad & Traub, 2008). Hierzu notwendig ist auch das Anfertigen von Lernstandsdiagnosen, die im Beratungsgespräch als Grundlage der Weiterentwicklung dienen können (Traub, 2016).

Um die skizzierten Impulse geben zu können, muss sich die Lehrperson selbst auf offene Lernprozesse einlassen, bevor sie es mit Lernenden praktizieren kann. Alle Ansprüche, die an Lernende bei selbstgesteuerten Lernprozessen gestellt werden, muss die Lehrkraft zunächst einmal auf sich beziehen; sie sollte selbst in dieser Weise arbeiten. Nur dann können neue Lehr-Lernformen auch den Studierenden und Schüler/innen zugemutet werden.

4.3 Die Gestaltung der Lernumgebung in der Schule

Unter Lernumgebung wird hier das Arrangement der äußeren Lernbedingungen (Personen und Institutionen, Geräte und Objekte usw.) und Instruktionsmaßnahmen (Lernaufgaben, Sequenz der Lernschritte, Methoden u. a.) verstanden, die Lernen ermöglichen und erleichtern (vgl. Friedrich & Mandl, 1997).

Wie aus den Ausführungen in den Abschnitten 4.1 und 4.2 bereits hervorgeht, spielen Überlegungen zur Gestaltung der Lernumgebung eine zentrale Rolle. In ihr muss selbstgesteuertes Lernen erst ermöglicht werden. Einmal, indem vorhandene Freiräume gesehen und genutzt werden, zum anderen indem notwendige Lernvoraussetzungen für selbstgesteuertes Lernen geschaffen werden. Deshalb werden in diesem Abschnitt die Situationsbedingungen und -voraussetzungen, die für die Entwicklung selbstgesteuerter Lernprozesse wichtig sind, dargestellt. Der Fokus liegt dabei auf der Lernumgebung und -situation des Lernumfeldes Schule. Viele der hier gemachten Äußerungen können aber auch auf die Hochschule übertragen werden.

Im Lernumfeld Schule gibt es allgemeine Bedingungen, die für alle Schulen gleichermaßen gelten und die dahingehend überprüft werden müssen, ob sie selbstgesteuerte Lernprozesse überhaupt zulassen können. Zunächst sind die Bildungspläne der entsprechenden Schularten in Augenschein zu nehmen. Die aktuellen Bildungspläne fordern und fördern eine methodische Vielfalt im Unterricht. Handlungsorientierte Lernsituationen werden ebenso für wichtig und notwendig erachtet wie darbietende Unterrichtsverfahren. Besonderer Wert wird auf Arbeitsweisen gelegt, die die sogenannten Schlüsselqualifikationen wie Kooperationsbereitschaft, Teamfähigkeit, Verantwortungsbewusstsein und Selbstständigkeit fördern. Als mögliche Unterrichtsformen, die diese Schlüsselqualifikationen unterstützen, werden Gruppenarbeit, freie Arbeit und auch Projektunterricht genannt (Bildungspläne; Ministerium für Kultus und Sport, jeweils die pädagogischen Leitgedanken und Aufgaben und Ziele der entsprechenden Schulart).

Selbstgesteuerte Lernprozesse werden von den Schulträgern also nicht nur geduldet oder genehmigt, sondern als fester Bestandteil des Erziehungs- und Bildungsauftrags bewertet. Es liegt auf der Hand, dass derart gestaltete institutionelle Vorgaben die Initiierung selbstgesteuerter Lernprozesse erleichtern. Dennoch sind Probleme unausweichlich, da nirgends im Bildungsplan vermerkt ist, was denn nun unter Formen des selbstgesteuerten oder des selbstständigen Lernens zu verstehen ist und wie diese in die Schulpraxis umgesetzt werden können. Hier würden sich Lehrerfortbildungen und schulinterne Konferenzen anbieten, so dass die Lehrenden Hilfestellung bei der Umsetzung erhalten und sich dabei auch nicht alleingelassen fühlen.

Weitere Probleme bei der Umsetzung von Bildungsplänen beruhen auf äußeren Rahmenbedingungen:

- der immer wieder nach oben geschraubte Klassenteiler, wodurch die Klassen zunehmend größer werden
- die Schnelllebigkeit der Bildungspläne
- die ständige Mehrbelastung der Lehrenden
- die Stagnation der Lehrerkollegien, verursacht durch die Nichteinstellung junger Kollegen, die wieder frischen Wind durch neue Methoden und Ansätze in die Kollegien bringen würden usw.

Solange diese Bedingungen nicht verändert werden, wird es schwer sein, die anfangs genannten Forderungen der Bildungspläne, die selbstgesteuerte Lernprozesse im Prinzip ermutigen, tatsächlich zu erfüllen. Hier muss nach Mitteln und Wegen gesucht werden, die selbstgesteuertes Lernen leichter ermöglichen. Die Bildungspläne von 2004 und 2016 schaffen dafür sicher eine erste Grundlage. Sie machen aber auch deutlich, dass in der Schule selbstgesteuertes Lernen nur ein Konzept neben anderen darstellen kann. Für die Erfüllung des Bildungs- und Erziehungsauftrags sind Konzepte, die angeleitetes Lernen initiieren, ebenso wichtig und notwendig.

Neben den institutionellen Rahmenbedingungen spielen auch die schulinternen Bedingungen eine wichtige Rolle. Sämtliche Innovationen erfordern die Kooperationsbereitschaft der Schulleitung und des Kollegiums. Dies trifft auch auf selbstgesteuertes Lernen zu. Da selbstgesteuertes Lernen den gesamten Lernprozess einer Klasse betrifft, sich das Lernen also auf alle Fächer und Unterrichtssituationen auswirkt, sind alle in einer Klasse Tätigen von einer solchen Innovation betroffen. Werden neue Ideen ignoriert oder stoßen sie sogar auf Widerstände im Kollegium, dürfte selbstgesteuertes Lernen kaum zu realisieren sein. Deshalb muss vor Beginn der Umsetzung selbstgesteuerter Lernprozesse die Schulleitung und das Kollegium informiert werden. Vielfach wird hier Überzeugungsarbeit zu leisten sein. In jedem Fall ist es aber notwendig, dass die beteiligten Personen eine Veränderung in der beschriebenen Richtung tolerieren.

Für die Durchführung selbstgesteuerter Lernprozesse sind auch stundenplantechnische Überlegungen wichtig. Das Erreichen der didaktischen Prinzipien, die hinter dem Konzept selbstgesteuerten Lernens stehen, erfordern besondere unterrichtliche Verwirklichungsformen. Hierzu zählen z.B. Freiarbeit und Projektunterricht. Bei beiden Formen ist es wichtig, den 45-Minuten Takt und die Fächergrenzen aufzuheben, so dass die Selbststeuerung nicht durch Klingelzeichen oder bestimmte Fachvorgaben beeinträchtigt wird. Hier scheint es ratsam, für den Zeitraum dieser Unterrichtsformen den normalen Stundenplan außer Kraft zu setzen. Für die Freiarbeit bedeutet dies, dass einige Stunden in der Woche nicht mehr für die ursprünglich dafür vorgesehenen Fächern verwendet werden, sondern dass in dieser Zeit Freiarbeit quasi als Unterrichtsfach bzw. -form im Stundenplan auftaucht. Eine ähnliche Vorgehensweise ist auch für Projektarbeit zu empfehlen. Hier besteht aber auch die Möglichkeit, den Stundenplan für einen ganzen Tag, einige Tage oder sogar eine Woche außer Kraft zu setzen und in dieser Zeit in Projekten zu arbeiten (vgl. Traub, 2000).

Ein weiterer Gesichtspunkt bei der Einführung selbstgesteuerter Lernprozesse ist die unmittelbare Lernumgebung, also das Klassenzimmer oder die vorhandenen Lernräume. Auch hier können wieder die Verwirklichungsformen Freiarbeit und Projektunterricht als Maßstab herangezogen werden. Um Selbststeuerung und Selbstständigkeit in der Schule zu ermöglichen, muss auch die Lernumgebung auf diese Prinzipien abgestimmt werden. Dazu gehört vor allem eine größere Offenheit hinsichtlich der Raum-, Material- und Medienbenutzung. Diese Bereiche müssen den Lernenden zur Verfügung stehen, wenn sie ihr Lernen selbst steuern sollen. Beispielsweise müssen sie selbst entscheiden können, ob sie für ihr Lernen einen Computer oder einen Fachraum benötigen. Solche berechtigten Anliegen stoßen unweigerlich an Grenzen. So sind Computerräume meist teuer eingerichtete Fachräume, die auch nur unter fachlicher Anleitung benutzt werden sollten. Gleiches gilt für den Physik- oder Chemieraum. Sicherheitsgründe verlangen es, dass der entsprechende Fachlehrer/die Fachlehrerin anwesend ist. Diese Einwände sind sicher berechtigt und machen das Suchen von Kompromissen notwendig. Im hier präsentierten Beispiel könnten etwa bestimmte Zeiten eingerichtet werden, in denen die Fachräume von Fachlehrern besetzt sind, so dass die Lernenden ihren persönlichen Wünschen nachkommen können.

4.4 Selbstgesteuertes Lernen als Weg und Ziel des Unterrichts

Um selbstgesteuertes Lernen in der Unterrichtspraxis zu initiieren, müssen adäquate Methoden eingesetzt und praktiziert werden. Betrachtet man nun die dafür in Frage kommenden Methoden wie Freiarbeit, Projektunterricht usw., so müssen diese Konzepte eingeordnet werden können. Adl-Amini (1994, S. 56ff) schlägt zu diesem Zweck ein Drei-Ebenen-Modell vor (s. Abbildung 6).

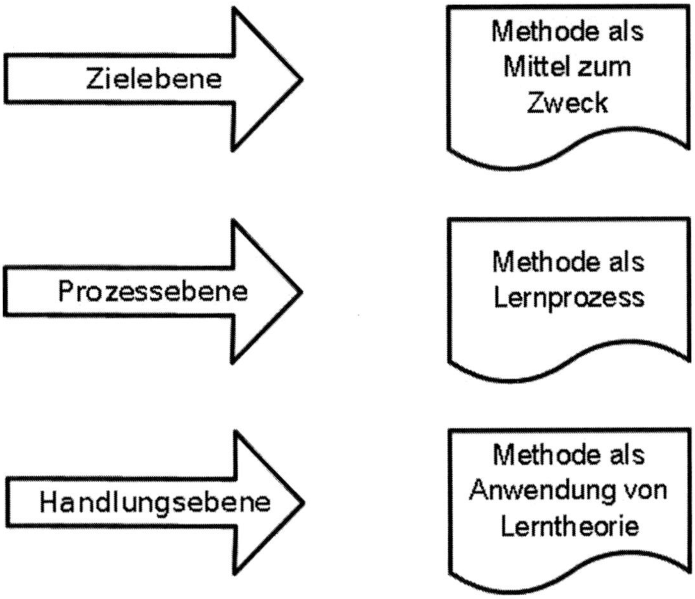

Abb. 6: Drei-Ebenen-Modell nach Adl-Amini

Auf der ersten Ebene, der sogenannten Zielebene, dient die Methode als Mittel zum Zweck. Die verwendeten Unterrichtsmethoden sind relevant in Bezug auf die Ziele bzw. die Inhalte des Unterrichts. Die Unterrichtsmethode ist nicht Thema und wird auch nicht problematisiert. Die Methode hat nur die Aufgabe, einen Sachverhalt adäquat zu vermitteln und wird damit zum Träger eines Inhalts.

Die zweite Ebene stellt die Prozessebene dar, auf der die Methode selbst als Lernprozess fungiert, der Lernweg wird zum Thema. Zielsetzung und Inhalt sind prozesshaft und offen, weil sie nicht inhaltlich-kognitiver, sondern methodisch-problemlösender Art sind. Das „Lernen lernen" steht im Vordergrund dieser Ebene.

Die dritte Ebene wird als Handlungsebene verstanden. Ziel dieser Ebene ist es, allgemeine Lerngesetze als Voraussetzung für die Entwicklung von Lehrmustern zu erforschen. Hier werden die Lehrmethoden vor dem Hintergrund einer Lerntheorie, der allgemeinen Methodik verstanden (vgl. Adl-Amini, 1994; Traub 1999, S. 118f).

Versucht man selbstgesteuerte Lernformen in diese Taxonomie einzuordnen, so entsprechen sie am ehesten der zweiten Ebene. Es werden bewusst selbstgesteuerte Lernprozesse in Gang gesetzt, um damit selbstgesteuertes Lernen zu erreichen. Die Selbstorganisation durch die Lernenden wird zum Ziel des Unterrichts. Die Lernenden erleben bewusst, wie sie lernen und mit welcher Methode, welche Lernziele sinnvoll erreicht werden können. Sie lernen, über Methoden zu reflektieren, ihr Problembewusstsein erhöht sich und Lernen findet auf einer höheren Abstraktionsstufe statt. Die Lernenden erwerben methodische Fertigkeiten zur selbstständigen Aneignung neuer Kompetenzen. Um mit solchen Unterrichtsmethoden umgehen zu können, müssen die Lernenden langsam in selbstgesteuerte Lernprozesse hineinwachsen, so dass die Selbststeuerung größer werden und den Lernenden immer mehr Verantwortung für ihre Lernprozesse übertragen werden kann.

Selbstgesteuertes Lernen ist in der skizzierten Perspektive nicht nur Ziel des Unterrichts. Lernformen, die selbstgesteuerte Prozesse in Gang setzen, stellen gleichzeitig auch den Weg für eine größere Selbststeuerung des eigenen Lernens dar. Die Lernenden müssen Schritt für Schritt an die Selbstorganisation des Lernens herangeführt werden. Dies kann durch Lernmethoden geschehen, die langsam auf Selbststeuerung vorbereiten und so den Weg, von eher angeleitetem zu mehr selbstorganisiertem Lernen ebnen. In Abschnitt 6.5 wird dieser Vorschlag anhand erprobter psychologischer Modelle weiter präzisiert.

Notwendige Kompetenzen, Lernmethoden und Wegbereiter für das in Gang setzen selbstgesteuerten Lernens werden im nächsten Kapitel beschrieben. Die entsprechenden Ausführungen werden eher verständlich, wenn man sich vor Augen hält, dass selbstgesteuertes Lernen sowohl ein Ziel von Unterricht darstellt als auch den Weg zu diesem Ziel beschreibt.

4.5 Grundsätze der Förderung selbstgesteuerten Lernens

Die Grundsätze, die im Rahmen von Lehr-/Lernsituationen beachtet werden müssen, wenn selbstgesteuertes Lernen erfolgreich sein soll, können in ihrem Kern folgendermaßen resümiert werden:

- Selbstgesteuertes Lernen tritt nicht automatisch durch die Reduktion fremdgesteuerten Lernens ein.
- Selbstgesteuertes Lernen bedarf sorgfältiger Anleitung und Begleitung. Die Lehrkraft muss den Lernenden Schritt für Schritt und häufig über einen längeren Zeitraum an das selbstgesteuerte Lernen heranführen.
- Selbstgesteuertes Lernen setzt ein großes Strukturwissen und sprachliche Kompetenz bei den Lernenden voraus.
- Selbstgesteuertes Lernen setzt bei den Lehrpersonen Kompetenzen hinsichtlich des Erkennens von Lernbedarf, des Planens von Lernschritten, der Ausführung dieser Lernschritte und der Einschätzung von Lernfortschritten voraus.

- Selbstgesteuertes Lernen hat nur dann positive Effekte, wenn die Metakognition der Lernenden verbessert und dies durch einen Wandel der Rolle der Lehrperson zum Beobachter und Berater unterstützt wird.
- Selbstgesteuertes Lernen darf mit Rücksicht auf schwächere Schüler/innen nicht die einzige Lehrform sein. In Abhängigkeit von der Person des Lernenden, den Lerninhalten und Lehr-/Lernzielen ist die Verknüpfung von Phasen des selbstgesteuerten und des fremdgesteuerten Lernens ratsam.

Wenn diesen Grundsätzen der Anspruch zugebilligt wird, Grundlage zur Gestaltung effektiver selbstgesteuerter Lehr-/Lernarrangements zu sein, dann lassen sich auf dem Hintergrund dieser Prämissen insbesondere der Grundsätze vier und fünf - die Wege zum selbstgesteuertem Lernen weiter präzisieren. Bevor dies geschehen kann, gilt es, nach Möglichkeiten der Diagnose Ausschau zu halten.

5. Diagnose des selbstgesteuerten Lernens

Mit der wachsenden Bedeutung des selbstgesteuerten Lernens (als pädagogisches Ziel sowie als Methode des Lehrens und Lernens) wird die Diagnose der Kompetenz zur Regulation des eigenen Lernprozesses sowohl für das lernende Individuum als auch für die den Lernprozess begleitende Lehrperson zunehmend wichtiger. Was ist das Ziel diagnostischer Maßnahmen?

Bezogen auf das selbstgesteuerte Lernen geht es darum, Voraussetzungen und Bedingungen planmäßiger Lehr- und Lernprozesse zu ermitteln, Lernprozesse zu analysieren und Lernergebnisse festzustellen, um individuelles Lernen zu optimieren (vgl. Ingenkamp, 1988, S. 11). Hilfreich hierfür sind diagnostische Verfahrensweisen und Instrumente, die Hinweise zum konkreten Regulationsniveau des Lernprozesses geben.

Basis und Hintergrund unserer Überlegungen zur Bestandsaufnahme von selbstgesteuertem Lernen ist eine Systematik (z. B. Veenman, 2005), welche die bekannten diagnostischen Verfahren in prospektive, simultane und retrospektive Ansätze unterteilt.

1. Prospektive Maßnahmen werden eingesetzt, um entweder selbstgesteuertes Lernen im Allgemeinen zu erfassen, oder um darauf bezogene (meta)kognitive Aktivitäten vor einer spezifischen Lernaufgabe zu ermitteln. Prospektive Methoden mögen sich somit auf vergangene Erfahrungen des Schülers/der Schülerin oder Studierenden beziehen, die interessierenden Prozesse werden aber vor dem Bearbeiten einer Aufgabe (z. B. vor einer Klassenarbeit) erfasst.
2. Simultane Methoden messen im Gegensatz dazu das selbstgesteuerte Lernen (bzw. die dabei realisierten Strategien) während der Bearbeitung einer Aufgabe.
3. Retrospektive Ansätze werden nach der Aufgabenbearbeitung eingesetzt.

5.1 Erfassung des selbstgesteuerten Lernens vor einer Lernaufgabe

Als prominente Beispiele für die prospektive Datenerhebung können die schriftliche sowie mündliche Befragung angesehen werden.

5.1.1 Fragebogen

Lernstrategiefragebögen zu typischen (oder habituellen) Verhaltensmustern werden von Lehrer/innen oder Dozent/innen gerne genutzt, um Prozesse des selbstgesteuerten Lernens in Erfahrung zu bringen. Ihre erfolgreiche Bearbeitung ist an mehrere Voraussetzungen geknüpft. Ob und wie es gelingt, von Schüler/innen oder Studierenden eines bestimmten Alters verwertbare Aussagen über selbstgesteuertes Lernen (z.B. ihre Lernstrategien) zu erhalten, hängt wesentlich ab

- vom Niveau ihrer kognitiven und sprachlichen Entwicklung,
- von ihrer Fähigkeit, Fragen zu Strategien auf Lernanforderungen und Lernerfahrungen zu beantworten und auf dieser Grundlage Entscheidungen zu treffen,
- von ihrer Bereitschaft, die eigenen Erfahrungen unter dem Strategieaspekt zu analysieren,
- von ihren Einstellungen zu Lernanforderungen und -bedingungen, überhaupt zum Lernen,
- vom Niveau der Reflexionsprozesse der antwortenden Personen (in der Grundschule eignet sich der Einsatz von Lernstrategiefragebögen kaum),
- von ihren Erfahrungen mit entsprechenden Lernanforderungen, und der Anwendungsroutine der jeweiligen Strategie (vgl. Spörer & Brunstein, 2005).

Bei der Erforschung des selbstgesteuerten Lernens haben unter anderen zwei Fragenbogeninstrumente Beachtung gefunden, die nachstehend besprochen werden sollen.

MSLQ (Motivated Strategies of Learning Questionnaire)

Ein im englischen Sprachraum bekannter Lernstrategiefragebogen ist der MSLQ (Motivated Strategies of Learning Questionnaire; Pintrich, 2000). Es handelt sich um ein Inventar zur Erfassung von motivationalen Überzeugungen und verschiedenen Lernstrategien. Hinter den 50 Items verbergen sich drei Dimensionen des selbstgesteuerten Lernens: Kognition, Motivation und Strategien des Ressourcenmanagements (vgl. Straka, 2005). Die Beantwortung der Statements erfolgt auf einer fünfstufigen Skala mit den Polen stimmt überhaupt nicht und stimmt genau. Tabelle 4 liefert Beispiele für die verwendeten Fragen.

Tab. 4: MSLQ - Skalenübersicht

Kognitive Dimension	
Üben	Beim Lernen sage ich mir das Lernmaterial so lange vor, bis ich es mir merken kann.
Elaborieren	Beim Lernen bringe ich Informationen aus verschiedenen Quellen miteinander in Verbindung. z. B. Diskussion, Lektüre
Strukturieren	Beim Lernen unterstreiche ich wichtige Lerninhalte, um meine Gedanken besser zu ordnen.
Motivationale Dimension	
Intrinsische Motivation	Ich bin sehr zufrieden, wenn es mir gelingt, die Lerninhalte so gründlich wie möglich zu verstehen.
Extrinsische Motivation	Eine gute Note zu bekommen, ist im Augenblick das Wichtigste für mich.
Kontrollüberzeugungen	Wenn ich in der Schule Erfolg habe, kann das nur Zufall sein
Ressourcen-Management	
Zeitplanung	Ich nutze meine Zeit in diesem Kurs sehr effektiv
Anstrengungsregulierung	Sogar wenn Lernmaterialien stumpfsinnig und uninteressant sind, schaffe ich es weiterzuarbeiten bis ich meine Aufgabe erledigt habe.
Lernen mit Gleichaltrigen	Ich erkläre die Lerninhalte häufig einem Freund oder Klassenkameraden

Im deutschen Sprachraum findet das Inventar zur Erfassung von Lernstrategien im Studium (LIST; Wild & Schiefele, 1994) breite Anwendung. Charakteristisch für das LIST ist, dass es einzelne Skalen des MSLQ (Motivated Strategies for Learning Questionnaire) verändert bzw. erweitert. Das Inventar erfasst die Häufigkeit der Nutzung kognitiver, metakognitiver sowie resourcenbezogener Lernstrategien mit Hilfe von Ratingskalen, die zwischen 1 (= sehr selten) und 5 (= sehr häufig) variieren.

Constructivist Learning Environment Survey

Der Constructivist Learning Environment Survey (CLES; Taylor, Dawson & Fraser, 1995; Taylor, Fraser & Fisher, 1997) zielt auf die Konzeptualisierung, Messung und Analyse psychosozialer Charakteristiken von Lernumgebungen. Das Instrument hilft Lehrenden und Forschern dabei, konstruktivistische Lernumgebungen anzuregen und zu evaluieren. Theoretischer Hintergrund des Fragebogens sind sozial-konstruktivistische Überlegungen, die Lernen als aktiven, zielorientierten, kumulativen und sozialen Prozess begreifen. Für die Anwendung dieses Instruments sprechen nicht zuletzt zwei Argumente:

1. Die Beurteilung von Lehr-Lernarrangements durch Schüler/innen oder Studierende hat sich als tragfähige Variable für die Vorhersage der Lernleistung herausgestellt. Einschlägige Forschungsarbeiten weisen nach, dass starke Lernumgebungen (Handlungsspielräume, relevante Lerninhalte, Coaching der Lehrperson usw.) positive Effekte für individuelle kognitive sowie emotional-motivationale Prozesse bzw. Strategien aufweisen.
2. Empirische Arbeiten zur Person-Umwelt-Passung konnten wiederholt bestätigen, dass Schüler/innen in von ihnen akzeptierten sowie positiv bewerteten Lernumgebungen bessere Leistungen an den Tag legen.

In seiner Originalversion umfasst der CLES fünf Skalen, deren Beantwortung darüber informiert, wie Lernende ihre Lernumgebung beurteilen. Die insgesamt 40 Items des CLES werden mit einer 5-fach abgestuften Skala vom Likert-Typ beantwortet: fast immer (5), oft (4), manchmal (3), selten (2) und fast nie (1) (siehe Tabelle 5).

Tab. 5: Skalen und Beispielitems des CLES

Skala	Beispiel
Persönliche Relevanz	Ich werde gut auf das Leben außerhalb des Unterrichts vorbereitet
Erlebte Selbststeuerung	Ich kann selbst entscheiden, welche Lernstrategie ich anwende.
Kritische Stellungnahme	Es ist in Ordnung die Lehrerin zu fragen, warum wir einen bestimmten Stoff durchnehmen
Austausch und Diskussion mit Mitschülern	Die Schüler bitten sich wechselseitig um Hilfe, wenn sie Schwierigkeiten haben
Unsicherheit / Vorläufigkeit von Wissen und Wissenserwerb	Wir Schüler lernen, dass es auf vielen Gebieten keine endgültige Wahrheit gibt

Wie die anderen Instrumente kann der CLES im Unterricht genutzt werden, um die Diskussion über Lernstrategien anzuregen. Dabei können die folgenden Fragen hilfreich sein: Wenn du über dein Lernen nachdenkst:
Welche Strategien verwendest du, um dein Lernen zu überwachen und zu bewerten?
Wo liegen deine Stärken und Schwächen im Hinblick auf das Lernen und deine Lernstrategien?
Wie genau planst du dein Lernen? Wie gut kannst du deine Zeit einteilen?
Kannst du ungünstige oder fehlerhafte Strategien feststellen und ändern?

Festzuhalten bleibt, dass sich die via Fragebogen in einer Vielzahl von Untersuchungen erfassten Lernstrategien auf die Reflexion des Handelns beziehen. Lernende haben Aussagen über verwendete Strategien mit Bezug auf ihre Lernerfahrungen zu werten (vgl. Lompscher, 1996). Welche Chancen und Grenzen diese Diagnoseverfahren an den Tag legen, soll nun erläutert werden.

Chancen

Die Anwendung der Fragebogenmethode zur Erkundung des selbstgesteuerten Lernens kann vor allem drei Vorteile für sich verbuchen:

1. Der Einsatz standardisierter Fragebögen als Methode bspw. zur Erfassung von Lernstrategien eignet sich ausgezeichnet, um einen groben Überblick über das Lernverhalten von Schüler/innen zu erhalten. Instrumente dieser Art sind ökonomisch anwendbar und deshalb auch bei einer großen Stichprobe einsetzbar (vgl. Veenman, 2005; Konrad, 2015).
2. Sie sind außerdem reliabel (d.h. sie messen zuverlässig) und weisen eine replizierbare Faktorenstruktur auf, in der sich Teilkomponenten des selbstgesteuerten Lernens widerspiegeln sind (vgl. Spörer & Brunstein, 2005).
3. Obwohl die Items (Fragen) meist sehr allgemein formuliert sind, können Fragebögen - in etwas angepasster Form - auch auf spezifische Fächer oder spezifische Bereiche des Lernens wie zum Beispiel auf die Bearbeitung von Texten angewendet werden.

Grenzen

Ungeachtet dieser positiven Einschätzung sind die Grenzen des Einsatzes von Lernstrategiefragebögen unübersehbar:

1. Zunächst einmal verweisen Kritiker auf die Diskrepanz zwischen der Reflexions- und der Handlungsebene (vgl. Lompscher, 1996). Lernstrategien, die man schätzt und kennt, müssen zur Beantwortung der Fragebögen nicht unbedingt ausgeführt werden können. Der oder die Lernende kann die Strategie zwar kennen, sie aber noch nie angewendet haben. Entsprechend ist die Kluft zwischen Wissen und Handeln oftmals groß.

2. Eng damit verbunden ist der Tatbestand, dass die Inventare meist die Häufigkeit des Einsatzes von Lernstrategien erfassen; die Qualität der Strategieanwendung lässt sich mit solchen Daten („Selbstauskünfte") eher nicht erfassen.
3. Außerdem beziehen sich die Fragen selten auf konkrete Situationen; stattdessen verlangen sie nach Aussagen über das generelle Verhalten in verschiedenen Lernsituationen. Was fehlt, ist der Bezug zu den Anforderungen der aktuellen Aufgabe und den Bedingungen der jeweiligen Lernsituation. In diesem Zusammenhang kommt es mitunter auch zu einem Phänomen, das als „telling more than we can know" (Nisbett & Wilson, 1977) bekannt geworden ist. Das lernende Individuum ist demnach nicht in der Lage, im Nachhinein zuverlässig Auskunft über ihre kognitiven Prozesse zu geben. Um Erinnerungsprobleme zu kompensieren, konstruieren die Befragten beispielsweise Antworten, die lediglich vernünftig klingen oder sie kreuzen eine Ziffer an, die ihnen in irgendeiner Weise schlüssig erscheint.

5.1.2 Interview

Eine mögliche Alternative zur Erfassung von selbstgesteuertem Lernen bieten Interviews. Interviewtechniken produzieren Aussagen aus der Retrospektive (Konrad, 2015). Die kognitiven und metakognitiven Aktivitäten, über die berichtet wird, sind damit abgeschlossen. Gleichwohl kann das Interview vor der Bearbeitung einer Aufgabe zur Anwendung kommen (z. B. vor einer Projektarbeit), was ihm einen prospektiven Charakter verleiht. Ähnlich wie bei Fragebögen können die strategischen Aktivitäten im Rahmen von Interviews in einzelnen oder auch mehreren Lernsituationen erfasst werden (vgl. Lompscher, 1996). Einige zentrale Einteilungsgesichtspunkte zur Charakterisierung unterschiedlichster Formen des Interviews sind (vgl. Konrad, 2015):

- Absicht des Interviews
- Standardisierung
- Struktur der Zielgruppe
- Form der Kommunikation
- Stil der Kommunikation.

Ein weitgehend offenes (unstandardisiertes) Interview mit einer Lehrperson zum Thema „Förderung des selbstgesteuerten Lernens" könnte etwa die folgenden Fragen beinhalten.

Beispielfragen

- Wie kann der lehrerzentrierte Unterricht Schüler/innen darin unterstützen, selbstgesteuert zu lernen?
- Welche Methoden können in offenen Unterrichtsformen eingesetzt werden - welche Vorteile haben diese gegenüber der lehrergelenkten Unterweisung?
- Welche Anforderungen und Voraussetzungen seitens der Schüler/innen müssen beim selbstgesteuerten Lernen erfüllt sein?

Weitere Möglichkeiten zur Erfassung des selbstgesteuerten Lernens bieten hypothetische Interviews: In Anlehnung an die sozial-kognitive Theorie von Bandura (1986) haben beispielsweise Zimmerman und Martinez-Pons (1986) einen Interviewleitfaden entwickelt (SRLIS – Self-Regulated Learning Interview Schedule), um Lernstrategien, im Speziellen auch metakognitive Prozesse, mit Hilfe von fiktiven Lernsituationen zu erheben. In acht typischen Lernsituationen sollten die Probanden beschreiben, wie sie konkret vorgehen würden, wenn sie eine Aufgabe bewältigen wollten. Beispiele für solche Anforderungen im schulischen Kontext sind: „im Klassenzimmer“, „zu Hause“, „Erledigung schriftlicher Arbeiten außerhalb des Unterrichts“, „Bearbeitung mathematischer Aufgaben innerhalb und außerhalb des Unterrichts“ und „Vorbereitung auf Klassenarbeiten“. In Einzelsitzungen wird das - auf solche Situationen bezogene - strategische Verhalten nacheinander und in standardisierter Form erfragt und notiert.

Beispielfragen

- Kennst du Strategien, die dir dabei helfen, als Hausaufgabe einen Erlebnisaufsatz zu verfassen?
- Wie gehst du vor, wenn du auf Hindernisse oder Schwierigkeiten triffst? Gibt es eine spezielle Methode, die du dann wählst?
- Du hast hier zahlreiche Strategien berichtet, die dir vertraut sind. Ich bitte dich nun, einen Blick auf diese Skala zu werfen. Bitte gib an, wie häufig du die erwähnten Strategien einsetzt? (Der Interviewer nennt jede Strategie und der Proband/ die Probandin schätzt die Häufigkeit auf einer Skala ein)

Chancen

In Abgrenzung vom Fragebogen weist das Interview einige Vorteile auf:

1. Anders als der Fragebogen, der einen Vergleich des eigenen Verhaltens mit vorformulierten Aussagen fordert, kann im Interview das Verhalten mit eigenen Worten beschrieben werden.
2. Einen weiteren Vorteil von Interviewverfahren gegenüber der Fragebogenmethode besteht darin, dass sie weniger sensibel sind gegenüber Formen der sozialen Erwünschtheit („ich sage das, was der Forscher vermutlich von mir hören will“) und gegenüber individuellen Einstellungen oder subjektiven Theorien.
3. Außerdem besteht die Möglichkeit, klärende Fragen zu stellen, sofern eine Antwort unvollständig ist oder sich nicht auf die Frage bezieht.

Grenzen

Einige Grenzen hat das Interview mit der schriftlichen Befragung gemeinsam, andere sind ausschließlich dieser Methode zuzuschreiben:

1. Wie der Fragebogen bringt das Interview die Schwierigkeit mit sich, dass die Probanden über den Einsatz von Lernstrategien berichten bzw. deren Verwendungshäufigkeit angeben, ohne diese Lernstrategien tatsächlich in ihrem persönlichem Verhaltensrepertoire haben zu müssen.
2. In der Gegenüberstellung zu Fragebögen gestaltet sich der Zeitaufwand beim Einsatz eines solchen Instruments als umfangreich, da jeder Proband einzeln befragt werden muss. Auch die Auswertung von Interviewdaten dürfte erheblich zeitaufwändiger sein.
3. Des Weiteren ist auf den Umstand aufmerksam zu machen, dass in Interviewstudien oftmals die Stabilität der Daten über die Zeit nicht geprüft wird. Bekanntermaßen wächst die Wahrscheinlichkeit, sich unvollständig zu erinnern, je größer der Zeitraum zwischen der interessierenden Handlung und dem Interview ist. Das kann bedeuten, dass bei einzelnen Schüler/innen oder Studierenden möglicherweise instabile Strategiemuster nicht als solche erkannt werden.
4. Speziell für hypothetische Interviews ist kritisch anzumerken, dass diese selbstgesteuertes Lernen nur indirekt über die Beschreibung von Verhaltensweisen in imaginären Lernsituationen erfassen.

Trotz Ihrer unbestreitbaren Vorzüge, etwa ihre ökonomische sowie reliable Anwendung, steht die Erfassung von Lernstrategien durch Fragebogen in der Kritik. Vor allem ihre Validität ist umstritten.

Wernke beschreibt das Problem, dass vor allem junge Probanden die Kenntnis über eine Lernstrategie mit deren tatsächlichen Einsatz vermischen und somit angeben, dass sie diese im Lernprozess einsetzen, obwohl sie sie eigentlich nur kennen.

Demnach fällt die Selbsteinschätzung anhand eines Fragebogens auf der Reflexionsebene oftmals übertrieben aus. Die tatsächliche Ausführung einer Handlung (Performanz) steht in keinem eindeutigen Verhältnis zu den Angaben im Fragebogen (Präferenz).

Dieses Phänomen wurde in vielen Studien entdeckt, in denen Selbstberichte (auf abstrakter Ebene) mit handlungsnahen Methoden (Beobachtung, Lautes Denken, etc.) verglichen wurden. Daher ist die reine Erfassung durch einen Fragebogen bezüglich ihrer Validität sehr umstritten.

5.2 Erfassung des selbstgesteuerten Lernens während der Bearbeitung einer Aufgabe

Die nun vorgestellten Verfahren streben eine handlungsnahe Betrachtungsweise an und sind Teil sogenannter Mikroanalysen.

Dahinter stehende Sozial-kognitive sowie Handlungs-Theorien verabschieden sich von stabilen Mustern („Eigenschaften") einer Person oder einer Lernumwelt und wenden sich Prozessen und Veränderungen zu. Ziel ist die Betrachtung dynamischer Lernvorgänge und deren Entwicklung in starken Lernumgebungen (Zimmerman, 1990, S. 4).

In der aktuellen Forschung gelten Mikroanalysen als ökologisch valide und veränderungssensitiv. Mit Hilfe solcher Messinstrumente werden praxisrelevante Interventionen der Evaluation und damit der Qualitätssicherung und Weiterentwicklung zugänglich.

Mikroanalytische Methoden haben im Zuge der Analyse des selbstgesteuerten Lernens vor allen Dingen zwei Vorteile:

- sie besitzen potenziellen diagnostischen Wert (auch für die Lehrperson);
- sie stellen bessere Prädiktoren für selbstgesteuertes Lernen dar, als es für handlungsferne Maßnahmen (z. B. retrospektive Fragebogen) der Fall ist.

Prominente Beispiele für simultane Erhebungsmethoden sind das Laute Denken sowie die Beobachtungsmethode.

5.2.1 Lautes Denken

Eine Möglichkeit zur simultanen Erfassung von selbstgesteuertem Lernen (z. B. Lernstrategien) ist die Methode des Lauten Denkens (vgl. Konrad, 2005; Ericsson & Simon, 1980; Veenman, 2005). Dabei verbalisieren die Probanden während der Bearbeitung einer Aufgabe ihre Gedanken und werden bei Schweigen vom Versuchsleiter angehalten, dies weiterhin zu tun. Ziel simultaner Verfahren ist es, kognitive und metakognitive Prozesse zu identifizieren die dem Lernen sowie der Lernleistung in verschiedenen Handlungsfeldern zugrunde liegen. Varianten dieser Technik existierten schon Ende des 19. Jahrhunderts. Nachdem die Methode zunächst in die Kritik der Behavioristen geriet, werden Laut-Denk-Protokolle seit Anfang der 1970er Jahre in der Problemlöseforschung vermehrt eingesetzt, weil das Bedürfnis nach Datenquellen wuchs, in denen verstärkt prozedurale und dynamische Aspekte kognitiver Prozesse sichtbar werden. Beispiele für die Anwendung dieser Methode im Schulalltag finden sich etwa bei Konrad (2017b) und Konrad und Klepser (2008). Hier wird das Laute Denken genutzt, um das Leseverstehen von Schüler/innen der Sekundarstufe I zu diagnostizieren und zu fördern. Hilfreich hierfür können die folgenden Anregungen der Lehrperson sein:

- ... jetzt überlege ich gerade wie ...
- ... die Abbildung macht auf mich einen überladenen Eindruck ...
- ... auf der Seite suche ich ...
- ... nun wird es interessant ...
- ... die Bedeutung der Überschrift ist mir ein Rätsel ...

Lehrende und Forscher erhalten auf diese Weise Einblick in die mentalen Prozesse eines Schülers oder einer Schülerin. Indem die Lernenden während der Auseinandersetzung mit einem Text ihre Gedanken laut äußern, können Rückschlüsse auf Eindrücke, Gefühle und Absichten gezogen werden.

In Verbindung mit dem Lauten Denken ist die Frage zentral, ob eine Verbalisierung während des Lern- oder Problemlöseprozesses zu einer Veränderung kognitiver Leistungen führt. Ericsson und Simon (1980} beantworten diese Frage mit ihrem Prozessmodell des Lauten Denkens, demzufolge Inhalte, die bereits im verbalen Code verankert sind, ohne zusätzlichen Aufwand in sprachliche Äußerungen umgesetzt werden können. Dagegen ist für Inhalte, die noch nicht im verbalen Code vorliegen, ein zusätzlicher Rekodierungsschritt notwendig, der eine verlangsamte Aufgabenbearbeitung und somit eine Interferenz der Versprachlichung mit dem Problemlöseprozess zur Folge haben kann. Demnach müsste Lautes Denken die Leistungen des Individuums beeinträchtigen. Andererseits ist vorstellbar, dass Lautes Denken Metakognitionen (z. B. Nachdenken über eigene Strategien) hervorruft, was wiederum zu einer Performanzsteigerung führen kann.

Abgesehen von der Frage nach der Veränderung kognitiver Leistung sind bei der Anwendung verbaler Informationen als Daten zur Identifizierung handlungsleitender Kognitionen eine Reihe von Vorbedingungen zu beachten.

- Zunächst müssen Kognition und Handlung in einer engen zeitlichen Relation stehen, da sonst eine auf einer Kognition basierenden Aussage nicht mit einer bestimmten Handlung in Verbindung gebracht werden kann.
- Zudem muss die handelnde Person prinzipiell Zugang zu ihren Kognitionen haben können (vgl. Nisbett & Wilson, 1977).
- Das Vorhandensein eines Kurzzeitgedächtnisses stellt eine weitere unabdingbare Voraussetzung für die Zuverlässigkeit der Daten dar. Ohne Erinnerung wäre die lernende Person nicht in der Lage, ihre eigenen Handlungen zu kommentieren.

Chancen

Die Vorteile des Lauten Denkens liegen auf der Hand:

1. Lautes Denken gewährleistet am ehesten den unmittelbaren und konkreten Bezug der Aussagen zur Handlung, in unserem Fall zur Verwendung von Strategien des selbstgesteuerten Lernens.
2. Durch den Einsatz der Methode des Lauten Denkens werden vor allem Rationalisierungen und Interpretationen der Lernenden nach Abschluss des Lernereignisses vermieden.
3. Der Fokus liegt auf aktuellen Gedanken und Gedächtnisinhalten während des Aneignungsprozesses. Dieses Verfahren eignet sich darum vor allen Dingen zur Erhebung von übergeordneten Prozessen des Lernens und Denkens. Metakognitive Prozesse in den unterschiedlichsten Handlungsfeldern können von dieser Methode in besonderer Weise profitieren (vgl. Konrad, 2005, 2017b).

Grenzen

Obwohl Lautes Denken in der Kognitiven Psychologie häufig zur Anwendung kommt, wird es doch auch von Beginn an kritisiert (etwa Nisbett & Wilson, 1977; Payne, 1994).

1. Das Verbalisieren ist ein kognitiver Vorgang, der die laufenden Lernprozesse begleitet und diese stören oder sogar verändern kann. Unstrittig ist, dass mit der Aufforderung zur Verbalisierung während des Handelns kognitive und metakognitive Prozesse unterbrochen werden. Somit besteht die Gefahr, komplexe und denkintensive Strategien, wie z.B. elaborierendes Vergleichen oder das Zusammenfassen, so in ihrem Ablauf zu stören, dass die verbleibenden Fragmente nicht mehr gleichzusetzen sind mit einem reibungslosen, also ununterbrochenen Bearbeiten der jeweiligen Aufgabe.
2. Die Aufforderung an das lernende Individuum, alles laut zu sagen, woran es gerade denkt, kann zu einer kognitiven Belastung führen. Diese Belastung zeichnet sich dadurch aus, dass die verbalen Äußerungen mit den Prozessen seines Lernens oder seiner Lernsteuerung interferieren. Aktivitäten der individuellen Informationsverarbeitung (z. B. etwas wahrnehmen) oder der Selbstregulation (z. B. etwas bewerten) können blockiert oder behindert werden.
3. Lautes Denken eignet sich weder für den Einsatz von automatisierten Prozessen noch für Aktivitäten, die der Verbalisierung nicht zugänglich sind (vgl. Ericsson & Simon, 1993). Als Ergebnis der Automatisierung sind die Berichte der Lernenden möglicherweise unvollständig. Im Gegensatz zum Dilemma des „Telling more than we know" der Fragebogenmethodik scheint nun also die Sorge berechtigt, dass „Knowing more than we can tell" den wahren Strategiegebrauch im Prozess des Lesens oder Schreibens verzerrt.
4. Ähnlich wie beim Interview ist der zeitliche Aufwand als Nachteil zu betrachten. Die Daten müssen mit jedem Lernenden einzeln erhoben, transkribiert und durch mindestens eine Person beurteilt werden. Nicht nur, dass die Ergebnisse zum Lauten Denken in Kategorien verdichtet werden müssen; es muss auch entschieden werden, welche Informationen relevant und welche irrelevant sind. Somit sind Interpretationen der Denkprotokolle auf mehreren Stufen notwendig (vgl. Garner, 1988; Konrad, 2017b).

5.2.2 Beobachtung

Wissenschaftliche Beobachtung ist ganz allgemein das aufmerksame, planmäßige und zielgerichtete Wahrnehmen von Vorgängen, Ereignissen, Verhaltensweisen von Lebewesen in Abhängigkeit von bestimmten Situationen. Im vorliegenden Zusammenhang besteht das Ziel der Beobachtung, selbstgesteuertes Lernen möglichst genau zu erfassen. Sie ist damit eine grundlegende Methode der Datengewinnung und Faktensammlung.

Im Hinblick auf das selbstgesteuerte Lernen ist die Unterscheidung zwischen Selbstbeobachtung und Fremdbeobachtung zentral. Sollen Schüler/innen ihr Lernen als selbst regulierbare Handlungen auffassen, müssen sie ihre Aktivitäten und die Bedingungen des Lernens zunächst einmal wahrnehmen und systematisch beobachten. Damit können sie ihr Augenmerk in zunehmendem Umfang und mit ansteigender Differenzierungsmöglichkeit auf die verschiedenen Facetten, die Regulation und die Wirkungen eigener Lernhandlungen lenken. Aber auch die Fremdeinschätzung, z. B. seitens der Lehrperson oder durch Forscher kann wichtig sein. Sie gibt oftmals Anlass für Gespräche über unterschiedliche oder gleiche Einschätzungen. Auf diese Weise kann auch die Fähigkeit und Bereitschaft, adäquate Einschätzungen vorzunehmen, gefördert werden (vgl. Dilger & Sloane, 2007a).

Eine weitere Unterscheidung betrifft den Grad der Einbindung des Forschers oder der Forscherin in das Untersuchungsfeld. Man spricht von nicht-teilnehmender Beobachtung, wenn die Forscher/innen selbst nicht aktiver Bestandteil des Beobachtungsfeldes sind. Oft - gerade im Bereich der offenen Beobachtung in natürlichen Lernumgebungen - ist die Beobachtung aber nur durch eine mehr oder weniger aktive Teilnahme im Untersuchungsfeld möglich (teilnehmende Beobachtung).

Schließlich kann die Beobachtung nach dem Ausmaß ihrer Strukturiertheit differenziert werden. Beim *unsystematischen (unstandardisierten bzw. unstrukturierten) Beobachten* sind nur einige allgemeine Richtlinien (z.B. grobe Hauptkategorien) vorgegeben; innerhalb dieses Rahmens besteht ein gewisser Beobachtungsspielraum.
Von Wahl, Weinert und Huber (2001) wird als ein vielseitig einsetzbares, unkompliziertes und praktikables Verfahren die „minutenweise freie Beobachtung“ (MFB) vorgestellt. Es handelt sich um eine unstrukturierte Beobachtung, bei der in einem Protokollbogen pro Minute eine Eintragung zu machen ist. Der Protokoll- bzw. Beobachtungsbogen enthält eine Situations- und eine Reaktionsspalte. Damit kann man vor allem Interaktionsgeschehen recht gut erfassen. Bei der Durchsicht des Beobachtungsprotokolls werden Zusammenhänge deutlich; es lassen sich auch Quantifizierungen vornehmen (vgl. auch Traub 2016).
Bei der MFB ist nicht von vornherein festgelegt, was genau in die Situations- und in die Reaktionsspalte einzutragen ist. Festgelegt ist nur der Zeitrhythmus. Tabelle 6 illustriert, wie das unterrichtsbezogene Verhalten des Schülers Peter dokumentiert werden kann.

Tab. 6: Die minutenweise freie Beobachtung

Situationsspalte		Reaktionsspalte
Verhalten des Lehrers/der Lehrerin	Nr. der Minute	Verhalten des Schülers Peter
notiert Schülerantworten an der Tafel	21	spielt mit Filzstiften
steht an der Tafel, ermahnt	22	schaut zum Lehrer
notiert S-Antwort an Tafel	23	spielt
notiert S-Antwort an Tafel	24	spielt
stellt Frage	25	schaut zum Lehrer
erteilt Strafarbeit	26	schaut zum Lehrer
stellt Frage	27	ruft Antwort in die Klasse
sagt zu Peter, er dürfe gleich etwas sagen	28	ruft, er müsse etwas sagen
ruft Peter auf	29	Peter gibt Antwort
ruft andere Schüler auf	30	spielt
notiert S-Antworten	31	spielt

Strukturierte Varianten betonen die Notwendigkeit der Festlegung relevanter Indikatoren für die Beobachtung und Beschreibung, was wiederum die Präzisierung der theoretischen Grundlagen unerlässlich macht (vgl. Dilger & Sloane, 2007b, S. 92). Folgt der Beobachter beispielsweise einer handlungstheoretischen Perspektive, so kann er sein Augenmerk darauf legen,

- ob und wie der Lernende diesen Prozess aktiv gestaltend selbst lenkt,
- ob und welche Handlungshilfen er in Anspruch nimmt,
- ob er aktiv auf den Lehrenden zugeht und ihn fragt (personale Umgebung),
- ob er die ihm zur Verfügung stehenden Materialien z. B. Arbeitsblätter, das Internet, Fachbücher analysiert,
- ob und wie er seine eigenen Lernvoraussetzungen reflektiert.

Diese oder ähnliche Dimensionen können Lehrer/innen als Basis für die Beobachtung der Offenheit ihres Unterrichts dienen.

Chancen

Die Vorzüge der Beobachtung lassen sich wie folgt zusammenfassen:

1. Systematische Beobachtungen können über das offene Lernverhalten Auskunft geben.
2. Dieses Verfahren bietet außerdem den Vorteil, dass es bei jüngeren Kindern eingesetzt werden kann, deren verbale Fähigkeiten für die anderen Methoden noch zu wenig weit entwickelt sind.

Grenzen

Einschränkend sind die folgenden Punkte anzumerken:
In vielen Fällen kann die Beobachtung wenig über die Qualität des selbstgesteuerten Lernens aussagen; vielmehr wird durch das Auszählen bestimmter Aktivitäten allein der quantitative Aspekt erfasst.

1. Im Weiteren beschränken sich Beobachtungen in den meisten Fällen auf kurze Zeitspannen. Längerfristige Lern- und Planungsprozesse, wie beispielsweise die Vorbereitung auf Prüfungen werden meist nicht berücksichtigt (vgl. Spörer & Brunstein, 2005).
2. Schließlich lässt die Methode nur spärliche Rückschlüsse darüber zu, welche kognitiven oder gar metakognitiven Aktivitäten diesen Lernschritten zu Grunde liegen.

5.3 Erfassung des selbstgesteuerten Lernens nach der Bearbeitung einer Aufgabe

Retrospektive Ansätze der Datenerhebung werden in unmittelbarer zeitlicher Nähe zur Aufgabenbearbeitung eingesetzt. So können Fragebögen und Interviews auch direkt im Anschluss an die Bearbeitung einer spezifischen Aufgabe eingesetzt werden (vgl. Artelt, 2000; Garner, 1988). Die Items bzw. Fragen müssen sich dann auf den unmittelbar vorgenommen Strategieeinsatz beziehen. Ein Beispiel ist der Fragebogen einer Lehrerin zum Projektunterricht, den sie ihren Schüler/innen unmittelbar nach der Projektwoche vorlegt. Ein zweites Beispiel kann in Tabelle 7 nachgelesen werden. Es handelt sich hier um einen einfachen Fragebogen, der gleich nach einer Sequenz von Lernstationen zur Anwendung kommen kann. Wie zu sehen ist, erhalten die Schüler/innen die Gelegenheit, die zu den Stationen gehörenden Aufgaben zu bewerten.

Tab. 7: Fragebogen zur Beurteilung der Aufgabenschwierigkeit

Station	Ich habe überhaupt nichts verstanden	Ich habe die Aufgabe nicht ganz verstanden	Ich habe die Aufgabe verstanden	Erledigt?
1	❍	❍	❍	❒
2	❍	❍	❍	❒
3	❍	❍	❍	❒

Eine bekannte Möglichkeit der Retrospektion ist ferner die Methode des nachträglichen Lauten Denkens und des medienunterstützten Verbalisierens, auch Videokommentiertechnik oder „stimulated recall“ genannt. Die Lernenden werden beim stimulated recall aufgefordert, sich kurze Sequenzen ihres eigenen Arbeitens (sei es in einer Unterrichtssituation oder auch in einer Einzelsitzung) anzuschauen (z.B. eine Videoaufnahme von sich selbst beim Problemlösen) und zu berichten, was sie in dieser Situation getan und gedacht haben. Damit können auch vermeintlich unzugängliche Aspekte des kognitiven Prozesses erinnert und verbalisiert werden.

Chancen

Die Vorzüge der retrospektiven Methoden sind breit gestreut:

1. Sowohl in der schriftlichen als auch der mündlichen Befragung können sich die Fragen eng an die Erfahrungen in einer konkreten Lernsituation anlehnen. Der Vorteil solcher Arrangements liegt nicht nur in der handlungsnahen Erfassung von strategischen Elementen des Lernens, sondern auch in der Möglichkeit, die Lernleistung in Verbindung mit dem aktuellen Strategieeinsatz zu erheben.
2. Für die Methode des medienunterstützten Verbalisierens ist verglichen mit dem Lauten Denken hervorzuheben, dass die Bearbeitung der gestellten Anforderung nicht unterbrochen oder gestört werden muss. Dadurch kann sich ein strategisches Vorgehen besser entwickeln.
3. Im Unterschied zum Lauten Denken werden weitere Fehlerquellen, wie z.B. hypothetische Fragen oder Erinnerungsfehler (Ericsson & Simon, 1980) minimiert.

Grenzen

Weil die verbalen Fähigkeiten der Befragten auch bei einer retrospektiven Untersuchung einen Einflussfaktor darstellen, können die Fehlerquellen nicht vollständig ausgeschaltet werden.

1. Eine erste Überlegung richtet sich auf das stimulated recall. Obwohl die offenen Verhaltensweisen auf dem Videoausschnitt zu sehen sind, kann es für die Schüler/innen oder Studierenden schwierig sein, die im Lehr-Lern-Geschehen abgelaufenen verdeckten Prozesse zu verbalisieren.
2. Im Hinblick auf das nicht-mediengestützte (nachträgliche) Laute Denken kann das Problem der Verzerrungen aufgrund von Gedächtnisfehlern auftreten. Diese entstehen, wenn die Zeitspanne zwischen der Aufgabenbearbeitung und der Befragung (zu den eigenen Denkvorgängen) zu groß ist.
3. Bei der Methode des nicht-medienunterstützten (nachträglichen) Lauten Denkens wird es schließlich als problematisch angesehen, dass bestimmte Aspekte eines kognitiven Prozesses unzugänglich bleiben.

Weitere Hinweise und Übungen zur Lerndiagnose stellen wir in Abschnitt 6.2.1 („Lerndiagnose“) bereit. Dort kommen einige Übungen zur Sprache, die in jedem Unterricht genutzt werden können.

6. Wege zum selbstgesteuerten Lernen

Will man grundlegende Techniken zur Förderung der Selbststeuerung sinnvoll und einigermaßen systematisch darstellen, kann dies nicht losgelöst von bereits bekannten Instruktionsmethoden geschehen. Bei der Darstellung der wichtigsten Verfahren der Instruktion trifft man allerdings auf eine nicht unerhebliche Schwierigkeit. Es steht nämlich längst nicht fest, in welcher Weise und auf welchem Abstraktionsniveau Instruktionsmethoden sinnvoll zu charakterisieren und zu klassifizieren sind, weil die konkrete „instruktionale Gestalt“ von den Lerninhalten, vom Lernenden und vom Lernverlauf abhängt. Für die Ziele des vorliegenden Kapitels bietet es sich an, relativ globale didaktische Strategien zu unterscheiden, psychologisch zu erläutern und mit Techniken zum selbstgesteuerten Lernen in Beziehung zu setzen (vgl. Weinert, 1996, S. 29).

Charakterisiert werden verschiedene Typen komplexer Instruktionsstrategien, in die jeweils sehr verschiedene selbststeuerungsfördernde didaktische Handlungen, Maßnahmen und Methoden eingebettet sein können. Die Darstellung akzentuiert

- Direkte Instruktion
- Adaptive Instruktion
- Kooperatives Lernen und
- Selbstständiges Lernen.

Die Wahl der Reihenfolge soll die Einsicht widerspiegeln, dass selbstgesteuertes und selbstkontrolliertes Lernen in der Regel einer intensiven, didaktisch geschickten Einführung und Einübung bedarf (vgl. Grumbine & Alden, 2006). Zur Vorbereitung der zunehmenden Selbstständigkeit und Eigeninitiative empfiehlt sich eine abgestufte Vorgehensweise (vgl. Bönsch, 1995; Krieger, 1994, Traub 2016), an deren Beginn zumeist die direkte Instruktion überwiegt. Ansätze, die die genannten Instruktionsmethoden integrieren, werden am Ende dieses Kapitels dargestellt.

6.1 Direkte Instruktion

Unter direkter Instruktion versteht man eine weitgehend externale Steuerung des Lerngeschehens, sei es durch einen Lehrer/eine Lehrerin, den Trainer/eine Trainerin oder durch ein Computerprogramm (vgl. Weinert, 1996). Direkte Instruktion ist in der empirischen Unterrichtsforschung wie in der Trainingswissenschaft gleichermaßen gut untersucht und wird in der Regel als effektiv bewertet vor allem wenn es darum geht, hohe Durchschnittsleistungen mit geringen interindividuellen Varianzen zu erzielen (vgl. Helmke & Weinert, 1997, Helmke 2012). Was sind die Merkmale dieser Form des Unterrichts (vgl. Meyer & Meyer, 1997)?

- Er ist in der Regel thematisch orientiert
- die Thematik wird meist sprachlich hergestellt
- die Lehrperson übernimmt die wesentlichen Steuerungs- und Kontrollleistungen

- es besteht ein Macht- und Kompetenzgefälle zwischen Lehrenden und Lernenden
- der Instrukteur legt (angemessene) Lehrziele fest
- er zerlegt den Unterrichtsstoff in überschaubare Lerneinheiten
- er vermittelt oder generiert (z. B. durch eine fragend-entwickelnde Dialogform) das notwendige Wissen
- er stellt Fragen oder Probleme unterschiedlicher Schwierigkeit
- er sorgt für Übungsmöglichkeiten
- er kontrolliert die individuellen Lernfortschritte und hilft bei der Überwindung von Schwierigkeiten.

Entgegen der relativ zahlreichen pauschalisierenden kritischen Beurteilungen und abwertenden Diffamierungen dieser Methode handelt es sich bei dem wissenschaftlich konzeptualisierten Verfahren der direkten Instruktion keineswegs um Frontalunterricht im klassischen Sinne, der den Lehrenden zum alleinigen Akteur und die Lernenden zu passiven und mechanisch sich verhaltenden Rezipienten macht. Im Gegenteil: es kann sich um eine sehr anspruchsvolle Instruktionsform handeln, unter deren psychologischen Ein- und Auswirkungen sowohl Lehrer/innen wie Schüler/innen aktiv und konstruktiv arbeiten sollen, wobei die Expertise des einen genutzt wird, um möglichst maximale Lern- und Leistungsfortschritte bei den anderen zu gewährleisten (vgl. Weinert, 1996).

So gesehen, ist der Widerspruch zur hier vertretenen Forderung nach aktivem, von Instruktionen und Instrukteuren möglichst unabhängigem Lernen nur scheinbar. Er lässt sich entschärfen, wenn man bedenkt, dass die direkte Instruktion im Idealfall nicht darauf angelegt ist, Wissen unvermittelt in die Köpfe der Lernenden zu übertragen; es geht vielmehr darum, Bedingungen zu schaffen, unter denen Lernende die Unterrichtszeit produktiv und sinnvoll nutzen können (vgl. Weinert, 1996). Entscheidend für die Lernwirksamkeit dieser Instruktionsmethode sind angemessene Lernzielvorgaben, eine Maximierung der aktiven Lernzeit, die Fokussierung der Schüleraktivitäten auf die Lerninhalte und Lernprozesse sowie die möglichen positiven Rückmeldungen aufgrund der wahrscheinlich gemachten Leistungsfortschritte.

Grumbine und Alden (2006) machen den Erfolg der direkten Unterweisung von der Einlösung der folgenden Prinzipien abhängig:

1. Lernen wird unterstützt, wenn die Lehrperson verschiedenen Lernstilen sowie den unterschiedlichen Stärken und Schwächen der Schüler/innen gerecht wird (z. B. durch vielfältige Darstellungs- und Instruktionsformen: Rollenspiel, Mindmapping, Partnerarbeit).
2. Lernen wird gefördert, wenn der Unterricht gut organisiert ist (z. B. durch Advance- und Post-Organizer; Handouts mit klarer und gleichbleibender Struktur).

3. Lernen wird optimiert, wenn der Unterricht sich an nachvollziehbaren Zielen und Bewertungskriterien orientiert (z. B. durch die Betonung der Beziehungen zwischen Unterrichtsinhalten, Aufgaben und Lernzielen hervorheben; Test- und Prüfungsanforderungen sind mitzuteilen).
4. Lernen wird unterstützt, wenn die Lehrperson ihren Schüler/innen konsistente Rückmeldungen vermittelt (z. B. durch regelmäßige schriftliche und mündliche Hinweise oder Einschätzungen, die in Beziehung zum generellen Leistungsvermögen gebracht werden).
5. Lernen wird optimiert, indem das metakognitive Wissen der Schüler/innen angeregt wird (z. B. indem immer wieder auf die Bedeutung des Wissens über die eigene Person hingewiesen wird; Profile des Lernens und des/der Lernenden werden angelegt; Reflexion in Lerntandems wird ermutigt).

Über die Notwendigkeit eines „gebundenen Unterrichts" zur Vermittlung grundlegender Kompetenzen der Selbststeuerung sind sich mittlerweile Theoretiker und Praktiker weitgehend einig (vgl. Simons, 1992; Krieger, 1994). Damit untrennbar verbunden ist die Forderung nach methodischer Kompetenz der Lernenden. Der Königsweg zur Vermittlung von Selbstständigkeit besteht auch im Frontalunterricht in der Ausweitung der Methodenkompetenz der Schüler/innen oder Student/innen. Sie müssen lernen, wie dieser Unterricht inszeniert wird; sie müssen die Inszenierungstechniken, die die Lehrperson anwendet, selbst erlernen (vgl. Meyer & Meyer, 1997) oder wie Simons (1992) es formuliert: sie müssen lernen, ihr eigener Lehrer zu sein. Es sind vor allem die folgenden Fähigkeiten, die im gebundenen Unterricht eingeübt werden sollten, bevor mit dem selbstverantworteten Arbeiten begonnen werden kann (vgl. Krieger, 1994, S. 34):

- Techniken der geistigen Auseinandersetzung
- genaues Zuhören
- Techniken der Gesprächsteilnahme
- begleitende Notizen anfertigen
- Beherrschung bestimmter Umgangsformen
- Darstellungstechniken
- Aufnahme und Ausführung eines Protokolls
- Vorbereitung und Vortrag eines Referats
- Illustrieren von Sachverhalten (Skizzen, Diagramme, Tabellen)
- Techniken der Informationsbeschaffung und Sammlung
- Arbeit mit Texten und Bildern
- Arbeit mit Nachschlagewerken
- Gebrauch von Arbeitsmitteln
- Beherrschung technischer Geräte
- Techniken der Arbeitsplanung
- Arbeitsplanung
- richtige Zeiteinteilung.

Es bleibt festzuhalten, dass es auf dem Weg zur Selbststeuerung unter den Bedingungen der Lehre (z.B. in der Schule) vielfach sinnvoll und praktikabel ist, die Arbeit anfangs klar zu strukturieren und den Lernenden konkrete Ziele zu setzen. Grundsätzlich gilt: Nur Lerngruppen, die in der Lage sind, sich im Klassenunterricht diszipliniert zu verhalten und über ein hohes Maß an Methodenkompetenz verfügen, können frei arbeiten (vgl. Krieger, 1994). Die folgenden Abschnitte wollen Hilfen und Anregungen geben, in welcher Weise Formen der direkten Instruktion zur Unterstützung der Selbststeuerung beitragen können.

6.1.1 Prinzipien direkten Strategietrainings

Im Rahmen der kognitiven Trainingsforschung wurden in den letzen 20 Jahren verschiedene Trainingselemente und -methoden entwickelt, die sich unter dem Stichwort "direkte Instruktion" bzw. "direktes Training" zusammenfassen lassen. Die folgenden Kernelemente des direkten Strategietrainings zeichnen sich dadurch aus, dass dem Individuum die Prinzipien selbstgesteuerten Lernens explizit vermittelt werden (vgl. Friedrich, 1997, 2006).

Kognitives Modellieren: Motivationale und kognitive Lernstrategien sind für gewöhnlich nicht offen beobachtbar, sondern spielen sich im Kopf ab. Deshalb muss man sie zunächst explizit machen. Dieses Explizitmachen geschieht zumeist durch ein Modell, das handlungsbegleitend sein Denken und Handeln verbalisiert.

Informiertes Training: Es reicht nicht aus die jeweiligen Strategien nur zu üben, sondern die Lernenden müssen auch über Wirkungen, Vorzüge und Nachteile der jeweiligen Strategie und über Anwendungsbedingungen usw. informiert werden. Mit anderen Worten: Konditionales Aufgaben- und Strategiewissen (wie? wo? warum?) muss vermittelt werden.

Vermittlung von Kontroll- und Selbstreflexionsstrategien: Dies ist ein integraler Bestandteil des direkten Trainings von Lernstrategien. Beispielsweise werden den Lernenden Planungsstrategien, Strategien zur Verstehensüberwachung oder Techniken für die lernprozessbegleitende Verbalisierung vermittelt. Solche Selbstkontrolltechniken sind gerade für selbstgesteuertes Lernen wichtig, da hier häufig externe Kontroll- und Regulationsinstanzen fehlen.

Abstimmung der Strategien auf einen authentischen Nutzungs- bzw. Anwendungskontext: Hier geht es darum, den Lernenden den Problemlösewert der trainierten Lernstrategien deutlich zu machen und den Transfer in reale Anwendungskontexte zu fördern. Den Nutzen der trainierten Strategien erfahren die Lernenden am ehesten dann, wenn das Strategietraining in jenen Fachgebieten erfolgt, in denen die Strategien später angewendet werden sollen.

Üben unter variierten Aufgabenbedingungen: Dies soll dazu beitragen, das internalisierte Modell in eine flexible Struktur zu überführen. Das neu gewonnene bzw. modifizierte Aufgaben- und Strategiewissen soll auch unter veränderten Aufgabenbedingungen zum Erfolg führen und damit den Transfer unterstützen.

Zunehmender Abbau anfänglicher externer Unterstützung: Zu Beginn einer Trainingsmaßnahme wird zumeist versucht, durch externe Hilfen (Auswahl einfacher Aufgaben, Coaching, Rückmeldung, Korrektur usw.) die kognitive Belastung der Lernenden gering zu halten. Mit zunehmendem Trainings- bzw. Lernfortschritt können diese Hilfen abgebaut werden. Die Verantwortung für den Lernprozess wird so mehr und mehr in die Hand der Lernenden übertragen.

Veränderung motivationaler Lernvoraussetzungen: Die Beeinflussung nicht des Könnens, sondern auch des Wollens erweist sich zunehmend als eine wichtige Voraussetzung für Aufrechterhaltung und Übertragung von Strategien. Um Lernende vom Nutzen der Strategien zu überzeugen, müssen häufig zunächst geeignete motivationale Voraussetzungen in Form veränderter Attributionsmuster, Selbstwirksamkeitsüberzeugungen usw. geschaffen werden.

Lernen im sozialen Kontext: Lernen in Gruppen wirkt sich auf verschiedene Aspekte des Strategietrainings wie etwa die allgemeine Motivation und den Strategietransfer günstig aus. Positive Effekte werden besonders von Kleingruppentrainings berichtet. Trainings in Großgruppen haben sich dagegen als weniger effektiv erwiesen.

Nicht jedes der skizzierten Prinzipien wird in jeder Trainingsuntersuchung zum selbstgesteuerten Lernen realisiert. Es gibt jedoch mittlerweile eine große Anzahl von Trainingsuntersuchungen, in denen kognitive Strategien des selbstgesteuerten Lernens auf der Grundlage der genannten Prinzipien des direkten Strategietrainings verändert wurden.

Es bleibt also festzuhalten, dass die Förderung und das Training von kognitiven und motivationalen Fertigkeiten in der aktuellen Erforschung des selbstgesteuerten Lernens von zentraler Bedeutung sind. Dessen ungeachtet steht die Forschung derzeit noch am Anfang. Offen sind insbesondere die folgenden Fragen:

- Welches ist die beste Strategie, wenn wir uns mit fremdartigen oder neuen Lernstoffen auseinandersetzen müssen?
- Welche Strategien stellen für unterschiedlich Lernende wirksame Hilfen dar?
- In welchem Maße bestimmen das Wissen des Lernenden, seine verbalen Fähigkeiten, seine fachlichen Kenntnisse, seine Motivation oder seine individuellen Charakteristiken die Effektivität einer Strategie?
- Wie können wir Lernende lehren sowohl die Situation als auch sich selbst zu diagnostizieren, um eine effektive Strategie-Wahl zu treffen?

6.1.2 Effektiv Informieren: Vom Problem zum Ziel

Im pädagogischen Kontext sind neben den skizzierten Strategien Verhaltensweisen erforderlich, die das effektive Informieren zum Ziel haben. Entsprechende Hinweise und Hilfen erscheinen umso dringlicher, als der Lehrervortrag bei Schüler/innen und Studierenden eher unbeliebt ist. Es ist zu vermuten, dass dies vor allem daran liegt, dass viele Lehrer/innen und Dozierende fließende Übergänge vom Vortrag zum gelenkten Unterrichtsgespräch praktizieren, um so die Aufmerksamkeit der Zuhörer zu sichern und um zu kontrollieren, ob das Gesagte auch „angekommen" ist. Wie Meyer und Meyer feststellen, ist dies ein ungeschicktes Vorgehen. Lehrervortrag und gelenktes Unterrichtsgespräch sollten nach Meinung der Autoren nicht miteinander kombiniert werden. „Stattdessen sollte man sich bemühen, den Vortrag als kleine Kunstform wiederzubeleben". (Meyer & Meyer, 1997, S. 35f)

Als nachahmenswertes Beispiel kann hier der Bericht des Pädagogen Adolf Diesterweg (original, 1934, 1955) über die darstellend-entwickelnde Vortrags-Methodik Schleiermachers herangezogen werden. Typisch für diese Methode ist die fortlaufende Formulierung von Fragen. Der gute Lehrer entwickelt vor den Augen der Zuhörer seine Problemstellung; er verwandelt sein Thema in Fragen und Antworten. Diesterweg schreibt über Schleiermachers Vortragsmethode:

> „Es gibt keine Methode, die so den Geist erregt, als die, die er anwandte. Es war ein lebendiger Denkprozess; der Prozess des Denkens stand jedem, der vor Schleiermacher saß, in der lebendigsten, unmittelbarsten, ergreifendsten Anschauung vor Augen; man sah denken, man hörte denken, man fühlte es... Seine Methode war die sokratische in ihrer zeitgemäßen Anwendung auf die Wissenschaften der Gegenwart in den Hörsälen der Universitäten des neunzehnten Jahrhunderts". (Diesterweg, original, 1834, 1955, S. 256; zit. nach Meyer & Meyer, 1997, S. 36)

Zweifelsohne hängt der Erfolg der direkten Instruktion nicht zuletzt von den Fähigkeiten der Lehrenden ab. Der Lehrervortrag als eine Form lehrerzentrierter Unterweisung ist pädagogisch nur vertretbar, vermag es der Vortragende durch rhetorisches Geschick, seine passiv bleibenden Zuhörer geistig und emotional zu aktivieren. Referat und Lehrervortrag müssen gut vor- und nachbereitet, in verständlicher Sprache abgefasst und klar gegliedert sein. Ob eine Lehrperson durch die Vortragsmethode die Selbsttätigkeit seiner Schüler/innen fördert, hängt von verschiedenen Kriterien ab. Der Vortrag

- besteht aus drei Teilen, aus Einleitung (Motivation, Begründung, Einbettung in den Zusammenhang), Hauptteil (Informationsvermittlung, Problementfaltung) und Schluss (Zusammenfassung/Ergebnis)
- sollte übersichtlich gegliedert und geordnet referiert werden
- sollte in der Regel kurz und prägnant sein und Anfang und Ende haben
- sollte lebendig, je nach Textstruktur frei oder mit Spickzettel und, wenn vom Thema her möglich, auch humorvoll vorgetragen werden
- kann durch regelmäßigen Blickkontakt und das Reden mit Händen und Füßen die Informationsaufnahme der Zuhörer unterstützen
- seine Funktion für den nächsten Unterrichtsschritt und das gesamte Themenfeld erläutern.

Damit das im Vortrag kompakt dargebotene Wissen nicht überfordert, bedarf die verbale Information der Unterstützung durch Formen der medialen Illustration wie z.B. Tafelanschrieb, Abbildungen, Projektordarstellung usw. Optische Hilfen wie Schaubilder und Zeichnungen erleichtern ebenso wie Denkpausen und das Anknüpfen an bereits Bekanntes den Zuhörern das Verständnis. Aus der Sicht des Referenten ist zentral, dass er herausfindet, welche Informationen unbedingt nötig sind, damit die Zuhörer die gewünschten Lernerfahrungen machen und intendierte Lernziele erreichen.

Natürlich sind die Anforderungen an den Lehrer/die Lehrerin bei der Entwicklung des Fachinhaltes von dem jeweiligen Inhalt, dem Lernstand, dem Jahrgang und dem Schultyp abhängig. Dennoch lassen sich einige allgemein gültige Befunde ausmachen: Lernerfolg hängt zusammen mit

- der Gliederung des Unterrichtsablaufes
- Übersichten zu Beginn der Stunde
- der zwischenzeitlichen Hervorhebung wichtiger Ergebnisse
- der abschließenden Zusammenfassung
- dem Herstellen von Zusammenhängen zwischen der laufenden und den
- vorauslaufenden Stunden (vgl. Bromme, 1997; Thanhoffer et al., 1994).

Einige Beispiele sollen diese Befunde anhand verschiedener Methoden weiter verdeutlichen. Abbildung 7 fasst diverse Hilfen zum Themeneinstieg zusammen.

Themen, Ziele, Probleme vorstellen
Schüler und Lehrer können den Lernstoff der nächsten Zeit besser ins Auge fassen und ihr Interesse darauf richten, wenn das „Programm" die „Ziele" oder „Themen" der nächsten Zeit auf einem Plakat (einer Folie, einer Mind Map) gut sichtbar und prägnant vorgestellt werden. Methodische Möglichkeiten sind: Info-Fenster, Mind-Mapping, 3 Symbole zum Thema (vgl. Thanhoffer et al., 1994)

Interesse/Neugierde-Punkte vergeben
Aus den vorgestellten Lernstoffbereichen oder Lehretappen wählt jeder Teilnehmer seine drei interessantesten aus und kennzeichnet dies mittels Farbpunkte (Klebepunkt, Ölkreide/OH-Stift). Diese Auswahl-Entscheidung schärft die Wahrnehmung und mobilisiert die Aufmerksamkeit und Lernenergien. Danach folgen Interpretation und Stellungnahme der Lehrperson und der Lerngruppe. Ebenfalls möglich ist eine doppelte Punktabfrage: Jeder kann einen Interessenpunkt, einen Fragepunkt („Darüber weiß ich nicht Bescheid") und einen Kenntnispunkt („Da kenne ich mich bereits aus") vergeben.

Fragen sammeln
Nachdem das Unterrichtsthema bekanntgegeben und vorgestellt wurde, können alle Lernenden auf Kärtchen Fragen (erweiterbar mit Aussagen oder Kommentaren) sammeln. Diese werden (wie in der Moderatorenmethode) geordnet und danach in Kleingruppen erst bearbeitet oder sogleich von Experten im Dialog beantwortet.

Abb. 7: Hilfen zum Themeneinstieg

Hatten die bislang genannten Impulse vorwiegend den Themeneinstieg im Blick, so geht es bei den folgenden überwiegend um die Themenbearbeitung. Abbildung 8 resümiert Möglichkeiten, die das griffige Informieren erleichtern.

Info-Memory
Die Lehrperson bereitet einen großen Bogen Pack-Papier vor, auf dem für jedes Element des Unterrichtsthemas ein leeres Feld (eventuell mit einer spezifischen Form) frei bleibt. Im Laufe der Einleitung des Themas werden auf die leeren Felder farbige Überschriften der Stoffinhalte geklebt - in der Form, die den leeren Feldern entspricht. So werden die Unterrichtsthemen mit Farben, Formen und der Platzierung auf dem Plakat verknüpft und verankert. In der Verarbeitungsphase können die Farbfelder wieder abgenommen werden. Die Lernenden können das Puzzle in ihren Mitschriften mit entsprechenden Farben, Formen und Inhalten zeichnen. Die Zuordnung von Feldern und Inhalten kann in Partnergruppen überprüft und in der Klasse gesammelt werden.

Info-Mosaik (Netzwerk)
Die Schlüsselbegriffe werden auf vorbereitete Kärtchen geschrieben und an die Lerngruppen ausgeteilt. Jeder Gruppe kommt die Aufgabe zu, diese Kärtchen in einem sinnvollen Zusammenhang (schematisch) anzuordnen und diese Zusammenhänge laut den anderen Gruppen zu erklären. Zum Vergleich kann der Lehrer sein Schema (Experten-Struktur) präsentieren und auf den Schüler-Schemata die richtigen Positionierungen hervorheben. Im Dialog mit einem Experten werden die Schlüsselkärtchen erneut verwendet und auf Korrektheit überprüft.

Info-Fenster
Ausgangspunkt ist eine Stundenthema oder ein umfassendes Themenfeld. Eine Overhead-Folie wird in vier Fenster eingeteilt, die vier unterschiedlichen, visuellen Informationsqualitäten entsprechen:
• Digital: Schriftliche Information, Sätze, Worte, eventuell hierarchisch mit Nummern geordnet. • Schematisch: Ein Schema der Inhalte entwickeln oder des Unterrichtsablaufs mit Kästchen, Pfeilen, Kreisen usw. • Metapher: Ein Symbol, ein Gleichnis für ein Thema finden: „Es ist wie...“; zugleich soll das zur Metapher passende Bild gemalt werden. • Dramatik, szenische Handlung: Ein Comic-Bild zeichnen. Mit Köpfen/ Strichmännchen und Sprechblasen, in der ein typischer Dialog/eine Dialogfolge zum Thema passiert.

Abb. 8: Möglichkeiten des effektiven Informierens

6.2 Adaptive Instruktion

Ein besonderes Problem des Lernens und Lehrens in heterogen zusammengesetzten Leistungsgruppen (z. B. Schulklassen) ist das Vorhandensein, der Umfang, die Stabilität und die Lernrelevanz vielfältiger Unterschiede zwischen den Lernenden (vgl. Weinert, 1996, S. 31). Das Konzept der adaptiven Instruktion ist der äußerst vielgestaltige Versuch, die didaktischen Hilfen so auf die kognitiven, motivationalen und affektiven Unterschiede zwischen den Lernenden abzustimmen, dass alle möglichst optimal davon profitieren und jeder einzelne bestmöglich gefördert wird (vgl. Helmke & Weinert, 1997, S. 137).

Eine der intensivsten Versuche der praktischen Umsetzung dieses Vorschlags ist das ATI-Modell (Aptitude-/Attribute-Treatment-Interaction Modell). Der Ansatz geht davon aus, dass Wechselbeziehungen zwischen Persönlichkeitsmerkmalen von Schüler/innen und der Beschaffenheit von Unterricht bestehen. Die ATI-Forschung, die gegenwärtig wieder stärker ins Blickfeld der Lehr-Lernforschung rückt, hat in der Vergangenheit eine Vielzahl oft inkonsistenter Befunde vorgelegt (vgl. Reinmann-Rothmeier & Mandl, 2001; Sczesny, 1996; Weinert, 1996). Als stabil erweist sich jedoch, dass Lernende mit ungünstigen Lernvoraussetzungen in affektiver (Hilflosigkeit, Ängstlichkeit) und kognitiver (Vorwissen, Intelligenz) Hinsicht den größten Nutzen für den Lernerfolg aus lehrerzentriertem „informationsvermittelndem“ Unterricht ziehen; Lernende mit günstigen Lernvoraussetzungen (Erfolgszuversicht, niedrige Ängstlichkeit, hohes Vorwissen, hohe Intelligenz) profitieren dagegen eher von offenen, wenig strukturierten Lernumgebungen mit Wahlmöglichkeiten (vgl. Sczesny, 1996).

Eine naheliegende Konsequenz dieser Befunde besteht in der Differenzierung des Unterrichts. Die Unterschiedlichkeit der Lernvoraussetzungen, -fähigkeiten und -stile der Lernenden darf nicht durch die Monokultur einer einzigen Methode nivelliert werden (vgl. Weinert, 1997). Die Konzepte der Differenzierung und der Selbststeuerung sind einander eng verwandt. In der Praxis ist eine klare Abgrenzung oft nicht möglich. Wie der Differenzierungsgedanke zielt die Selbststeuerung auf die Optimierung der Lernmöglichkeiten eines Lernenden (vgl. Bönsch, 1995). Konsequent bedacht, macht es der individualisierende Gedanke des Prinzips Selbststeuerung notwendig, den Lernenden bei seinen Möglichkeiten abzuholen.

Um die erforderliche Differenzierung in die Wege zu leiten, ist das Instrument der Lerndiagnose eine entscheidende Hilfe.

6.2.1. Lerndiagnose

In der Frage der individuellen Lernvoraussetzungen kommt man nur weiter, wenn die in Kapitel 5 dargestellten Instrumente der Lerndiagnose greifen. Hier sind sowohl für die Arbeit in der Schule als auch in der Hochschule sicher immer noch erhebliche Defizite festzustellen. Dabei zeigt die tägliche Praxis, dass die Unterstützung individueller Selbststeuerungspotentiale in individueller Sicht höchst komplex wird und über Gruppierungsmaßnahmen oder differenzierte Zeit-, Methoden- und Medienvariationen hinausgeht (vgl. Bönsch, 1995).

Die Bausteine der Abbildung 9 wollen zusätzliche Anregungen dazu geben, in welcher Weise eine Lernwegdiagnose im Unterricht unterstützt werden kann.

Blitzlicht:
Das Blitzlicht eignet sich immer dann für den Unterricht, wenn der Lehr-/Lernprozess durch vermutete emotionale Blockaden stockt bzw. einen neuen Akzent erhalten müsste und Altes abgeschlossen werden soll. Ziel ist es, die individuellen Eindrücke und Befindlichkeiten öffentlich zu machen und damit Veränderungen einzuleiten.
Durchführung der Übung: Ein Blitzlicht wird folgendermaßen realisiert: Alle Gruppenmitglieder äußern sich reihum zu einer Frage, die von der Leitung formuliert wird. Beispiele für Fragestellungen: • Wie geht es mir jetzt? • Was geht mir gerade durch den Kopf? • Was hat dazu geführt, dass ich geschwiegen habe? • Was würde ich jetzt gerne tun? • Wie möchte ich weiterarbeiten? • Wichtig ist die Einhaltung bestimmter Regeln: • die Äußerungen der Beteiligten sollten sehr kurz sein • sie sollten sehr persönlich sein • sie sollten aktuelle Empfindungen ausdrücken • es darf nicht nachgefragt, nicht kommentiert und nicht kritisiert werden.

Meinungslinie
Der Lehrer lädt die Lernenden ein, ihre Einstellung zum aktuellen Unterrichtsthema in einer Meinungslinie darzustellen. „Wie sehr sind Sie über dieses Thema ... informiert“ Hierzu werden im Raum (z. B. Klassenzimmer) ein Ausgangspunkt und ein Endpunkt markiert und mit Bedeutung versehen: „sehr“ versus „ganz wenig“. Alle Beteiligten stellen sich nun in eine passende Position. Die Teilnehmer können nun zum Thema Stellung nehmen, indem sie sich die angemessene Position suchen.

Bilder auswählen
Der Lehrer legt zur Einstimmung 6 -12 Bilder auf, bzw. pinnt sie an die Wände. Die Lernenden gehen von Bild zu Bild und wählen durch Darstellen oder durch Vergeben von Farbpunkten zu den Bildern ihre Stimmung zum Thema oder zur Gruppensituation. Ihre Wahl können die Lernenden im Partner- oder Kleingruppengespräch einander mitteilen.

Mein Name, mein Programm
Ich verbinde meinen Namen mit einem bestimmten Bereich meiner Fähigkeiten und Vorlieben des Unterrichtsgegenstandes oder Themas. Ich lenke meine Aufmerksamkeit auf das, was da ist und was ich an mir schätze und anerkenne. Mit dieser Methode kann ich zu ganz unterschiedlichen Themen einen persönlichen und momentanen, also aktuellen Bezug herstellen: „Michael und sein Lernen“; „Eva und ihr Leben als Studentin“.

Abb. 9: Erfassen von Stimmungen einfügen

Ebenfalls hilfreich für den adaptiven Unterricht sind Methoden zur Beobachtung und Bewertung des Lerngeschehens. Vielfach bewährt haben sich die in Abbildung 10 dargestellten Übungen.

Kursbuch (vgl. Geißler, 1995, S. 127)

Im Buch gibt es eine Seite vorab, auf der etwas über den Sinn des Kursbuches und dessen Handhabung steht Für die einzelnen Sitzungen sind je drei Blätter vorgesehen:

- Wie ist es mir heute ergangen?
- Was habe ich heute erfahren/gelernt?
- Was möchte ich noch klären, was ist mir unklar geworden/geblieben?
- Auf drei Seiten können weitere wichtige strukturierende Anregungen gesammelt werden, z. B. Eine Ideenseite, eine Problemseite, eine Absichtsseite (was will ich nach der Veranstaltung ändern?).

Mein Bild von der Lerngruppe
Bilder zu Dschungel/ Nest/ Getriebe/ Fabrik/ Mobile/ Seilschaft. Dazu eine Szene entwickeln. Nach einer Vorbereitungszeit einander vorspielen. Alle Zuschauer geben Feedback: „Was sehe ich..." während die darstellende Gruppe in einem typischen Schluss/Standbild verharrt.

Beispiele:
- meine Einstellung zum Unterrichtsthema
- mein Bild vom Unterrichtsfach
- mein Bild von Erfolg

Abb. 10: Beobachtung und Bewertung des Lerngeschehens einfügen

6.2.2. Differenzierung im Unterricht

Das Erkunden von Stimmungen und Meinungen kann nur ein erster Schritt hin zum adaptiven Unterricht sein. Um den Besonderheiten der einzelnen Lernenden Rechnung zu tragen, muss auch die Durchführung des Unterrichts entsprechend organisiert sein. Hilfreich hierfür sind Methoden, die die Differenzierung der Lerngruppe gestatten. Die Methoden aus Abbildung 11 verdienen hier besondere Beachtung

4 - 6 Ecken, Didaktische Weiche (vgl. Thanhoffer et. al, 1994, S. 96)

Zu einem Thema werden 3 - 8 gleichwertige Alternativen/Aufgaben formuliert und für jeden sichtbar befestigt. Jeder Teilnehmer kann seinen Interessen entsprechend ein Thema wählen, um sich darzustellen. So entstehen die Kleingruppen (unterschiedlich groß). Der Vorteil dieses Vorgehens: Jeder hat sich zu seiner Alternative entschieden und ist mit Gleichgesinnten in einer Gruppe.

Möglicher Ablauf
- Zu einem Unterrichtsthema werden 3 - 8 Arbeitsaufträge gegeben; es gibt ebenso viele Lösungen
- Gespräch über die Motive der eigenen Entscheidung - Was wollen wir gemeinsam tun? Möglich: Weitere Differenzierung in 2er oder 3er Gruppen
- Jeder in der Kleingruppe schreibt nach dem Gespräch 3 Eigenschaften zur gewählten Alternative auf und zeigt sie den anderen Gruppenmitgliedern.

Möglichkeiten der Weiterarbeit
- Jede Gruppe macht ein Plakat zum Thema
- Jede Gruppe verfasst eine Plus-Minus-Liste zur gewählten Alternative
- Jede Gruppe malt ein Bild
- Jede Gruppe entwickelt eine Statue/Pantomime/Szene zum Thema

Abb. 11: Erkunden von Stimmungen und Meinungen einfügen

6.3 Kooperatives Lernen

Derzeit ist ein wachsendes Interesse an verschiedenen Formen und Varianten des kooperativen Lernens zu verzeichnen (vgl. Traub, 2004; Konrad & Traub, 2012). Ausgangspunkt dieser Entwicklung sind in erster Linie reformpädagogische Ansätze und in jüngerer Zeit auch sozial-konstruktivistische Überlegungen: Danach ist die soziale Umwelt der Lernenden von den Inhalten und Vorgängen des Lernens kaum zu trennen und macht aus Lernen einen situierten Prozess (vgl. Law, 1994).

6.3.1. Sozial-Konstruktivistische Grundlagen

Bedeutung gewinnen Formen des kooperativen Lernens vor allem in neueren Ansätzen aus der Pädagogik sowie der Instruktions-Psychologie, die mit unterschiedlicher Akzentuierung konstruktivistischen Prinzipien Rechnung tragen (vgl. Weinert, 1996; Candy, 1991). Die Kernannahme des Konstruktivismus als Wissenschafts- und Erkenntnistheorie besteht darin, dass Wirklichkeit immer kognitiv konstruierte Wirklichkeit ist (vgl. Gerstenmaier & Mandl, 1995; Konrad, 2017a, s. Abschnitt 10.1).

„Die Welt ist eine kognitive Konstruktion des Subjekts, die es durch Wahrnehmung und Handlung vornimmt ... Die Welt des Subjekts ist das, was ein Subjekt weiß“ (Oberauer, 1993, S. 39; Reinmann - Rothmeier & Mandl, 1996, S.40).

Unterschiedliche Richtungen des Konstruktivismus haben im Wesentlichen die folgenden Standpunkte gemeinsam:

- Wissen wird nicht durch die bloße Reproduktion von Informationen, sondern in einem aktiven Konstruktionsprozess erworben.
- Die eingesetzten Konstruktionsprozesse sind individuell verschieden. Deshalb sind auch die Ergebnisse von Lernprozessen nicht identisch.
- Wissen ist immer subjektives Wissen, das durch wahrnehmungsbedingte Erfahrungen entsteht.
- Neues Wissen impliziert die Umstrukturierung bereits vorhandenen Wissens. Der soziale Kontext, das soziale Aushandeln von Bedeutungen, sind beim Lernen ausschlaggebend.
- Von besonderer Bedeutung ist das Prinzip der Selbstorganisation. Der Mensch als in sich geschlossenes System organisiert sich selbst und organisiert damit für sich die Welt.
- Zur Reflexion bzw. Kontrolle des eigenen Lernhandelns ist der Einsatz metakognitiver Fertigkeiten wesentlich (vgl. Gerstenmaier & Mandl, 1995).

Konstruktivistische Modelle bieten einen interessanten theoretischen Rahmen gerade wenn es darum geht, Lernumgebungen zur Förderung selbstgesteuerten Lernens zu gestalten. Ausgangspunkt und Ziel dieser Ansätze sind Lernende, die aktiv motiviert und zunehmend eigenständig auf der Grundlage ihrer Interessen und ihres Vorwissens ihr individuelles Wissen konstruieren und dabei stark beeinflusst sind vom

Kontext, indem sie ihre Deutungs- und Problemlöseaktivitäten entfalten (vgl. Entwistle, Entwistle & Tait, 1993; Zimmerman, 1994; Simons, 1993).

Besonderes Gewicht liegt auf der Frage nach Eigenarten und Gestaltungsprinzipien von generativen, d. h. zur aktiven Konstruktion von Wissensinhalten anregenden Lernumgebungen (vgl. Beitinger & Mandl, 1992; Entwistle et al., 1993). Es werden Instruktionsansätze entwickelt, die eine Auseinandersetzung mit Problemen anregen und die Anwendungsqualität des Wissens erhöhen sollen (vgl. Gerstenmaier & Mandl, 1995). Zusammenfassend stellt Tabelle 8 die wesentlichen Unterschiede zwischen konstruktivistischen und traditionellen Vorstellungen zum Lernen dar. Besondere Erwähnung verdient die veränderte Rolle der Lehrenden. Der Lehrer wird vom Wissensvermittler zum Gestalter von interaktiven Lehr-Lern-Umgebungen (s. Abschnitt 4.2), in denen die Lernenden durch die Teilnahme an kognitiv und interaktiv anspruchsvollen Lern- und Problemlösesituationen Einsichten gewinnen und Selbststeuerungsfertigkeiten erwerben (vgl. Stebler, Reusser & Pauli, 1994; Beitinger, Mandl & Puchert, 1994).

Tab. 8: Vergleich zwischen traditioneller Lehre und Sozial-Konstruktivismus

	Traditionelle Form	**Sozial-Konstruktivismus**
Prozess des Lehrens	Wissenstransport; Lernender weiß genau das, was der Lehrende weiß; Lernmethoden sind unabhängig von Inhalt, Kontext, Zeitpunkt und Personmerkmalen	Lehren als Anregung und Beratung; keine Wiederholbarkeit von bewährten Lehrmethoden
Position des Lehrenden	„didactic leader"; Wissensinhalte präsentieren, erklären, kontrollieren	stellt Problemsituationen und "Werkzeuge" zur Problembearbeitung zur Verfügung; Berater und Mitgestalter
Prozess des Lernens	Lernen als rezeptiver Prozess; Lernen erfolgt linear und systematisch	Lernen ist ein aktiv-konstruktiver Prozess; situativ, multidimensional und systemisch
Position des Lernenden	eher passiv; muss von außen stark angeleitet und kontrolliert werden	aktiv und selbstgesteuert; erbringt eigene Konstruktionsleistungen
Inhalte und Ziele	Lerninhalte sind Wissenssysteme, die in ihrer Entwicklung abgeschlossen und klar strukturierbar sind. Lernende müssen die gesetzten Leistungskriterien erfüllen	Wissen ist unabgeschlossen und abhängig von individuellen und sozialen Kontexten; authentische Aufgaben führen zu neuen Zielen
Evaluation	Überprüfung des Lernerfolgs ist von größter Bedeutung; Testverfahren	Prozess des Lernens ist Gegenstand von Beurteilungen; Selbstevaluation wird angestrebt

6.3.2. Bestimmungsstücke kooperativen Lernens

Kooperatives Lernen unterscheidet sich signifikant von traditionellen Formen des lehrerzentrierten Unterrichts. Was sind die generellen Merkmale einer kooperativen Lerngruppe?

- In einer kooperativen Lerngruppe arbeiten die Lernenden in einer Gruppe zusammen, die klein genug ist, dass alle sich an einer klar und verständlich erteilten Aufgabe beteiligen können (vgl. Cohen, 1993).
- Die Lernenden führen ihre Arbeit ohne direkte und sofortige Supervision der Lehrperson durch (vgl. Cohen, 1993).
- Die Gruppenaufgaben laden zu wechselseitiger Unterstützung und kooperativem Problemlösen ein.
- Die Gruppenmitglieder erhalten Entscheidungsspielräume im Lernprozess (Planen, Wahl von Methoden).
- Beim kooperativen Lernen ändern sich die Rollenmuster zwischen Lehrenden und Lernenden. Der Lehrer/die Lehrerin ist nicht mehr primär Darbieter/in des Lernstoffes; er/sie wird zum Organisator des Unterrichts und Förderer des Lernens.
- Kooperatives Lernen schafft die sozialen und organisatorischen Voraussetzungen und Bedingungen zur Förderung der aktiven Rolle der Schüler/in bzw. der Studierenden im Lernprozess.

Zur besseren Unterscheidung verschiedener Formen der Kooperation lassen sich Szenarios der Gruppenaktivität unterscheiden (s. Tabelle 9).

Tab. 9: Szenarios der Peer-Interaktion einfügen

	Peer-Tutoring	**Kooperatives Lernen**	**Peer-Kollaboration**
Rolle	Gleichberechtigung gering	Gleichberechtigung hoch	Gleichberechtigung hoch
Interaktions- Strukturen	Interaktion gering	Interaktion mittel bis hoch	Interaktion hoch
Aufgabe	Unabhängigkeit	Multiple Beiträge zu einer Aufgabe	Wechselseitige Bearbeitung der Aufgabe

Die in Tabelle 9 gezeigten Ansätze differieren entlang dreier Dimensionen der Kooperation:

1. Die „Rolle“ thematisiert die Beziehung zwischen den Teilnehmern und die Verteilung von Wissen, Kontrolle und Macht in der Gruppe.

2. Die „Interaktionsstruktur“ bezieht sich auf das Ausmaß und den Ursprung der Interaktion.
3. Die dritte Dimension richtet sich auf die „Aufgabe" der Gruppentätigkeit. Die Art der Aufgaben beeinflusst die Art der Interaktion und die Rollen-Beziehungen der Teilnehmer.

Einige Beispiele mögen diese Differenzierung weiter verdeutlichen:

1. Peer-Tutoring

Zwei Mädchen Elsa und Hanna erarbeiten zusammen einen Text. Hanna ist bereits in der 5. Klasse und hat umfassendere Erfahrungen im Lesen und Schreiben. Im Rahmen der gemeinsamen Arbeit gibt sie Erklärungen und Hilfestellungen und macht Vorschläge. Elsa bittet ihre Lernpartnerin häufig um Hilfe und Rat. Die interaktive Struktur zeichnet sich durch ein geringes Maß an Austausch und Interaktion aus, weil Hanna häufig dominant ist. Elsa trägt dagegen nur wenig zum Gruppenerfolg bei.

Diese Form der Gruppenarbeit orientiert sich an der klassischen Experten-Novizen-Beziehung. Sie zeichnet sich dadurch aus, dass der Novize von den Fertigkeiten des Experten profitiert. Der Experte gibt Hilfen, die relevant und hinreichend elaboriert und verständlich sein müssen. Er unterstützt den Novizen, weist Wege auf und liefert die Struktur für dessen Aktivitäten.

2. Kooperatives Lernen

Am Tisch im Seminarraum sitzen vier Studierende. Sie verfügen über unterschiedliche Fähigkeiten und wurden vom Dozenten einer Gruppe zugeordnet. Obwohl alle Studierenden unterschiedliche Rollen in der Gruppe einnehmen, sind sie im Prinzip gleichberechtigt. Im Verlauf der Arbeit wechseln sich Phasen der Einzel- und Gruppenarbeit ab (z. B. individuelles Lesen eines Textes, der anschließend in der Gruppe besprochen und reflektiert wird).

Die Aktivitäten der Gruppenmitglieder sind eng aufeinander bezogen. Jeder einzelne ist eine potentielle Wissensquelle. Wissen wird im sozialen Austausch durch Konsens, Dialog und Diskussion konstruiert. Die Aufgabe wird von jedem einzelnen als Herausforderung erlebt; das Lernprodukt unterscheidet sich dabei substantiell von individuellen Lernprodukten (vgl. Traub 2004, Konrad & Traub 2012, Traub 2016).

3. Kollaborative Gruppen

Im Klassenzimmer sitzen Paare von Schüler/innen, die sich freiwillig zusammengefunden haben. Die Partner/innen diskutieren intensiv miteinander auf einer gleichberechtigten Ebene. Das Ausmaß der Zusammenarbeit und die Gleichberechtigung erreicht in jeder Phase ein hohes Niveau.

Im Unterschied zum Peer-Tutoring wird jeder Lernende als kompetent eingestuft. Jeder kann wichtige Beiträge zum gemeinsamen Projekt beitragen. Keiner wird vom anderen angeleitet. Im Unterschied zum kooperativen Lernen wird alles Wissen in der Zusammenarbeit konstruiert. Phasen der Einzelarbeit sind nicht vorgesehen. Betrachtet man den Wissenserwerb als Kontinuum, so erfolgt die Informationsübertragung beim Peer-Tutoring von einer Person zur anderen. Am anderen Ende des sozialkonstruktivistischen Kontinuums befindet sich das kollaborative Modell, in dem Wissen im sozialen Kontext ausgehandelt wird.

Auch hier ist das Endprodukt der Gruppenarbeit etwas grundsätzlich anderes als das Ergebnis, das jeder Einzelne für sich erreicht hätte. Im Rahmen interaktiver Aufgaben geschieht etwas, das nicht alleine hätte hergestellt werden können (vgl. McCarthey & McMahon, 1992). Dahinter steht die systemtheoretische Einsicht, dass sich die Interaktions- oder Beziehungsstruktur von Gruppen nicht additiv aus Merkmalen der Beteiligten zusammensetzt. Vielmehr bilden die Interaktionspartner ein soziales System, das eine eigene Qualität besitzt (vgl. Slavin, 1992; Ulich & Jerusalem, 1996).

6.3.3 Förderung kooperativen Lernens

Ebenso wie Selbststeuerung bereits seit längerem als Voraussetzung, Ziel und Methode gleichermaßen verstanden wird, muss auch für Kooperation erkannt und angemessen berücksichtigt werden, dass sie entsprechende Fähigkeiten voraussetzt und Unterstützungsmethoden erfordert, um die theoretisch postulierten Vorteile des kooperativen Lernens tatsächlich als Ziel erreichen zu können.

Im Unterschied zum Frontalunterricht, in dem die Lehrperson den Unterrichtsstoff vermittelt und die Lernaufgaben bestimmt und in dem die Lernenden häufig nur reaktive Parts zu übernehmen haben, sind die Teilnehmer bei der Gruppenarbeit aktiv eingebunden. Doch reicht dies allein bei weitem nicht aus. Zur Förderung einer effektiven Gruppenarbeit bedarf es entsprechender Voraussetzungen und Bedingungen. Generell ist die Gruppenarbeit durch zwei Ebenen bestimmt, die Beziehungs- und die Inhaltsebene (vgl. Bönsch, 1995):

1. In der Gruppe müssen komplexe Prozesse der Arbeitsplanung, -verabredung, -teilung und -zusammenfassung organisiert werden. Des Weiteren sind Beziehungen, Rollen, Stimmungen, Befindlichkeiten zu bearbeiten. Da die Beziehungslage in der Gruppe in der Regel sehr unterschiedlich ist, ist Beziehungsarbeit unerlässlich. Dies erfordert aber ein hohes Maß von Kommunikations- und Kooperationsfähigkeit. Man muss Einstellungen, Befindlichkeiten versprachlichen und austauschen können, und zwar so, dass es dem Gruppenprozess hilft und ihn nicht vollends blockiert. In der Regel geht die Klärung beziehungs- und inhaltsbezogener Zuständigkeiten einher mit der Ausformung bestimmter Leitungs- bzw. Koordinationsfunktionen sowie Mitarbeiterrollen (vgl. Bönsch, 1995).

2. Gruppenarbeit lebt auf Dauer davon, dass sie zu befriedigenden Ergebnissen kommt. In einer vorgegeben Zeit sollen bestimmte Aufgaben erledigt werden. Besteht die Absicht, die Ergebnisse danach vorzustellen, muss die Gruppe ihre Arbeit so organisieren, dass sie zu einem vorgegebenen Termin ein Ergebnis vorweisen kann und dieses auch entsprechend interessant präsentiert.

Für die Praxis besonders wichtig ist die Einsicht, dass Lernen in der Gruppe vielfach nur dann zu den erhofften Erfolgen führt, wenn die stattfindende Kooperation angeleitet und gefördert wird. Solche Maßnahmen müssen sowohl personale Eigenschaften wie auch die Art der Aufgabe (die Kooperation muss wirklich unterstützen) und den organisatorischen Rahmen der Gruppenarbeit in Rechnung stellen (vgl. Reinmann-Rothmeier & Mandl, 2001).

Hierzu ist die richtige Mischung zwischen Strukturiertheit einerseits und Offenheit andererseits erforderlich. Eine zu starke Strukturierung kann kreative und produktive Prozesse in der Gruppe behindern. Zu wenige Vorgaben bringen hingegen die Gefahr mit sich, dass es zu gar keinen kooperativen Prozessen und Ergebnissen kommt (vgl. Cohen, 1994). Systematisch betrachtet, sind bei der Unterstützung des kooperativen Lernens vier Aspekte zu beachten (vgl. Traub, 2004; Konrad & Traub, 2012).

1. Personale Bedingungen

Kooperatives Lernen erfordert von den Gruppenmitgliedern, dass sie willens und in der Lage sind, sich mit den anderen auszutauschen, zu diskutieren und gemeinsam Aufgaben zu bearbeiten oder Lösungsansätze zu entwickeln. Motivationale und personale Bedingungen sind hier wichtig.

Gefragt ist in diesem Zusammenhang eine Änderung des Lehrerverhaltens, der vom primären Informationsvermittler zu einer Lernressource, einem Förderer der Lernprozesse und einem Koordinator der Interaktion innerhalb und zwischen den (Teil)Gruppen werden muss. Diese Änderungen sind Voraussetzung dafür, dass Schüler/innen oder Studierende sich zu aktiven Lernern verwandeln, die ihre Arbeit festlegen und ausführen sowie Informationen und Ideen in Kooperation mit ihren Mitschülern bzw. Kommilitonen zusammenfassen.

2. Aufgabenwahl

Eine Gruppe kann nicht funktionieren, wenn sie Aufgaben zu bearbeiten hat, die von der Annahme ausgehen, dass Gruppen nur Aggregate sind, die um einen Tisch herumsitzen. Wenn man Personen in Gruppen arbeiten lässt, sie sich dann aber mit einer Aufgabe für Individuen beschäftigen müssen, zerfällt die Gruppe rasch in ihre Einzelteile. Nur wenn die Lernaufgabe koordinierte Zusammenarbeit erforderlich macht und jedes Gruppenmitglied einen spezifischen Beitrag leisten kann, liegt eine Gruppenaufgabe vor, die Kooperation wirklich fördert.

3. Anreizstruktur

Gruppenbelohnung und individuelle Verantwortlichkeit sind notwendige Bedingungen für erfolgreiches kooperatives Lernen. Externe Belohnung wird dann unwichtig, wenn die kooperativen Aufgaben per se intrinsische Motivation auslösen und höhere Denkprozesse erfordern.

4. Organisatorischer Rahmen

Um effektives kooperatives Lernen zu verwirklichen ist es notwendig, dass
- die Lernenden diese Arbeitsformen als selbstverständlichen Bestandteil schulischen Lernens akzeptieren und ihre Vorteile zu schätzen wissen;
- genügend Zeit zur Verfügung steht, um komplexe Aufgaben im Rahmen von Kleingruppen durchzuführen;
- Spielräume vorhanden sind, um ein Unterrichtsthema individuell bzw. gruppenspezifisch auszugestalten;
- Spielräume für eine interessenspezifische Differenzierung vorhanden sind;
- prinzipielle Unterstützung von Seiten der Kollegen (und eventuell der Eltern) existiert.

Im (Hoch)Schulalltag sind diese Bedingungen häufig nicht gegeben. Zwar tauchen entsprechende Forderungen immer wieder auf, doch steht die Praxis des kooperativen Lernens allzu oft unter dem Primat einer Fülle von Sachinhalten, welche „abgearbeitet“ werden sollen. Ebenso verfügen Studierende und Schüler/innen meist nicht über die notwendigen Kompetenzen, um kooperatives Lernen erfolgreich umzusetzen. Will man solchen Defiziten wirksam begegnen, ist es unerlässlich, die Kooperation zum festen Bestandteil des Unterrichtsalltags zu machen und als Selbstverständlichkeit in die Lernkultur einzubinden (vgl. Reinmann-Rothmeier & Mandl, 2001).

6.3.4. Formen der Gruppenarbeit

Gruppentechniken, die das angesprochene spontane Kooperationsdefizit ausgleichen wollen, gab es schon in den 70er Jahren, und es werden immer wieder neue Techniken entwickelt. Diese ähneln sich alle darin, dass sie versuchen, die bereits beschriebenen Bedingungen kooperativen Lernens herzustellen (vgl. Geißler, 1995). Wesentlich ist, dass diese Methoden flexibel und je nach Zielsetzung und Thema in unterschiedlichen Varianten einsetzbar sind.

- Bienenkörbe: Die Großgruppe wird für kurze Zeit in Kleingruppen eingeteilt. Die Gruppe hat eine eingeschränkte Gesprächs- oder Arbeitsaufgabe.
- Markt: Wie im Jahrmarkt sind die Angebote in freiem Wechsel zugänglich. Auch Kleingruppen können so von Angebot zu Angebot wechseln.
- Pool: In der Mitte der Großgruppe sitzen 4 - 6 Vertreter, die stellvertretend Meinungen oder Problembereiche diskutieren. Auf einem leeren Stuhl können spontan weitere Teilnehmer mitreden.
- 4 - 6 Ecken: Zum Thema stehen 4 - 6 Wahlmöglichkeiten, auf Plakaten im Raum verteilt, sichtbar zur Verfügung. Die Teilnehmer stellen sich zu dem Plakat, das ihrer Wahl entspricht: Gespräche oder Gruppenarbeit können folgen.
- Gruppenpuzzle: Die Lernenden bilden kleine Expertengruppen, von denen sich jede mit einem bestimmten Thema beschäftigt, das dann jeweils den anderen Gruppen vorgestellt wird.
- Gruppenrallye: Gruppenbelohnung und individuelle Verantwortung werden kombiniert, um die Lernenden in der Gruppe u.a. dazu anzuregen, sich gegenseitig zu unterstützen.
- Austauschgruppen: Sie werden aus je einem Teilnehmer jeder bisherigen Kleingruppe gebildet: Nun befindet sich in jeder Kleingruppe ein Vertreter der vorherigen Gruppen. Persönlicher Austausch ist möglich.
- Wechselnde Paare: Teilnehmer bilden für kurze Zeit Paare, die bestimmte Aufgaben bearbeiten oder Aktionen durchführen. Dann wechseln alle die Partner. Auf einen neuen Impuls folgt ein Partnerwechsel usw. Sinnvoll erscheinen maximal drei Partnerwechsel.

Abb. 12: Tipps für die Kleingruppenarbeit

Weitere Hilfen und Anregungen sind in Abschnitt 8.2 und in der Abbildung 12 dargestellt. Vertiefende Informationen finden sich außerdem in den Abhandlungen von Traub „Unterricht kooperativ gestalten“ und Konrad und Traub „Kooperatives Lernen in Schule und Hochschule“:

- Die Aufgabe sollte klar sein
- Geregelt ist oft besser als frei
- Jeder ist für sich und die Gruppe verantwortlich
- Reflexion und Metakommunikation helfen ineffizientes Arbeiten zu vermeiden
- Aufgaben wählen, die für die Gruppenarbeit geeignet sind
- Vorschläge entwickeln, Vorschläge prüfen
- Erkundigungen einholen
- Texte lesen und diskutieren
- sich wechselseitig etwas vortragen
- üben, sich abfragen und bewerten
- sich gegenseitig beraten und helfen
- knifflige Problemaufgaben lösen
- Die Präsentation der Arbeitsergebnisse gut vorbereiten

6.3.5 Gestaltung „starker" Lernumgebungen

Neuere vor allem sozial-konstruktivistisch geprägte Ansätze rücken die Gestaltung der Lernumwelt bei der Unterstützung der Selbststeuerung ins Zentrum ihrer Bemühungen. Kognitivistisch-konstruktivistische Konzeptionen des Lernens betonen (vgl. Friedrich & Mandl, 1997; Konrad, 2017a, s. Abschnitt 9.2)

- den Vorrang der Eigenaktivität der Lernenden gegenüber der Bedeutung externer Stimuli
- die Situiertheit des Wissens gegenüber seiner transsituationalen Konsistenz
- die Bedeutung sozialer Interaktion für das Lernen.

Konsequenterweise ist ein sozialer Kontext des Lernens zu schaffen, in denen Lernen als gehaltvoller wechselseitiger Prozess zwischen den Lernenden, der Lehrkraft, anderen Lernenden und den Lernmaterialien strukturiert wird. Man spricht in diesem Zusammenhang auch von „starken Lernumgebungen". Starke Lernumgebungen zeichnen sich durch folgende Merkmale aus:

- Authentizität und Situiertheit: Über realistische Lernkontexte („konkrete" Beispiele und Aufgaben) und Probleme sind die Lernenden von Anfang an aufgefordert, aktiv zu lernen.
- Multiple Kontexte: Lernumgebungen müssen den Lernenden Gelegenheit bieten, Probleme aus möglichst unterschiedlichen Perspektiven zu betrachten.
- Förderung des kooperativen Arbeitens und Lernens: Der Einsatz kooperativer Lernmethoden fördert die aktive Kommunikation, die Reflexion und Artikulation des Wissens in der Lerngruppe.
- Förderung der intrinsischen Motivation und der Interessendimensionen: Lernsituationen sind so zu gestalten, dass die intrinsische Motivation gefördert wird (z.B. lernergerechte Zielsetzungen, realistische Aufgabenstellungen, „die Teilnehmer abholen").

Kognitivistisch-konstruktivistische Prinzipien für die Gestaltung von Lernumgebungen räumen der Selbststeuerung insofern einen hohen Stellenwert ein, als den Lernenden eine aktive und konstruktive Rolle beim Wissenserwerb zugeschrieben wird. Gleichwohl variieren die Freiheitsgrade und Entscheidungsmöglichkeiten (Ob? Was? Wann? Wie? Woraufhin?), die den Lernenden überlassen bleiben, in unterschiedlichen Designprinzipien erheblich. So ist das Konzept der „Kognitiven Meisterlehre" (cognitive apprenticeship; Collins et al., 1989; Brown, Collins & Duguid, 1989; Konrad, 2008) ein Beispiel für einen Instruktionsdesign-Ansatz, der zwar auf einem kognitivistisch-konstruktivistischen Verständnis von Lernen basiert, aber dennoch zu Lernumgebungen führt, in denen viele Aspekte des Lernens, so etwa die Sequenz der Lehr-Lernschritte systematisch vorgegeben sind (vgl. Friedrich & Mandl, 1997; Reinmann-Rothmeier & Mandl, 1997).

Mehr Freiheitsgrade räumen Vertreter des cognitive flexibility-Konzepts, einem instruktionspsychologischen Ansatz aus der Expertiseforschung, ein (vgl. Spiro &

Jehng, 1990; Reinmann-Rothmeier & Mandl, 1997). Grundlegende Hypothese ist, dass die Anwendung von Wissen nicht ein Abrufen eines „Datensatzes“ aus einer „Wissensdatenbank“ ist, sondern dass in einer konkreten Situation Wissen aus den verschiedenen früher generierten Repräsentationen erzeugt wird, das dann zur Anwendung kommt.

Es handelt sich hierbei um Lernumgebungen, die das Erreichen komplexer Lernziele (Anwendung, Problemlösen) in schwach strukturierten Inhaltsgebieten unterstützen sollen. Typisch für solche Inhaltsgebiete ist zum einen die konzeptuelle Komplexität (Notwendigkeit, das Problem aus mehreren Perspektiven zu analysieren) und zum anderen große Unterschiede zwischen Fällen, Beispielen oder Problemen desselben Typs. Es wird empfohlen, dasselbe Lerngebiet in verschiedenen Kontexten, unter veränderten Zielsetzungen und aus unterschiedlichen konzeptuellen Perspektiven zu beleuchten. Die dadurch ermöglichten multiplen Wissensrepräsentationen reduzieren die Kontextgebundenheit und damit auch die Trägheit des Wissens, das dann besser auf neuartige Situationen transferiert werden kann (vgl. Stark, Gruber, Renkl, Mandl & Graf, 1995; Konrad, 2017a, s. Abschnitt 10.1).

6.4 Individuelles, selbstgesteuertes Lernen

Aus der Perspektive des Individuums stellt sich selbstgesteuertes Lernen als Integration von Wollen und Können dar („skill“ und „will“; s. auch Abschnitt 5.1). Die Wirksamkeit des selbstgesteuerten Lernens hängt danach nicht nur vom Entwicklungsstand kognitiver und metakognitiver Kompetenzen, sondern auch von motivationalen, volitionalen und metavolitionalen Voraussetzungen ab. Von Selbststeuerung kann dann die Rede sein, wenn der einzelne Lernende über die folgenden Kompetenzen verfügt (vgl. Rambacher, 1991):

- Motivation: Sich selbst motivieren; den Lernbedarf eigenständig feststellen (Was ist zu tun? Wozu soll es getan werden?)
- Planung: das Lernen mit mehr oder weniger Lehrer/Leiterhilfe organisieren und die Ausführung einer Aufgabe selbst planen (Wie gehe ich vor? Welche Arbeitsschritte sind zweckmäßig? Womit? Mit welchen Hilfsmitteln? Wie und bis wann soll die Aufgabe gelöst sein?)
- Entscheidung: Selbst für einen möglichen Lösungsweg entscheiden (Welche Handlungsalternative führt am wahrscheinlichsten zum Ziel?)
- Handlungsausführung: die Lernaktivität gemäß der Entscheidung selbst ausführen (Was ist zu tun? Welche Strategie und/oder Aktivität führt zum Ziel?)
- Metakognitive Kontrolle und Regulation: das Handeln fortlaufend überwachen und kontrollieren (Stimmt der Ergebnis(zwischen)zustand noch mit meinen Zielen überein? Was muss ich möglicherweise ändern?)
- Bewertung: Das Lernergebnis selbst bewerten und reflektieren (Wurde die Planung eingehalten? Wie ist die Qualität des Ergebnisses?)

Abbildung 13 fasst zusammen, welche Voraussetzungen das Individuum zur Selbststeuerung des Lernens benötigt.

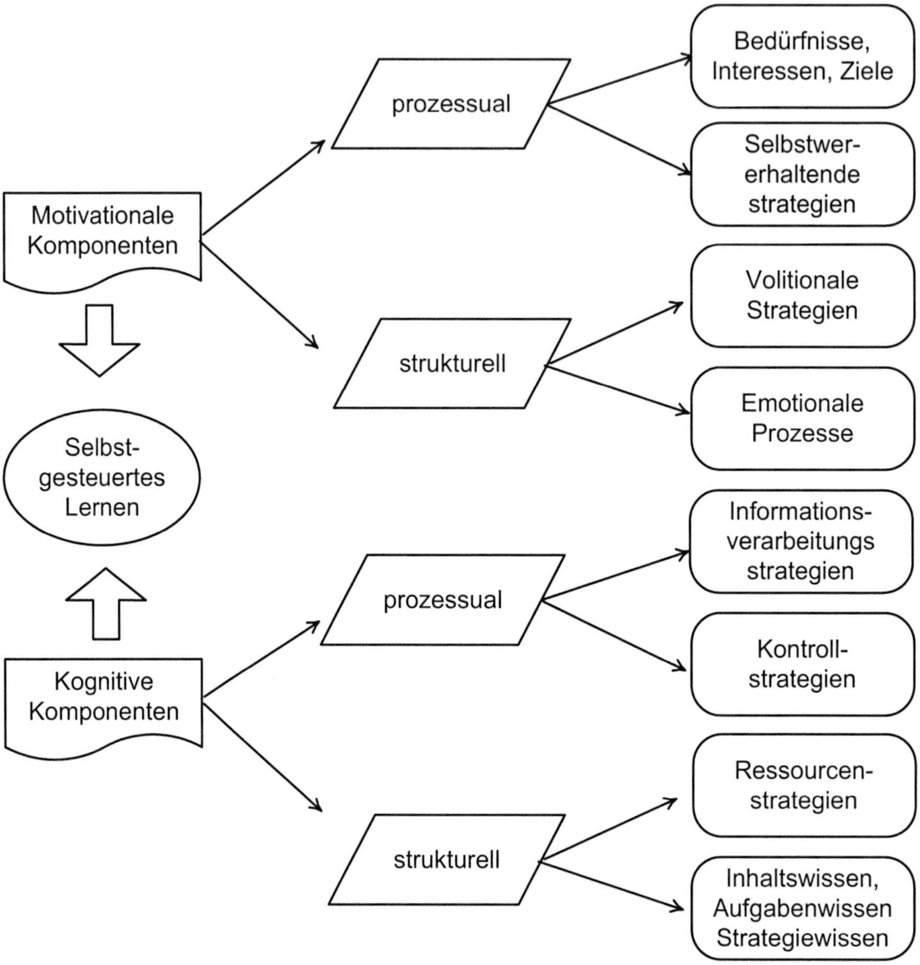

Abb. 13: Lernerseitige Strukturen und Prozesse

Nach dem aktuellen Kenntnisstand können vor allem der Aufbau bzw. das Vorhandensein metakognitiver Kompetenzen als individuelle Basis des Lernens anerkannt werden. Das in einer bestimmten Lernsituation verfügbare Metawissen und das damit verbundene Handlungsbewusstsein ermöglichen und bewirken, dass intelligente Formen der Informationsverarbeitung und effektive Modi der Überwachung eigener Lernvorgänge entwickelt werden. Daraus gewonnene Erkenntnisse und Erfahrungen können wiederum als Voraussetzung für den Erwerb weiterer metakognitiver Kompetenzen angesehen werden. Somit lässt sich kognitives Lernen auch als introspektiv vermittelter und durch externe Unterstützung angereicherter Prozess charakterisieren. Es handelt sich um einen Vorgang der Erweiterung des intuitiven Wissens über Lern- und Problemlösevorgänge auf der einen und der Verbesserung einer wissensbasierten, bewussten (oder bewusstseinsfähigen) Steuerbarkeit zielgerichteter Lernoperationen auf der anderen Seite.

Im Unterricht gibt es zwei einander ergänzende Ansatzpunkte für die Förderung selbstgesteuerten Lernens. Der eine besteht darin, dem Individuum die in Abbildung 13 skizzierten kognitiven und motivationalen Komponenten selbstgesteuerten Lernens direkt zu vermitteln, so dass es schließlich über ein Repertoire von Strategien und Techniken verfügt, das es bewusst und gezielt einsetzen kann. Dies ist der Ansatz des Lernstrategietrainings (s. Abschnitt 6.1.1).

Der andere - indirekte - Förderansatz besteht darin, Lernumgebungen so zu gestalten, dass sie den Lernenden die Möglichkeit für selbstgesteuertes Lernen eröffnen. Dies ist der Ansatz des Instruktionsdesigns. Wie bei der Gestaltung adäquater Lernumgebungen die individuelle Selbststeuerung unterstützt werden kann soll in den folgenden Abschnitten erläutert werden.

6.4.1. Lernumgebungen für individualisiertes selbstgesteuertes Lernen

Es gibt verschiedene Arten von Lernumgebungen, die im Wesentlichen daraufhin angelegt sind, selbstgesteuertes Lernen Einzelner zu unterstützen. Sie lassen sich danach gruppieren, ob sie eher einem expositorischen oder eher einem explorativen Instruktionskonzept verpflichtet sind.

Expositorische Lernumgebungen

Die gemeinsame Grundidee der verschiedenen Ansätze des individualisierten Lernens ist, die Steuerung des Lerntempos den Lernenden zu überlassen. Dies geschieht zumeist dadurch, dass wesentliche Teile der Instruktion in Form von selbstinstruktionalen Medien (gedruckte Texte, Computer, Multimedia usw.) realisiert werden. Diese können die Lernenden gemäß ihrem eigenen Tempo bearbeiten.

Die Möglichkeit, das Lerntempo selbst zu bestimmen, gibt - im Vergleich etwa zum Frontalunterricht in der Gruppe - der Selbststeuerung einen wichtigen Impuls. Andere relevante Aspekte des Wie des Lernens, etwa die Sequenzierung der Inhalte oder Formen der Lernkontrolle stehen dagegen nicht in der Verfügung des Individuums. Sie sind systemseitig vorgegeben. Dies gilt zumeist auch für das Was (Inhaltswahl) und das Woraufhin (Lernzielentscheidungen).

Ein typisches Beispiel für solche Ansätze ist das Leitprogramm-Konzept nach Weltner (1978) auf das nun eingegangen werden soll. Weltner hat die Anforderungen beschrieben, die ein „autonomes Lernen" an die Person des Lernenden stellt. Orientierungspunkt ist die individuelle Autonomie, d.h. die möglichst große Unabhängigkeit des Lernenden von personaler und apersonaler Instruktion. Weltners (1978) Leitprogramme, die als Lern- und Studienunterstützungen in teilprogrammierter Form (z.B. Leitprogramm „Mathematik für Physiker“) beschrieben werden,

- erläutern Lernaufgaben anhand einer Informationsquelle (z.B. Lehrbücher, Handbücher)
- helfen bei der Auswahl von Lernzielen und Lernaufgaben
- leiten die Lernaktivitäten ein
- unterstützen die Feststellung des Lernzustandes nach der Lernphase durch lernzielorientierte Testsequenzen
- initiieren kompensatorische Lernphasen bei manifesten Lerndefiziten
- stabilisieren die Lernbereitschaft und
- verstärken erfolgreiche Lernaktivitäten.

Lernanleitung/ Fragen

Lernanleitung/ Fragen

Abb. 14: Fragen und Lernanleitungen im Text

Bei genauerer Betrachtung (s. Abbildung 14) beinhalten Leitprogramme eine Folge von Lernanleitungen, Lernzustandsdiagnosen und didaktischen Kompensationsmaßnahmen. „Leitung" im Sinne der Leitprogramme bedeutet im wesentlichen Gestaltung instruktionaler Materialien durch den Einsatz gezielter Fragen, die sich der Lernende stellen und beantworten soll. Dabei finden die folgenden Lernerkompetenzen Berücksichtigung:

- Einleitung von Lernaktivitäten
- Vorbereitung auf Lernschwierigkeiten
- Diagnose des Lernzustands
- Identifizierung von Lerndefiziten und
- Überprüfung des Verständnisses komplexer Sachverhalte.

Zu diesen Punkten werden jeweils text- und materialspezifische Fragen in den Instruktionstext eingearbeitet, deren Beantwortung eine Selbstdiagnose und entsprechende Selbstregulation anleiten soll. Zur Kompensation bestehender Defizite werden Lernprogrammsequenzen differentiell angeboten, um die entsprechenden Verstehens- oder Verarbeitungslücken zu füllen.

Kritisch ist anzumerken, dass die angebotenen Maßnahmen weitgehend darauf verzichten, an selbstregulatorischen Prozessen der Überwachung eigener Schritte, ihrer Bewertung und entsprechenden regulatorischen Konsequenzen (Metakognition) anzuknüpfen, die seitens der Lernenden schon bestehen.

Exploratorische Lernumgebungen

Exploratorischen Lernumgebungen für selbstgesteuertes Lernen ist gemeinsam, dass sie von den Lernenden tendenziell mehr und auch komplexere Eigenaktivitäten verlangen als Lernumgebungen, die expositorischen Lernumgebungen nahestehen. Auch exploratorische Lernumgebungen können unter Einbezug traditioneller personaler Unterrichtsformen (Unterricht, Seminar) unter Einbezug traditioneller Selbstinstruktionsmedien (Texte, Medienverbundsysteme) oder unter Einbezug moderner Lerntechnologien (computerintegriertes Multimedia, Hypertextsysteme) oder durch einen Mix aller dieser „Instruktionsträger" realisiert werden (vgl. Friedrich & Mandl, 1997).

Als ein Beispiel für explorative Lernumgebungen zur Unterstützung selbstgesteuerten Lernens wird im Folgenden auf das Leittext-Konzept eingegangen.

Das Konzept des Leittext-Lernens stammt aus der beruflich-betrieblichen Erstausbildung. Es soll überkommene Ausbildungsmethoden ergänzen, um das neu gesetzte Ausbildungsziel „Fähigkeit zur selbstständigen Planung, Ausführung und Kontrolle von Tätigkeiten" zu fördern. Selbstständiges Handeln wird dadurch angeregt, dass an die Stelle unmittelbarer Unterweisung durch Vormachen, Zeigen usw. mittelbare Formen treten, und zwar Texte: Texte informieren über die Ausbildungsaufgabe, Texte helfen bei der Planung der Lösung, Texte helfen kontrollieren.

Leittexte basieren auf dem „Prinzip der vollständigen Handlung“ mit der zyklischen Abfolge von Informieren, Planen, Entscheiden, Ausführen, Kontrollieren und Auswerten (s. Abbildung 15). Zu jeder dieser Stufen bietet der Leittext Handlungsanweisungen und stellt Informationen für die Lerner bereit, um die Stufen erfolgreich zu bewältigen (vgl. Weidenmann, 1997).

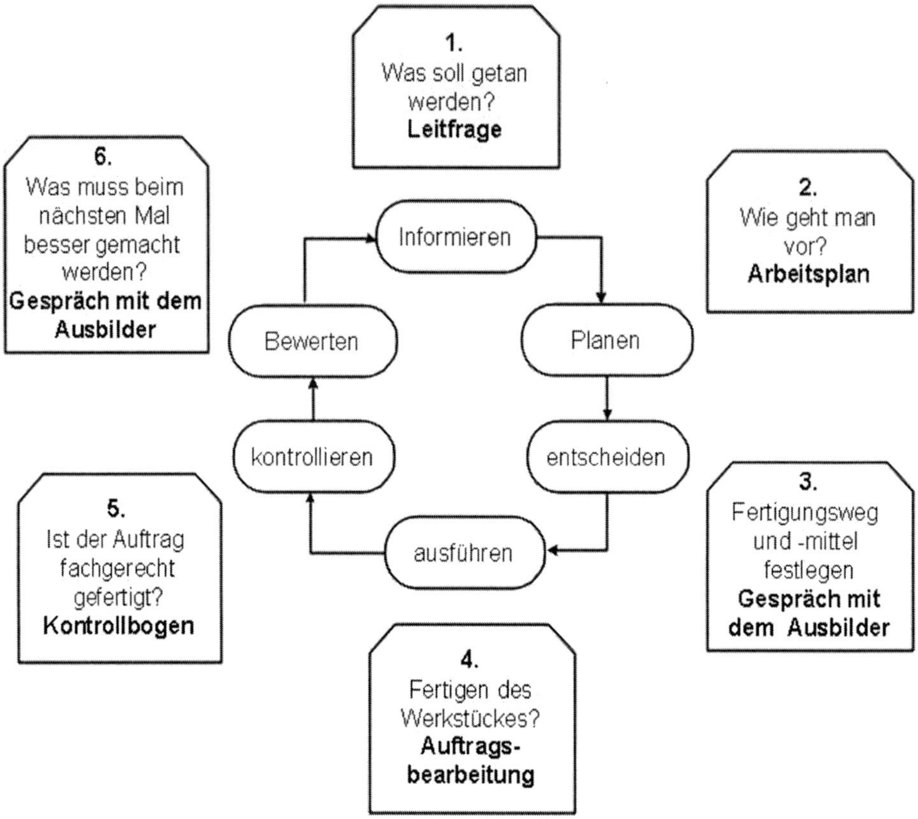

Abb. 15: Das Prinzip der vollständigen Handlung

Grundlegendes Prinzip des Leittext-Konzepts ist: Wer Selbstständigkeit will, muss Selbstständigkeit gewähren! Dementsprechend ist es Aufgabe von Lehrenden, die sechs Phasen jeweils so zu planen und vorzubereiten, dass die Lernenden die spezifischen Aktivitäten möglichst selbstständig vollziehen können, also nicht: „Wie informiere ich die Lernenden, sondern wie können sich die Lernenden selbstständig über die Arbeitsaufgabe informieren? Was muss dazu bereitgestellt werden?"

Kernstück von Leittexten sind die Leitfragen; sie leiten die Lernenden dazu an, komplexe Aufgaben zu bearbeiten und sich aus Informationsgrundlagen die Kenntnisse zu erarbeiten, die nötig sind, um diese Aufgaben fachgerecht zu lösen.

Auf diese Weise wird neben der fachlichen zugleich die Methodenkompetenz gefördert, indem Lernende sich so selbstständig wie möglich alle nötigen Informationen beschaffen müssen. Die Sozialkompetenz wird dadurch gefördert, dass die Formen der Zusammenarbeit je nach fachlichen Möglichkeiten variiert werden, z.B. durchgehende Einzelarbeit, durchgehende Gruppenarbeit in allen sechs Phasen oder gruppengesteuerte Einzelarbeit, wobei gruppenweise informiert und geplant, aber einzeln ausgeführt wird, was zu tun ist. Lehrende haben sich hier zurückzuhalten, zwar vorzuplanen und vorzubereiten, aber während des Lernprozesses beiseite zu treten und bloß als Experten auf Abruf bereitzustehen.

Die Leittextmethode hat in der Regel positive Auswirkungen auf die Fach-, die Methoden- und die Sozialkompetenz der Auszubildenden bzw. Lernenden. Allerdings gibt es auch Hinweise darauf, dass mit Leittextsystemen vor allem jene Personen gut zurechtkommen, die ohnehin bereits über gute Lernvoraussetzungen verfügen (vgl. Dubs, 1993).

6.4.2 Individuelle Nutzung von Lern- und Arbeitstechniken

Individuelles selbstgesteuertes Lernen setzt Methoden bzw. Lernstrategien voraus, die den individuellen Aufbau und die Elaboration von Wissen unterstützen. Exemplarisch seien hier verschiedene Formen von Mind Maps angeführt.

Mind Maps: Elaborieren, Darstellen, Präsentieren

Wissensstrukturierung im Unterricht stünde im Widerspruch zu den Ideen der „situierten Kognition" und des „strukturierten Lernens", wenn Wissensstrukturierung die Darstellung vorgegebener Strukturen, die Präsentation fertiger Systeme wäre. Eine solche Sichtweise würde sich auch nicht mit den Erkenntnissen über die Strukturen und Prozesse der Informationsverarbeitung vereinbaren lassen, nach denen der Wissensaufbau als dynamischer Wechselwirkungsprozess zwischen vorhandenen und neuen Schemata und Wissensrepräsentationen als selbstkonstruiertes System von Konzept- und Relationssymbolisierungen verstanden wird. Die konstruktivistischen Grundannahmen der Informationsverarbeitung vertragen sich aber mit Unterrichtsmethoden wie forschendes und entdeckendes Lernen, Erkunden und Erproben, die zugleich zu einer Herausarbeitung der Tiefenstrukturen des Wissens beitragen können (vgl. Einsiedler, 1996). Die Gestaltung einer Mind Map kann als Beispiel des forschenden Lernens aufgefasst werden.

Mind Maps oder konzeptuelle Landkarten kommen üblicherweise dort zum Einsatz, wo es darum geht, zentrale Begriffe, Ideen oder Konzepte und deren Wechselwirkungen grafisch zu veranschaulichen (s. Abbildung 16; Cizek, 1997).

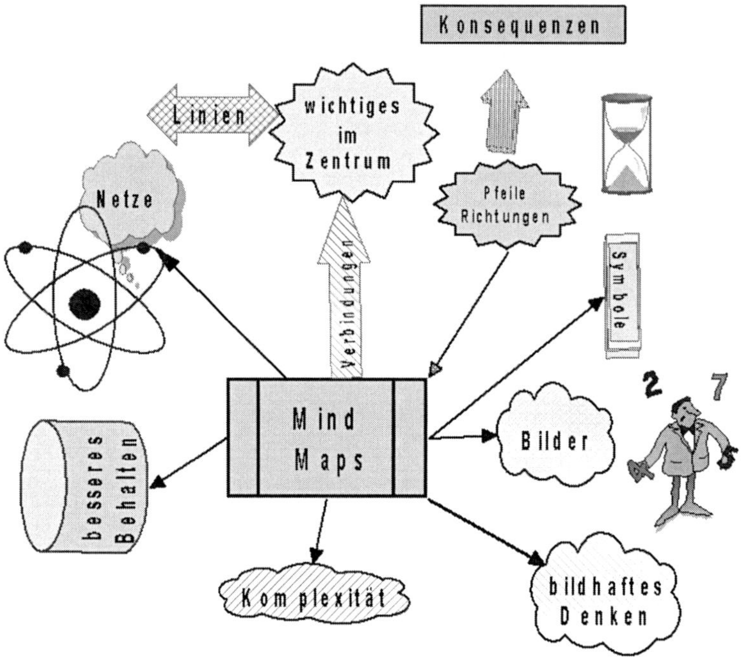

Abb. 16: Die klassische Mind Map

Die Verwendung dieser Methode im Unterricht hat mehrere Vorzüge:

- Sie erlaubt ein handlungsorientiertes Vorgehen.
- In Gruppen regt die Gestaltung kognitiver Netzwerke die Kommunikation der Lernpartner an.
- Die fortlaufende Dokumentation der Lern(zwischen)ergebnisse kommt der Lernmotivation zugute.
- Durch die entstehenden Strukturbilder wird eine Visualisierung von Wissensstrukturen (bzw. der individuellen kognitiven Organisation) des reflexiven Subjekts erreicht („Externalisierung von Wissensstrukturen", Cizek, 1997, S. 24). Mind Maps bieten damit die Gelegenheit, Wissensstrukturen auf eine relativ direkte Art und Weise zu erfassen und zu dokumentieren.

Wie entsteht eine Mind Map? Zur Gestaltung einer Mind Map wird ein großer Bogen Papier benötigt. In die Mitte des Bogens wird das Unterrichtsthema oder der Kernbegriff geschrieben. Von der Mitte ausgehend führen nun Äste zu jedem Teilgebiet oder Aspekt des Themas. Jeder Ast wird mit der treffenden Bezeichnung versehen. Für jede neue Idee kommt ein neuer Ast hinzu. Jede Fortsetzung und Ausdifferenzierung wird als Verästelung eines bestehenden Astes eingezeichnet. So entsteht eine Themendifferenzierung, die visuell leicht erfasst und mit Farben und Formen zusätzlich sinnlich gestaltet und verankert werden kann. Mind Maps oder Ideen-

Landkarten können in Einzelarbeit oder in Kleingruppen erstellt werden (vgl. Traub 2016).

Als Variante der klassischen Mind Map können semantische Karten und grafische Organizer angesehen werden.

Semantische Karten

Semantische Karten stellen hierarchische Relationen zwischen Konzepten dar. Mit semantischen Landkarten werden neue Konzepte auf vorhandenes Wissen und frühere Erfahrungen bezogen. Im Zentrum einer semantischen Landkarte steht die Kernidee oder der Schlüsselbegriff z. B. einer Textpassage. Andere Begriffe werden entsprechend um diese Kernidee gruppiert (s. Abbildung 6.11).

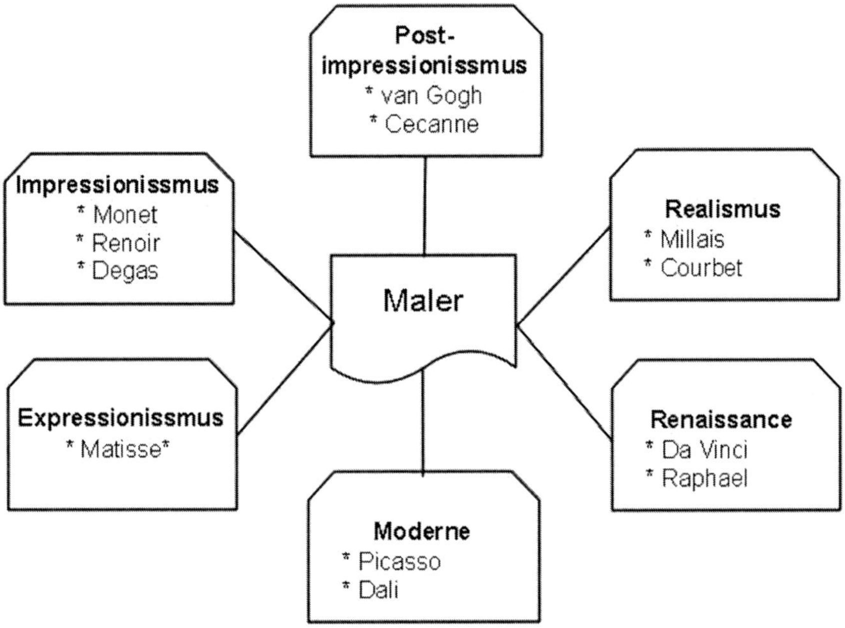

Abb. 17: Semantische Karten

Die Vorteile der semantischen Karten sind:

- leicht zu lernen
- kann in Gruppen interaktiv verwendet werden
- die Kernidee wird klar erkennbar
- Hierarchische Beziehungen zwischen den Größen werden deutlich.

Aber es gibt auch Grenzen:

- Durch semantische Karten werden lediglich hierarchische Beziehungen abgebildet
- komplexe Beziehungen gehen in die Karten selbst nicht ein.

Grafische Organizer/ Strukturierte Übersichten

Grafische Organizer/ Strukturierte Übersichten werden als Visualisierungshilfen verwendet, um die Organisation von Texten oder andere Instruktionsmaterialien zu vermitteln (s. Abbildung 18).

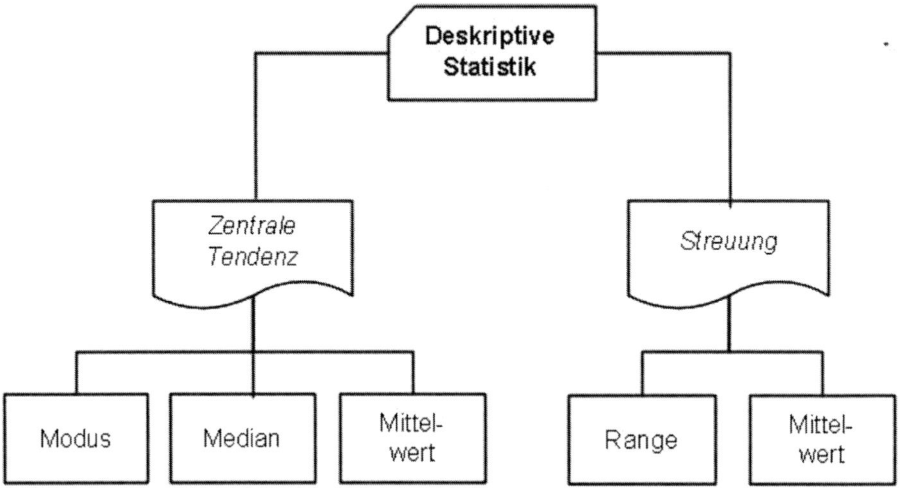

Abb. 18: Grafische Organizer

Die Vorteile der grafischen Organizer sind:

- Grafische Organizer erleichtern das Erinnern von Informationen
- Als Post-Organizer unterstützen sie das Abspeichern (Enkodierung) von Informationen
- Die Struktur von Informationen kann effektiv und übersichtlich dargestellt werden
- Sie sind leicht anzufertigen.

Mögliche Nachteile sind:

- Die streng hierarchische Art der Beziehungen begrenzt die Art der Ideen, die dargestellt sind
- Die Beziehungen werden nicht näher benannt
- Einigen Lernenden fehlen die metakognitiven Fertigkeiten, um von dieser Art der Darstellung zu profitieren.

Netzwerkmethoden: Stichworte bündeln, strukturieren, gestalten

Eng verwandt mit der Mind Map-Technik sind die sogenannten Netzwerkmethoden. Ein wesentlicher Unterschied besteht in der Verwendung von Kärtchen, die einerseits die Kreativität der Ausführung einengen können, andererseits aber eine flexiblere Darstellung von Zusammenhängen und Strukturen gestatten.

Ausgangspunkt der Netzwerkmethoden sind die zentralen Begriffe zu einem Themenfeld, die vorab auf Kärtchen geschrieben werden. Die geschriebenen Kärtchen werden zu Themenbündeln zusammengelegt und mit passenden Überschriften gekennzeichnet. Kärtchen, die „aus der Reihe" fallen, passen vielleicht zu Bündeln anderer Gruppen. Die Themen-Bündel werden auf Plakate geklebt, die Plakate aufgehängt, die Überschriften beachtet und gewürdigt. Zwei Beispiele für die Anwendung dieser Methode:

- **Themen-Baum:** Die zu einem Thema geschriebenen Kärtchen werden zu einigen Aspekten zusammengelegt. Zu diesen werden stimmige Überschriften gesucht. Zu jedem Bündel kann nun der Einzelne oder eine Arbeitsgruppe den Themenbaum erarbeiten: Der „Grund", die „Wurzeln", der „Stamm", die „Verästelungen", die „Krone", die „Früchte" eines Themas werden auf einen dazu gemalten Baum geklebt und gestaltet.
- **Begriffe reihen und ordnen**: Die Schlüsselbegriffe auf den Kärtchen werden geordnet: Die Schlüsselbegriffe des Stoffes werden auf Kärtchen geschrieben und an Einzelne oder Kleingruppen ausgeteilt. Aufgabe ist es nun, diese Kärtchen in einen sinnvollen Zusammenhang aufzulegen. Ein Netzwerk entsteht, das den anderen Gruppen erklärt wird.

6.5 Integrierte Ansätze

Die Nutzung theoretischer Modelle in der Praxis des Lehrens und Lernens ist in vielerlei Hinsicht schwierig. Zum einen spielen „gesunder Menschenverstand" und „praktische Vernunft" sowie Intuition, Erfahrung und ein Gespür für die konkrete Situation eine nicht zu unterschätzende Rolle für die Anwendung von Prinzipien und Methoden des Lehrens. Zum anderen weisen sowohl traditionelle als auch konstruktivistische Ansätze Probleme auf, die ihre einseitige Anwendung im praktischen Lehr-Lerngeschehen fraglich erscheinen lassen.

Es ist weder möglich noch sinnvoll, allein auf aktive Konstruktionsleistungen der Lernenden zu vertrauen; man kann Lernenden aber auch nicht ständig fertige Wissenssysteme nach feststehenden Regeln vermitteln (vgl. Reinmann-Rothmeier & Mandl, 1997). Gefragt ist stattdessen eine Pluralität an Lernmethoden sowie eine Kombination verschiedener Vorgehensweisen. Es geht um eine begründete Vereinbarkeit instruktionaler Anleitung und Unterstützung mit dem Ziel eines aktiv-konstruktiven Lernens.

Didaktisch-methodische Ansätze, die einer Integration der bislang referierten Modelle und Methoden den Vorzug geben, verbinden Phasen der Fremdsteuerung und der Selbstregulation miteinander. Diese Entwürfe gehen davon aus, dass eine gemäßigt konstruktivistische Auffassung vom Lernen instruktionale Aktivitäten des Lehrenden keineswegs ausschließt. Angestrebt wird eine optimale Passung zwischen dem intern gegebenen Bedarf an Unterstützung und dem extern zur Verfügung gestellten Angebot an Unterstützung.

Eine Auswahl dieser integrierten Modelle zur Unterstützung des selbstgesteuerten Lernens soll nachfolgend dargestellt werden. Es handelt sich um die Stadien- bzw. Prozessmodelle des selbstgesteuerten Lernens nach Grow (1991) und Simons (1992) und das Sandwich-Prinzip nach Wahl und Mitarbeitern (1992, 2006).

6.5.1 Stadienmodell nach Grow

Nach Grow (1991, 1993) kann Selbststeuerung durch eine Form des prozessorientierten Lehrens gefördert werden. Der Lehrende zeigt dem Lernenden in einem ersten Schritt, wie er selbst lernsteuernde Aktivitäten übernehmen kann. Der Lehrende nimmt dann allmählich seine lernsteuernden Aktivitäten zurück und aktiviert die Selbststeuerung des Lernenden durch entsprechende Aufgaben. Der Lernende übernimmt damit schrittweise die Rolle des sich selbst Lehrenden.

Grow (1993) führt Lernende in unterschiedlichen Phasen zur Selbststeuerung (Staged Self-Directed Learning, SSDL). Dahinter steht die Idee, dass sich selbstgesteuertes Lernen nicht sofort und nicht automatisch entwickelt. Es bedarf gezielt aufeinander abgestimmter Phasen didaktisch methodischer Unterstützung (s. Tabelle 9). Die grundlegenden Annahmen des SSDL lassen sich wie folgt zusammenfassen:

- Lernende können im Laufe ihrer Lernbiographie eine zunehmend größere Kontrolle über ihr Lernen erwerben; ein erwachsener Lernender zu sein, bedeutet jedoch nicht notwendigerweise, über ein höheres Maß an Kontrolle über das Lerngeschehen zu verfügen.
- Lehrende können diese Entwicklung unterstützen, zum einen indem sie grundlegendes Wissen vermitteln, zum anderen durch die Förderung von Meta-Fertigkeiten, die eine ausgeprägtere Lernerkontrolle wahrscheinlich machen. Entsprechende Maßnahmen sollen gewährleisten, dass die Kontrolle über das Lerngeschehen mehr und mehr in die Hand der Lernenden übergeht, sobald diese über die erforderlichen Kompetenzen und Fertigkeiten verfügen. Lehrerinnen/Dozent/innen sollten ihr Lehrverhalten an das Niveau und die Bedürfnisse der Lernenden anpassen und individuelle Fortschritte unterstützen.
- Es gibt nicht nur einen Weg, das Lernen angemessen zu unterstützen. Unterschiedliche Lehrmaßnahmen und -stile kommen verschiedenen Lernenden und den gleichen Lernenden zu unterschiedlichen Zeitpunkten in differentieller Weise zugute. Kompetente Lehrerinnen/Dozentinnen wissen um den aktuellen

Stand des Lernenden und fördern seine Entwicklung zu mehr Selbststeuerung, die durch Lernbereitschaft, Flexibilität und Lernerkontrolle gekennzeichnet ist.

- Das Maß der Lernerkontrolle wird sowohl durch das Lernumfeld als auch durch die Fähigkeit des Lernenden bestimmt, seine Kompetenzen in anderen Situationen bzw. zu anderen Zeitpunkten zu nutzen. Lernerkontrolle steht auch mit persönlichen Bedürfnissen in Verbindung. Einige Lernende scheinen in allen Stadien der Selbststeuerung von den gleichen Lehrangeboten und -methoden zu profitieren.
- Mit erzieherischen Problemen ist zu rechnen, wenn zwei extreme Tendenzen von „Lehrerkontrolle" und „Lernerkontrolle" aufeinandertreffen: der/die direktive Lehrer/Lehrerin auf den selbstgesteuert Lernenden und der/die delegierende oder zurückhaltende Lehrer/Lehrerin auf den passiv Lernenden.

Tab.10: Unterstützung selbstgesteuerten Lernens nach Grow

Stadien	Lernende	Lehrende	Beispiele
Stufe 1	fremdgesteuert	ist autoritär, coacht	Coaching mit unmittelbarem Feedback; klare Anweisungen, Informationstexte; Defizite und Widerstände überwinden
Stufe 2	interessiert	motiviert leitet	Anregung von Textlektüre verbunden mit gelenkter Diskussion; Zielklärung; Übung von Lernstrategien
Stufe 3	integriert	unterstützt, hilft	Lehrer regt die Diskussion an, ist gleichberechtigter Teilnehmer, Seminare, Gruppenprojekte
Stufe 4	selbstgesteuert	berät, delegiert	Individuelle Tätigkeiten oder selbstgesteuerte Lerngruppen

Wie lassen sich die Phasen der zunehmenden Selbststeuerung treffend beschreiben?

1. Phase

Fremdgesteuert Lernende brauchen in dieser Phase eine Autoritätsfigur, die klar vorgibt, was zu tun ist, wie und wann es zu tun ist. Lernen ist lehrerzentriert. Lernende betrachten den Lehrer/die Lehrerin in dieser Phase als Experten, der/die weiß, was zu tun oder was zu lernen ist. Sie bleiben zumeist passiv. Informationen werden lediglich rezeptiv aufgenommen und unverändert wiedergegeben. Die Passivität kann sich auf manche Inhalte oder Fachgebiete oder aber auch auf alle Teil-Tätigkeiten des Lernens beziehen. Einige Merkmale dieser ersten Phase erinnern an den klassischen Frontalunterricht in seinem negativen Sinne. In der Tat kann diese Phase in Verbindung mit bestimmten Lerner-Persönlichkeiten und wenn sie zu lange anhält kontraproduktiv sein.

Beispiele:
- Vorträge, die persönliche Bedürfnisse betonen
- stark strukturierte Lerneinheiten oder Übungen
- hochspezifische Aufgabenstellungen
- intensiver individueller Unterricht.

2. Phase

Im zweiten Stadium sind Lernende interessiert, zumindest aber interessierbar. Sie lassen sich motivieren. Sinnvolle Aufgaben werden gerne ausgeführt. Die Lehre in diesem Stadium wird in Bildungseinrichtungen vielfach als „gute Lehre" bezeichnet. Der Lehrer/Dozent bringt Motivation und Enthusiasmus in die Lerngruppe. Er regt Lernende an und unterstützt sie auch im sozio-emotionalen Bereich. Obwohl sich die Lehrperson eher direktiv verhält, ist sie doch stets darum bemüht, den Lernwillen und die Motivation der Lernenden anzuregen. Wichtig sind in dieser Phase eindeutige Erklärungen, warum und wofür die gerade behandelten Fertigkeiten wichtig sind und welchen Zielen die damit verknüpften Aufgaben dienen. Die Lehrperson sollte in hohem Maße motivierend und unterstützend tätig sein. Lernende können in dieser Phase von der Diskussion mit dem Lehrer/Dozenten profitieren. Kommunikation und Austausch verlaufen in beide Richtungen.

Beispiele:
- Lehrperson als Ideengeber oder inspirierende Instanz
- industrielle Trainingsprogramme
- lehrergelenkte Diskussion
- Demonstration durch einen Experten, gefolgt von gelenkter Praxis
- interaktive computerbasierte Übung.

3. Phase

Die Lernenden verfügen nun über das Wissen und die Kompetenz, um den eigenen Lernprozess aktiv zu gestalten. Sie sind in der Lage zum Selbststudium, entwickeln ein tiefergehendes Selbstkonzept, mehr Selbstvertrauen und eine größere Kompetenz.

Sie können sich Lernstrategien bewusst machen und bewusst einsetzen. Sie lernen, ihre eigenen Erfahrungen zu identifizieren und zu bewerten; und sie können die Erfahrungen anderer beurteilen. Typisch für diese Phase ist die Entwicklung von kritischem Denken und Eigeninitiative.

Hauptaufgabe des Unterrichts ist es, die Lernenden zu unterstützen. Die Lehrperson beteiligt sich an gemeinsamen Lernerfahrungen. Lehrende und Lernende realisieren gemeinsam Entscheidungsprozesse, wobei die Verantwortung der Lernenden immer mehr zunimmt. Die Lehrperson unterstützt bereits vorhandene Kompetenzen und regt deren Nutzung an. Sie strukturiert schrittweise den Übergang in die Unabhängigkeit. Eine wesentliche Hilfe auf diesem Weg kann die Bereitstellung von Lernhilfen, -anregungen und -methoden darstellen. Bewährt haben sich bspw. Checklisten oder persönliche Lerntagebücher.

Beispiele:

- Seminare, in denen Lehrende und Lernende gleichberechtigt interagieren.
- Projektgruppen, die durch die Lehrkraft unterstützt (aber nicht determiniert) werden.
- Gruppen, die sich vom strukturierten Arbeiten nach bestimmten Kriterien zu eigenständig agierenden Gruppen ohne Leitung oder Supervision entwickeln.

4. Phase

Selbstgesteuert Lernende setzen sich eigene Ziele und Standards - mit oder ohne Hilfe der Experten. Dabei darf Unabhängigkeit nicht mit Isolation gleichgesetzt werden. Viele eigenständig Lernende sind in hohem Maße sozial engagiert und nehmen aktiv an Lerngruppen teil.

Lernende sind in dieser Phase in der Lage und willens die Verantwortung für das eigene Lernen zu übernehmen. Sie nutzen Fertigkeiten zum Zeit- und Projektmanagement, setzen sich selbst Ziele, geben Feedback und bewerten eigenständig erreichte Ergebnisse. Trotz dieser - bezogen auf die Lerngruppe - weit fortgeschrittenen Entwicklungsphase, wird man damit rechnen müssen, dass Selbststeuerungskompetenzen bei verschiedenen Lernenden unterschiedlich ausgeprägt sind. Bei einigen werden sie sich eher auf ganz spezifische Situationen beziehen, bei anderen eher generalisiert sein. Um Missverständnissen vorzubeugen: Die Lehrperson ist in dieser Phase nicht völlig überflüssig. Bestimmte Fertigkeiten oder Wissensbereiche werden nach wie vor sinnvoll und effektiv unter Anleitung eines Experten erworben.

Die Lehre in dieser Phase betont die Delegation. Aufgabe der Lehrkraft ist es nicht zu lehren, sondern vielmehr die Fähigkeiten der Lernenden zu kultivieren, zu stützen usw. Sie berät die Lernenden bei der Erstellung von Kriterien zur Selbstbewertung (Checkliste, Verlaufsplan, Lern-Karten usw.). Auch kann er regelmäßig an Gruppensitzungen teilnehmen und dort die Reflexion und Bewertung anregen, um so Selbststeuerung und Selbstbewertung weiter zu unterstützen. Der Schwerpunkt des Lernens liegt gleichermaßen auf der Produktivität des Prozesses wie auch der Lernprodukte.

Beispiele:
- Praktika, zeitlich begrenzte Projekte, unabhängige Studien
- von Schüler/innen/Studentinnen geleitete Diskussionsrunden; der/die Lehrer/in/Dozent/in agiert als Berater/in
- Schüler-/Studentenzeitungen
- kreatives Schreiben.

6.5.2 Prozessorientiertes Lernen nach Simons

Wesentliches Merkmal des prozessorientierten Lehrens nach Simons (1992) ist die schrittweise Verlagerung der Kontrolle von der Lehrperson auf den Lernenden. Man beginnt mit einer stark strukturierten Unterrichtsweise. Zugleich lehrt man die Schüler/innen/Student/innen, wie sie selber das Lernen steuern können und müssen. Mit zunehmender Fähigkeit, das eigene Lernen zu steuern, wird immer mehr Verantwortung auf den Lernenden übertragen. Die Phasen des Ansatzes von Simons gleichen weitgehend jenen bei Grow. Darum mag an dieser Stelle ein Überblick zu den Prinzipien des prozessorientierten Lernens genügen (s. Abbildung 19).

1. Betonung von Lernaktivitäten und Lernprozessen, anstatt ausschließlicher Betonung von Lernergebnissen (Prozessprinzip)
2. Lernen wird zum Diskussions-/Unterrichtsthema gemacht, damit sich die Lernenden ihrer Lernstrategien und Selbstregulierungsfähigkeiten und der Relation zwischen diesen und den Lernzielen bewusst werden (Rückbesinnungsprinzip)
3. Der Einfluss affektiv-emotionaler Prozesse auf das Lernen und deren Interaktionen mit kognitiven und metakognitiven Prozessen wird berücksichtigt (Affektivitätsprinzip)
4. Den Lernenden werden Relevanz und Nützlichkeit der Kenntnisse und Fähigkeiten, die sie lernen sollen, bewusst gemacht (Nützlichkeitsprinzip)
5. Transfer und Generalisierbarkeit des Gelernten werden explizit im Unterricht berücksichtigt und es wird erwartet, dass sie von selbst auftreten (Transferprinzip)
6. Lernstrategien und Selbstregulierungsfähigkeit werden längerfristig und im Kontext von Unterrichtsfächern geübt (Kontextprinzip)
7. Die Lernenden werden explizit darin unterwiesen, wie sie ihr eigenes Lernen überwachen, diagnostizieren und korrigieren können (Selbstdiagnoseprinzip)
8. Der Unterricht wird so gestaltet, dass Lernende aktiv lernen und dass sie konstruktive Lernaktivitäten wählen können (Aktivitätsprinzip)
9. Die Verantwortung für das Lernen verlagert sich allmählich vom Lehrer zu den Lernenden (Prinzip des allmählichen Abbaus von Hilfen)

10. Maßnahmen zur Realisierung selbstregulierten Lernens werden mit anderen Betreuern/Bezugspersonen abgesprochen (Betreuungsprinzip)
11. Kooperationen und Diskussionen zwischen den Lernenden werden im Unterricht aufgegriffen (Kooperationsprinzip)
12. Neues Wissen wird auf Vorwissen bezogen (Vorwissenprinzip)

Abb. 19: Prinzipien des prozessorientierten Lernens

6.5.3. Das Sandwich-Prinzip

Ein in Schule und Erwachsenenbildung vielfach bewährter Ansatz des Lehrens und Lernens stellt das Sandwich-Prinzip dar. Die dort vorherrschenden Überlegungen fügen sich nahtlos in die oben dargestellten Prinzipien des prozessorientierten Lernens ein. Was sind die Merkmale dieser Organisationsform von Unterricht? Der methodische Ablauf wird so geplant, dass sich - wie bei einem Sandwich - verschiedene „Lagen" ergeben. Abbildung 20 veranschaulicht diesen Sachverhalt.

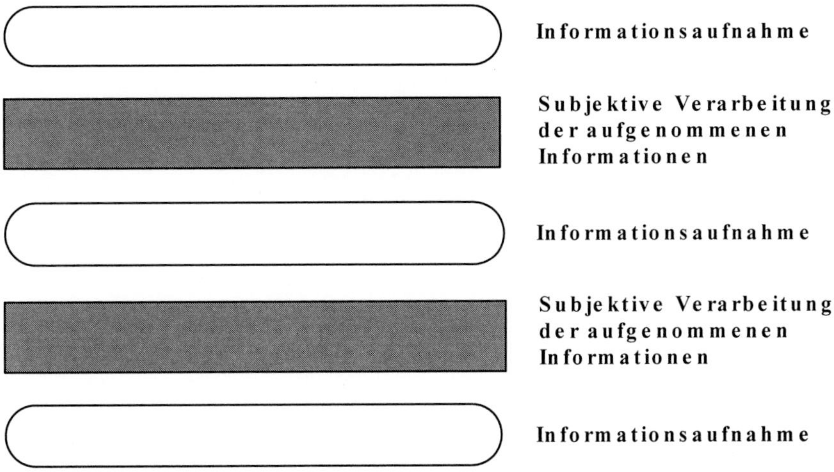

Abb.20: Das Sandwich-Prinzip

So können sich Phasen des aufnehmenden (rezeptiven) Lernens, z.B. gestaltet durch Kurzreferate oder Leittexte, abwechseln mit Phasen der Informationsverarbeitung. Diese kann z.B. als Partnerarbeit, Kleingruppenarbeit, Netzwerk oder Puzzlegruppen organisiert sein. Ziel dieser Phasen ist es, tiefergehendes und vernetztes Denken, Lernen und Problemlösen zu fördern. Wichtig ist, dass die Zahl und Dauer der einzelnen Phasen den individuellen Voraussetzungen der Teilnehmer/innen angepasst wird.

Für die Unterstützung individueller Selbststeuerungspotentiale ist es eine zentrale Frage, wie die Phasen der Informationsaufnahme und -verarbeitung gestaltet sind. Die individuelle Selbststeuerung wird nur dann unterstützt, wenn Lernende in die Lage versetzt werden, Lernpfade selbst zu entwickeln und zu verfolgen. Da Unterricht ohnehin nur Anregung zum Lernen sein kann – Lernprozesse müssen bei den Lernenden erfolgen -, ist hier ein Paradigmenwechsel angezeigt: von den Vermittlungsprozeduren zu den Angebotsstrukturen! (vgl. Bönsch, 1995). Tabelle 11 zeigt Möglichkeiten der Strukturierung einer Sandwich-Sequenz auf.

Tab. 11: Informationen als Angebotsstrukturen

Phase der Motivation/des Informierens; Impulse geben, Angebote machen	**Phase der selbstbestimmten Bearbeitung evtl. mit Vermittlung, Austausch und Reflexion**
• Ideenangebote • Zielangebote • Materialangebote • Verfahrensangebote • Kooperationsangebote • Zeitangebote • Hilfsangebote	• mediengeleitet/-geführt • planorientiert/ • medienunterstützt • aufgabenbestimmt • kooperativ entwickelt

Wo ist der didaktische Ort der Sandwich-Methode? Die Sandwich-Methode ist dort günstig, wo längere Lernsequenzen (z.B. eine Doppelstunde, ein Halbtag, ein Tag usw.) untergliedert werden sollen.

Die Wirksamkeit des Ansatzes lässt sich theoretisch überzeugend begründen: Der Wechsel von rezeptiver Informationsaufnahme und aktiver Weiterverarbeitung der Information sorgt für eine bleibende Aneignung. Darüber hinaus wirkt sich die ständige Abwechslung in der Beanspruchung günstig auf die Lernmotivierung aus. Das Sandwich verhindert allzu lange Phasen der Präsentation (z.B. lange Vorträge) und überlange Phasen der Einzel- und Gruppenarbeit und beugt damit Ermüdungserscheinungen vor (s. Abbildung 20).

Entscheidend für selbstverantwortetes und mitbestimmtes Lernen sind die Phasen der individuellen oder kollektiven Informationsverarbeitung. Entsprechend ihrer Ergebnisse werden sich dann Lernpfade ergeben, die an einem vorgeschlagenen oder selbst erstellten Plan orientiert sind und durch Medien bzw. Materialien unterstützt werden. In Abhängigkeit von Zielen und Anliegen des Unterrichts können diese Phasen unterschiedliche Schwerpunkte setzen (vgl. Wahl, 2006, 2013). Einen Überblick über mögliche Einzel- oder Gruppenaktivitäten gibt die folgende Tabelle 12.

Tab. 12: Mögliche Arbeitsinseln

Produktives Tun	**Kommunikatives Handeln**	**Exploratives Handeln**
• Informationen nachschlagen/exzerpieren Arbeitsblätter bearbeiten bzw. herstellen Struktogramme erstellen (Tabelle, Schaubild Diagramm, Tafelbild) • Rätsel lösen bzw. herstellen Plakat/Wandzeitung Flugblatt gestalten • Referat/Wochenbericht verfassen Lernspiele durchführen bzw. herstellen (Puzzle, Würfelspiel Kommentar/ Bericht/ Brief schreiben) • Werkstücke anfertigen Gebrauchsgegenstände herstellen	• Gruppengespräch/ Partnergespräch • Kreis bzw. Doppelkreisgespräch Stationengespräch Argumentationsspiel • Freies/fiktives Erzählen bzw. Berichten • Vortragen/ Präsentieren Talkshow Rollenspiel • Pro- und - kontra Debatte • Planspiel • Hearing / Tribunal	• Erkundung/Beobachtung Expertenbefragung • Straßeninterview Fallstudie, Sozialstudie • Recherche/ Reportage • Bibliotheksnutzung • Projekt • Praktikum (z.B. Betrieb) • Exkursionen

Idealerweise mündet die Arbeit in eine Phase der Ergebnisdarstellung, des Austausches und der Reflexion. Dies muss aber nicht in jedem Fall so sein. In Einklang mit der jeweiligen Konstruktion von Lernprozessen sind vielfältige Formen der Weiterarbeit denkbar (vgl. Bönsch, 1995).

6.6 Selbstgesteuertes Lernen in Gruppen

Ein Ansatz, der sowohl individuelle als auch kooperative Elemente integriert und zudem als starke Lernumgebung bezeichnet werden kann, ist das selbstgesteuerte Lernen in Gruppen.

Im Unterschied zum zuletzt behandelten Sandwichprinzip (s. Abschnitt 6.5.3) ist es offener konzipiert. Lernende haben mehr Freiräume, die Kontrolle und Verantwortung der Lehrperson geht - insbesondere was die Aufgabe der Informationsvermittlung anbelangt – zurück.

In einer ersten Annäherung kann es als situierte Lernumgebung charakterisiert werden.

6.6.1 Selbstgesteuertes Lernen in Gruppen als situierte Lernumgebung

Selbstgesteuertes Lernen in der Gruppe verknüpft individuelle geistige Aktivitäten mit sozial-kognitiven Vorgängen in der Gruppe. Wir sprechen von einem situierten Lernverständnis (vgl. Konrad, 2011, 2013, 2017a). Situiertes Lernen ist anwendungsbezogen, lebensweltlich orientiert, selbstgesteuert. Um Missverständnissen vorzubeugen: Situiertes Lernen steht nicht im Gegensatz zu einem am Individuum orientierten Unterricht wie wir ihn in Abschnitt 6.4 skizziert haben. Entscheidend ist vielmehr die Einbindung der einzelnen Person in Lerngemeinschaften („learning communities"; Konrad, 2008). In Lerngemeinschaften konstituiert sich das Lernen als gemeinsamer aktiver Prozess, der auf dem sozial geteilten Wissen ebenso aufruht wie auf dem kollektiven Kompetenzzuwachs. So verstanden, können individuelle Lernereignisse (z.B. Phasen der Aufmerksamkeit und des Nachdenkens im Sinne metakognitiver Strategien) nicht losgelöst von der Dynamik der Gruppe stattfinden.

Für Lehr-Lernarrangements besonders wichtig: In situierten Lernumgebungen erwerben an gemeinsamen Aufgaben oder Projekten arbeitende Personen Wissensbestände und Überzeugungen und reflektieren deren Bedeutung. Es entstehen Lernkulturen, die individuelle Entwicklungskorridore und -verläufe berücksichtigen. Typisch ist ferner ein Klima der Fehlertoleranz, das von gegenseitiger Rücksichtnahme und Unterstützung geprägt ist (vgl. Brown, 1997).

Betrachtet man mögliche Anwendungen der genannten Prinzipien, fällt auf, dass situiertes Lernen dem Erfahrungsgewinn in Projekten einen hohen Stellenwert einräumt. Projekte stellen Formen überfachlich organisierten, meist arbeitsteiligen und kooperativen Lernens dar (s. Abschnitt 6.3). Typisch für ihre Gestaltung ist die Bevorzugung des Prozesswissens gegenüber dem Faktenwissen (vgl. Konrad, 2011). Am Beispiel naturwissenschaftlicher Projekte lässt sich dies gut beschreiben.

Projektunterricht in den Naturwissenschaften
Im Rahmen naturwissenschaftlicher Aktivitäten stehen konkrete Handlungsmomente im Zentrum: Beobachten, beschreiben, vergleichen, klassifizieren, analysieren, erörtern, Hypothesen formulieren, Theorien aufstellen, in Zweifel ziehen, bestreiten, argumentieren, Experimente entwerfen, Regeln folgen, beurteilen, bewerten, entscheiden, schlussfolgern, verallgemeinern, berichten, schreiben, vortragen und unterrichten in der Sprache und Ausdrucksweise der (Natur)Wissenschaft (Lemke 1990, S. ix, zitiert nach Palincsar, 1998).

Der Projektgedanke steht auch im Fokus des Selbstgesteuerten Lernens in Gruppen. Das Verfahren nähert sich darin den „Kleingruppenprojekten" an.

Kleinprojekte in Gruppen
In den „Kleinprojekten in Gruppen" wählen die Schüler/innen im Rahmen eines vom Lehrer/von der Lehrerin vorgegebenen oder gemeinsam gewählten Themas Unterthemen, mit denen sie sich ausführlich beschäftigen. Schon hier wird nach Interessen differenziert, denn die Schüler/innen werden einer Gruppe zugeteilt, in der sie das von ihnen gewählte Unterthema bearbeiten können.

Auch innerhalb dieser Gruppe können sie dann wieder ihrem Interesse nachgehen, denn jeder entscheidet selbst in Abstimmung mit der Gruppe, welchen Aspekt des Unterthemas er bearbeitet. Nach dieser Einzelarbeit werden die Ergebnisse dann in einer Phase der Kooperation zusammengeführt und anschließend präsentiert (Konrad, 2009b, S. 102).

Wie die Parallelen zur Projektmethode (s. Abschnitt 7.4) erkennen lassen, ist Selbstgesteuertes Lernen in Gruppen deutlich auf aktive Lernprozesse abgestimmt. Die Eigenaktivität des konstruktiven Lerners stützt sich sowohl auf Handbüchereien, Quellenmaterial und elektronische Medien als auch auf Anregungen, Hilfen und Beratung durch Lehrpersonen oder Mentoren. Letztgenannte fungieren als Lernberater.

Theoretische oder empirische Analysen des situierten Lernens richten sich vorzugsweise auf die Untersuchung effektiver Lernumgebungen (im Sinne von „Aktivitätssystemen") und deren Merkmale. Aktivitätssysteme weisen zumeist Attribute auf, die in ähnlicher Weise schon in früheren Abschnitten zur Sprache gekommen sind. Hervorzuheben sind unsere Überlegungen zu sozial-konstruktivistischen Theorien (s. die Abschnitte 4.1 und 6.3).

Danach gilt:

1. Lernen ist ein aktiver und konstruktiver Prozess;
2. Lernen geschieht in vielen Fällen im Rahmen sozialer Konstellationen. Individuell Lernende nehmen an sozialen Lerngruppen teil und erweitern dort ihr Wissen;
3. Lernen wird in komplexen Lernumgebungen (in multiplen Kontexten) untersucht und als Passung an die Beschränkungen und Anregungsgehalte des jeweiligen Umfeldes beschrieben.

Was die inhaltliche Strukturierung des Selbstgesteuerten Lernens in Gruppen anbelangt, lassen sich mehrere Elemente voneinander abgrenzen, die auch in Modellen des Kooperativen sowie des individuellen selbstgesteuerten Lernens bedeutsam sind (s. Abschnitt 4.1).

6.6.2 Gestaltung der Lernsequenzen

Selbstgesteuertes Lernen in Gruppen manifestiert sich in zeitlich und methodisch strukturierten Lernsequenzen.

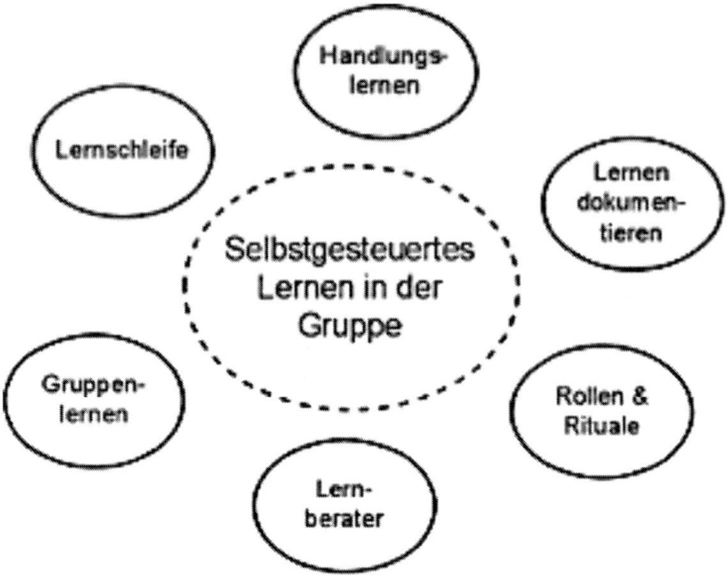

Abb. 21: Selbstgesteuertes Lernen in der Gruppe

Die wesentlichen Konzepte dieser Lernarrangements sollen nun näher beleuchtet werden.

1. **Gruppenlernen**: Die Lernenden arbeiten in einer festen, aus zwei bis vier Mitgliedern bestehenden Gruppe zusammen, die über mehrere Lerneinheiten hinweg bestehen bleibt.
2. **Lernschleife**: Die Beteiligten eignen sich das Wissen in einer vierstufigen Lernschleife an. Das didaktische Prinzip ist ein handlungspsychologisch begründeter Lernzyklus mit den Phasen Orientieren, Planen, Handeln und Bewerten (vgl. Konrad, 2008). Eine Erweiterung dieser Sequenz erfolgt im Modell der vollständigen Handlung (s. Abbildung 22):
   - **Orientieren**: Die Teilnehmer orientieren sich zunächst im Thema der Lerneinheit, indem sie ihr Vorwissen aktivieren (z. B. Brainstorming) einen Leittext lesen, einen Videofilm sehen oder gemeinsam Arbeitsblätter durchgehen.
   - **Planen**: Sie planen ihr weiteres Vorgehen. Einzelne Handlungsschritte werden antizipiert.
   - **Handeln**: Danach handeln die Akteure. Sie erstellen Lerneinheiten, Arbeitsblätter und Leittexte; sie probieren das Gelernte in der Praxis (z. B. eine Übung oder ein Projekt ausführen) aus. Indem sie in dieser Weise handeln, erleben sie den Lernstoff.
   - **Bewerten**: In der vierten Phase kontrollieren und bewerten sie Lernprozesse und -ergebnisse. Die Beteiligten tauschen sich über die gemachten

Erfahrungen aus und geben sich gegenseitig Rückmeldung; sie kontrollieren schließlich Vorgehensweisen, Produkte und Ergebnisse. Am Ende wird das aktuelle Projekt begründet. Pläne sowie Optimierungsvorschläge für die Zukunft werden entwickelt.

Diese Lernschleife findet sich als Grundstruktur in jeder Lerneinheit und wird ein- oder mehrmals durchlaufen. Die Abfolge erleichtert den Lernenden die Orientierung im Lernstoff, indem sie einen einfachen, motivierenden Lernweg vorgibt, der von den Lernenden schon bald als „natürlicher" Lernrhythmus empfunden wird.

3. **Handlungslernen**: Aus der Perspektive der Handlungspsychologie liegt der Lernstoff als praxisrelevantes Handlungswissen vor und wird als solches weiter entwickelt. Beispielsweise sind informierende Leittexte als „Verhaltensrezepte“ zu erstellen. Daran schließt sich unmittelbar eine Übung an, in der das Wissen in Verhalten überführt werden kann.
4. Das Lerngeschehen **dokumentieren**. Strategien, Entscheidungen und emotionale Empfindungen werden schriftlich festgehalten. Diese Aufgabe übernimmt in erster Linie der Protokollant der Gruppe.
5. Der **vorstrukturierte Ablauf** wird durch Rollen und Rituale unterstützt: Die Lerngruppen bestimmen zu Beginn einer Besprechung für jede Einheit mehrere Rollen, die sich durch eine klare Aufgabenzuordnung auszeichnen. Rollen haben sich als ein zuverlässiges Hilfsmittel zur kommunikationspsychologischen Absicherung der Methode bewährt. Beim aktuellen Stand des Verfahrens werden die in Tabelle 13 angeführten Funktionen an die Teilnehmer der Gruppe verteilt. Aus lernpsychologischer Sicht erscheint es ratsam, die Aufträge oder Aufgabenzuweisungen in jeder Sitzung zu wechseln.

Ergänzend zu den Rollen kommen Rituale zur Anwendung (s. Tabelle 13). Sie umfassen die bekannten Methoden Sprechstein sowie Blitzlicht ebenso wie den weniger verbreiteten Prozessanzeiger.

Tab.13: *Die Rollen im Selbstgesteuerten Lernen in Gruppen*

Rolle / Rituale	Beschreibung
Organisator	Der Rolleninhaber ist für den Ablauf der Sitzung verantwortlich. Vor Beginn der Lerneinheit arbeitet er sich in den Ablauf ein, organisiert Raum und Materialien und achtet während der Einheit darauf, dass die Gruppe den Ablauf einhält und effizient arbeitet. Der Organisator beschäftigt sich während der einzelnen Übungen genauso mit dem Thema wie die übrigen Gruppenteilnehmer.
Protokollant	Die betroffene Person protokolliert alle Sitzungen in Stichworten (Tagesordnung, wesentliche Ergebnisse, Ausblick usw.).
Zeitwächter	Der Zeitwächter hat die Aufgabe, die Gruppe an gemeinsam vereinbarte Zeiten zu erinnern. Im Verlauf der Gruppenarbeit übernimmt der Rolleninhaber möglichst behutsam und ohne den Prozess störend zu unterbrechen das Zeitmanagement. Beispiel: „Wir haben jetzt noch 10 Minuten bis zur Pause".

Rolle / Rituale	Beschreibung
Wadenbeißer	Der Kritiker weist auf Anwendungsfehler bei der Durchführung des Verfahrens hin. Auch (Zwischen)ergebnisse können kritisch beleuchtet werden.
Motivator	Diese Person gibt motivationale Impulse, ruft die Ziele in Erinnerung. Sie unterstützt die Gruppe vor allem in Phasen der Lust- oder Planlosigkeit.
Ergänzende Rituale	
Sprechstein	Dieses Instrument gibt jener Person das Rederecht, die ihn in ihren Händen hält. Natürlich können auch andere Gegenstände (z. B. eine Stoffpuppe) zur Anwendung kommen.
Aufgabenkarten	Auf (farbigen) Karteikarten werden die verschieden Aufgaben (Organisator Zeitwächter usw.) durch Symbole oder große Schriftzüge verdeutlicht. Die Karten liegen für alle gut sichtbar vor den mit der jeweiligen Funktion betreuten Personen.
Störungskarte	Die Karteikarte ist auf einer Seite durch einen großen roten Punkt oder ein anderes Symbol (Blitz, Ärgergesicht) gekennzeichnet. Solange der rote Punkt mit dem Gesicht nach unten liegt, also nicht zu sehen ist, können alle Personen davon ausgehen, dass keine Störung vorliegt. Sobald aber eines der Gruppenmitglieder aus irgendeinem Grund nicht mit voller Aufmerksamkeit und Anteilnahme am Prozess beteiligt sein kann, hat es die Verpflichtung, dieses durch das Umdrehen der Störungskarte anzuzeigen.
Prozessanzeiger	Die Methode sorgt für die Visualisierung von Lerngeschehen und Gruppendynamik. Dazu wird mit einem Setzstein die jeweils benutzte Gesprächsebene gekennzeichnet. Auf der Ebene der Metakommunikation finden beispielsweise Absprachen über die Vorgehensweise in der aktuellen Sitzung statt.
Blitzlicht	Das Blitzlicht gilt als Kreativitätstechnik. Es dient der Bestandsaufnahme und Meinungsbildung im Lern- oder Arbeitsprozess.

6. **Lernberater**: Die Lerngruppe erhält Anregung und Unterstützung von außen. Das kann ein Lehrer, ein Assistent oder Tutor sein. Die betreffende Person agiert als inhaltlicher Fachmann, von dem die Gruppe weiterführende Informationen bekommen kann und der den Teilnehmer/innen Rede und Antwort steht, wenn sie Inhalte oder Verfahrensweisen nicht verstanden haben. In der ersten Einheit erhalten die Lernenden vom Lernberater relevante Informationen und Unterlagen. Dazu gehören Vorlagen, Organisationsblätter, Beispiele, Lerneinheiten, Arbeitsblätter und Rückmeldebögen.

Ausgehend von den bislang skizzierten Gestaltungsmerkmalen kann die Durchführung des Selbstgesteuerten Lernens in Gruppen nun im Detail erläutert werden.

6.6.3 Wie wird Selbstgesteuertes Lernen in Gruppen durchgeführt?

Welche Aufgaben auf die Teilnehmer der Projektgruppen warten und nach welchen Regeln sie vorgehen, soll zunächst beschrieben werden.

Ziele und Aufgaben der Projektgruppen

Um selbstgesteuertes und handlungsorientiertes Lernen zu unterstützen, wird ein didaktisches Konzept entwickelt, das die Lernenden zu einer aktiven und intensiven Auseinandersetzung mit ausgewählten Themen und Inhalten herausfordert. Im Mittelpunkt der Lernarrangements stehen komplexe Aufgaben und Anforderungen, die selbstständig (aber in Gruppen) bearbeitet werden sollen.

Hilfreich für die Arbeit der Selbstgesteuerten Lerngruppen sind klare Vorgaben und Rahmenbedingungen. Aus diesem Grund sind die Teilnehmer/innen gehalten, die in Tabelle 13 aufgeführten Angebote zu nutzen.

Die Arbeit der Projektgruppe orientiert sich am Modell der vollständigen Handlung, das als Erweiterung der in Abschnitt 6.6.2 besprochenen Handlungsschleife angesehen werden kann und zugleich wesentliche Elemente der Selbstregulation integriert (siehe Abschnitt 3.1). Es ist in Abbildung 22 zusammengefasst (siehe Abschnitt 6.4.1 und Abb. 15). Die „vollständige Handlung" stellt das zentrale Moment der Handlungsregulationstheorie dar. Gemeint ist eine Handlung, die von der Planung über die Ausführung bis zur Kontrolle alle notwendigen Teilschritte einer Tätigkeit beinhaltet.

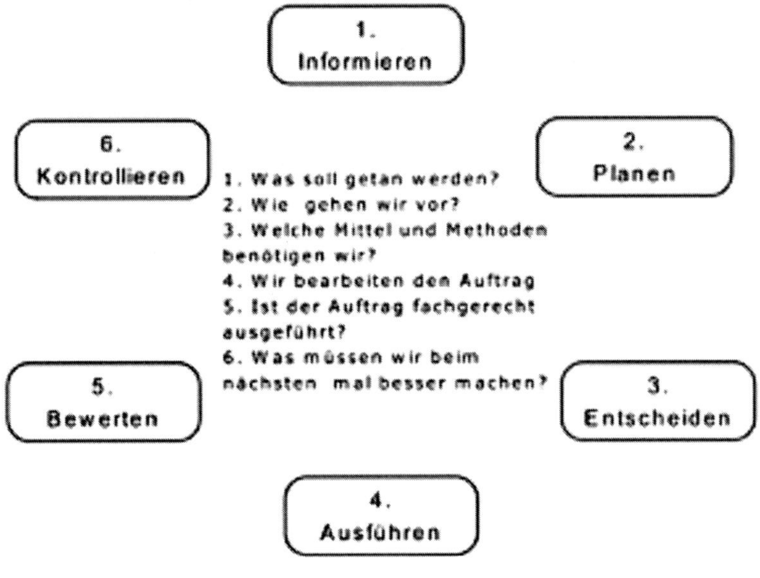

Abb. 22: Die vollständige Handlung: Elemente des handlungsorientierten Unterrichts (s. Abb. 15)

Was die Themen anbelangt, bestehen für die Lernenden weitgehende Freiheitsgrade. Es werden lediglich Anregungen vorgelegt, zum Beispiel „Ein Experiment durchführen“; „Erfolgreich präsentieren“; „Kommunikation in Gruppen fördern" oder „Aktives Lernen unterstützen".

Für Erwachsene lautet die Anleitung:

> *Entwickeln Sie eine Lerneinheit für eine selbst gewählte Zielgruppe zu einem selbst gewählten Thema (z. B. „erfolgreich präsentieren; Schüler/innen aktivieren“).*

Die Arbeitsmaterialien

Die Erstellung der Arbeitsmaterialien zählt zu den wesentlichen Aufgaben der Projektmitglieder.

Wie Organisationsblätter, Leittexte und Arbeitsblätter beschaffen sein können, soll nun beschrieben werden.

1. Organisationsblätter

Der Ablauf einer Lerneinheit kann in Form von Organisationsblättern erläutert werden: Der Aufbau eines solchen Papieres folgt einer klaren Logik. Nach der Mitteilung der Lernziele wird der Ablauf der Lernsequenz im Überblick dargestellt. Danach folgen im Detail die jeweiligen Arbeitsphasen, Zeiten, Inhalte, Lernziele und Materialien. Auf der zweiten Seite des Blattes werden mögliche Stolpersteine skizziert, die in der jeweiligen Einheit das Lernen erschweren könnten, und entsprechende Lösungsvorschläge entwickelt.

Ein Beispiel für ein Organisationspapier findet sich in der Tabelle 14. Thema ist das „Erfolgreiche Präsentieren". Die Ziele dieser Lerneinheit gehen in zwei Richtungen:

1. Die Teilnehmer/innen sollen sich Informationen aus der Lern- und Gedächtnispsychologie aneignen;.
2. sie sollen verständliche Texte oder Hörstücke gestalten

Tab. 14: Organisationsblatt 1a zum Thema „Erfolgreich präsentieren“ (Zielgruppe: Sekundarstufe I sowie Studierende.

Einführende Hinweise für die Zielgruppe (hier Sekundarstufe I): Sie werden Maßnahmen zur Vertiefung des Verständnisses von Texten und auditiven Materialien kennen lernen. Ein Leittext über Verständlichmacher wird Sie in das Thema einführen. Gemeinsam werden Sie dann Texte bezüglich ihrer Verständlichkeit einschätzen.				
Ablauf	**Zeit (min.)**	**Inhalt**	**Ziel**	**Material**
Orientieren/ planen	20	Jeder liest für sich einen Leittext zur Verständlichkeit, danach klärt die Gruppe offene Fragen	Methoden für verständliche Texte kennenlernen	Leittext zur Verständlichkeit Arbeitsblatt: Faktoren, die die Verständlichkeit eines Textes bestimmen
Erleben/ Handlung durchführen	60	Zwei Gruppen erarbeiten einen verständlichen Vortrag, indem sie einen besonders schwer durchschaubaren Schulbuchtext umarbeiten	Die Verständlichmacher praktisch anwenden Erkennen, dass es unterschiedliche Wege zur Lösung gibt	Arbeitsblatt: Vortrag zur Verständlichkeit
Austauschen/ Reflektieren	50	Jede Gruppe hält der anderen Gruppe den Vortrag. Nach jedem Referat beurteilen alle Teilnehmer die Verständlichkeit und tauschen sich aus	Sich das Gelernte noch einmal vor Augen führen und dafür sorgen, dass die nächste Einheit alle zufriedenstellt	Beurteilungsbogen: Die Verständlichkeit eines Referates bewerten

Wie angedeutet, soll ein Organisationspapier auch mögliche Barrieren ansprechen. Tabelle 15 informiert über die Rückseite des bislang besprochenen Textes. Aufgeführt sind Stolpersteine und mögliche Lösungen.

Tab. 15: Organisationsblatt 1b zum Thema „Erfolgreich präsentieren“ (Zielgruppe: Schüler der Sek. I sowie Studierende)

Stolpersteine: Was kann verhindern, dass der Vortrag gut wird?	
1	Der Redner ist schlecht vorbereitet
2	Er kennt die Zielgruppe nicht
3	Die Medien werden suboptimal genutzt
4	
5	
Meine Vorschläge zur Lösung oder Beseitigung der Hindernisse:	
1	
2	

2. Leittexte

Die Leittextmethode lässt sich durch kognitionspsychologische Ansätze theoretisch begründen: Grundlegend sind etwa die Perspektive des reflexiven Subjekts sowie das Modell der vollständigen Handlung (siehe Abbildung 22). Nach diesen Ansätzen lernen Menschen, indem sie sich aktiv reflektierend ein Bild von der auszuführenden Handlung machen. Dabei wird das eigene Handeln beobachtet und mit dem inneren Abbild (z. B. eigene Absichten oder Standards) verglichen.

Das Modell der vollständigen Handlung will Lernende zum selbstständigen Informieren, Planen, Entscheiden, Ausführen, Kontrollieren und Bewerten hinführen. Die Teilnehmenden erhalten dadurch eine umfassende Idee vom ins Auge gefassten Ziel und den dort hin führenden Schritten. Zudem bekommen sie die Möglichkeit, ihre Vorstellungen von der Tätigkeit umfassend zu überprüfen. In dieser Logik weisen Leittexte einige typische Merkmale auf. Sie

- geben eine schriftliche Anleitung zum selbstständigen Bewältigen einer Arbeitsaufgabe;
- sind meist mit Leitfragen strukturiert;
- umfassen Ziele, Aufgaben und Hintergrundinformationen (etwa Vertiefungsmöglichkeiten oder mögliche Probleme bei der Lösung einer Aufgabe);
- sind wie „Verhaltensrezepte“ organisiert;
- sind kurz gefasst (auf 2 - 3 Seiten geschrieben);
- sind oftmals zweispaltig aufgebaut, um Überblickslesen (linke Spalte) und vertiefendes Lesen (rechte Spalte) zu unterstützen.

Wie ein Leittext gestaltet werden kann, zeigt die folgende Anleitung (Tabelle 16).

Tab. 16: Anwendung eines Leittextes

Wie soll ein Leittext gestaltet werden?	
1	Möglichst nicht länger als vier Seiten (etwa 10 bis 15 Minuten Lesezeit)
2	Bildhafte Darstellungen (Abbildungen, verständliche Zeichnungen)
3	Eine nachvollziehbare Gliederung umfasst die folgenden Punkte:
	• Einleitung (kurz: allgemeine Ziele, Problemstellung), • Kurzbeschreibung (wichtige Grundbegriffe, Abläufe, Erläuterungen), • Ergebnisse (das sollen die Leser erkennen oder beherrschen), • Probleme und Schwierigkeiten (kritische Punkte, Fehlermöglichkeiten, was zu vermeiden ist), • Weiterführende Informationen (Literatur, Namen von ansprechbaren Fachexperten), • Diskussionsfragen (zur intensiveren Auseinandersetzung)

In Einklang mit solchen Vorgaben wird ein Leittext zum Wechselseitiges Lehren und Lernen (WELL: s. Abschnitt 8.2.3) die folgenden Fragen aufgreifen:

- Was ist die WELL – Methode überhaupt?
- Wie sieht ihr Ablauf aus?
- Was sind ihre Formen oder Varianten?
- Welche Rollen übernimmt die Lehrkraft während des Lernprozesses?
- Zu welchen Ergebnissen führt die Anwendung dieser Methode?
- Mit welchen Schwierigkeiten kann man rechnen?

Ziel des Leittextes ist es dann, diese Fragen in anschaulicher und zugleich kompakter Weise zu beantworten.

3. Arbeitsblätter

Arbeitsblätter beschreiben Informationen und Übungsaufgaben, die die Lernenden alleine oder in einer Kleingruppe in einem Zeitrahmen von 20 bis 60 Minuten bearbeiten sollen. Ein Arbeitsblatt umfasst drei lernrelevante Dimensionen:

1. Die Aufgabenstellung beschreibt den inhaltlichen und zeitlichen Ablauf der Übung.
2. Der Anweisungsteil beinhaltet Informationen, die für die Durchführung der Arbeitssequenz notwendig sind. Das kann die Zusammenfassung eines

Leittextes sein, damit die Lernenden nicht während der Übung im Leittext nachschlagen müssen. Alternativ dazu kann es sich um direkte Anweisungen - ohne vorherigen Leittext - handeln, die leicht nachvollziehbar sein sollen.
3. Im Bearbeitungsteil stehen Informationen, auf die sich die Lernenden während des Lernens konzentrieren, zum Beispiel Themen für Vorträge oder Übungen zur Aktivierung einer Lerngruppe.

Was die Aktivierungsziele der Arbeitsblätter anbelangt, lassen sich Aufgaben zur Wisseneinübung und Wissenserschließung sowie Aufgaben mit dem Ziel der Wissenstransformation und Wissensschaffung unterscheiden (vgl. Reinmann, 2013, S. 67). Lernpsychologisch betrachtet haben Lernaufgaben mindestens drei Funktionen: Sie können

1. kognitiv aktivieren, indem sie Lernende anregen, sich Fakten einzuprägen, neue zu suchen und zu verarbeiten, verschiedene Informationen zu verknüpfen, Probleme zu erkennen, Annahmen zu deren Lösung zu formulieren etc.
2. emotional-motivational aktivieren, indem sie nicht nur den Verstand des Lernenden ansprechen, sondern auch Interessen und Gefühle wecken sowie den Willen anstoßen.
3. sozial aktivieren, indem sie Lernende dazu bringen, mit anderen zusammenzuarbeiten, sich auszutauschen, arbeitsteilig tätig zu sein oder gemeinsam Wissen zu konstruieren (vgl. Reinmann, 2013, S. 68).

4. Rückmeldebogen

Rückmeldebögen können in verschiedener Weise zur Anwendung kommen. Beispielsweise erleichtern sie ein gezieltes und intensives Feedback der Gruppenmitglieder an den/die Referenten oder Gesprächsleiter. Die Gruppe beobachtet beispielsweise einen Mitschüler oder Kollegen – während dieser seine Ergebnisse präsentiert - und füllt dabei den Rückmeldebogen aus. In der anschließenden Feedbackrunde teilen sie ihm ihre Beobachtungen noch einmal mündlich mit. Tabelle 17 illustriert mögliche Schwerpunkte einer Rückmeldung.

Tab. 17: *Rückmeldebogen zum Thema „Erfolgreich präsentieren" (Zielgruppe: Sekundarstufe I sowie Studierende)*

Hinweise an die Zielgruppe: *Mit diesem Bogen können Sie in strukturierter Form Vorträge bezüglich ihrer Verständlichkeit beurteilen.*			
Rückmeldung von:		**An:**	
Inhalt - Was ist Ihrer Meinung nach die Hauptaussage des Vortags?			
Einfachheit	einfach	-2 -1 0 +1 +2	kompliziert
Gliederung / Ordnung	klar geordnet	-2 -1 0 +1 +2	unübersichtlich
Kürze / Prägnanz	kurz, prägnant	-2 -1 0 +1 +2	weitschweifig
Anregende Sätze	anregend	-2 -1 0 +1 +2	monoton
Anmerkungen:			
Zur Verständlichkeit hat beigetragen			
Ich würde verändern ..			

Der dargestellte Feedbackbogen bezieht sich direkt auf die in einem Leittext aufgeführten Tipps (siehe Abschnitt 3.3.3). Wie zu sehen ist, werden geschlossene und offene Antwortmöglichkeiten angeboten. Um möglichst umfassend zu informieren beinhaltet der Feedbackbogen eine Zusammenfassung, mehrere bipolar formulierte Skalen und frei zu beantwortende Fragen.

7. Unterrichtsmethoden selbstgesteuerten Lernens für die Schule

Der Erziehungs- und Bildungsauftrag bestimmt den Unterricht an unseren Schulen. Oberstes Ziel ist dabei, die Lernenden zu mündigen und demokratiefähigen Bürgern zu bilden und zu erziehen. Zur Erreichung dieser Ziele sind dem Unterricht bestimmte didaktische Prinzipien zugrunde gelegt, z.B. Selbsttätigkeit, Offenheit, Individualisierung. Diese didaktischen Prinzipien können durch angeleitete oder selbstgesteuerte Lernprozesse verwirklicht werden. In den angeleiteten Lernformen ist die Lehrperson aktiv; sie setzt die Lernprozesse in Gang, indem sie die Lernenden zum Lernen anleitet und für die Einlösung der Lernziele sorgt. Verwirklichungsformen angeleiteten Lernens finden sich in darbietend-entwickelnden Unterrichtsverfahren, wie. z.B. im Lehrervortrag oder im Rollenspiel.

Bei eher selbstgesteuerten Lernprozessen liegt die Organisation des Lernens weitgehend im Verantwortungsbereich der Lernenden. Sie führen die Lernprozesse eigenverantwortlich durch. Die Lehrenden übernehmen die Position des Helfers oder Beraters. Freiarbeit oder Projektunterricht können als Unterrichtsmethoden angeführt werden, durch die selbstgesteuertes Lernen in der Schule möglich werden kann. Selbstgesteuertes und angeleitetes Lernen müssen als sich gegenseitig bedingende und ergänzende Pole verstanden werden, nur wenn beide Formen realisiert werden, wird Lernen sinnvoll. Die Ausführungen zu den integrierten Ansätzen unterstreichen diese These (s. Abschnitt 6.5).

Zwischen diesen beiden Polen gibt es Übergänge, also Unterrichtsmethoden, die sowohl angeleitete als auch selbstgesteuerte Lernformen beinhalten. Hierzu gehört z. B. die Wochenplanarbeit oder der wahldifferenzierte Unterricht. Anleitung und Selbststeuerung halten sich in etwa die Waage. Natürlich beinhalten auch Freiarbeit und Projektunterricht angeleitete Momente, es überwiegt aber deutlich die Selbststeuerung.

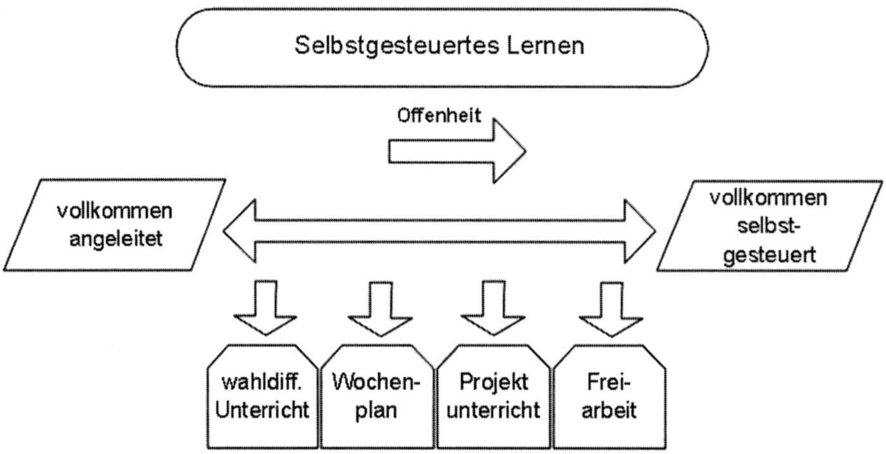

Abb. 23: Verwirklichungsformen selbstgesteuerten Lernens

Darbietend-entwickelnde Unterrichtsverfahren weisen punktuell ebenfalls selbstgesteuerte Phasen auf, die Anleitung der Lernprozesse steht aber im Vordergrund. All diese Formen und Methoden können fließend ineinander übergehen. Beispielsweise kann es bei der Wochenplanarbeit sehr selbstgesteuert zugehen und in der Freiarbeit kann (phasenweise) die Anleitung dominieren.

Die hier aufgezählten Unterrichtsmethoden selbstgesteuerten Lernens bzw. die Mischformen lassen sich allgemein unter dem Begriff des Offenen Unterrichts subsumieren. In der Literatur wird häufig zwischen den Begrifflichkeiten offener und geschlossener Unterricht unterschieden, wobei der geschlossene, geplante Unterricht häufig eine negative Bewertung erfährt. Beide Begriffe werden in der Literatur nicht genau definiert, es handelt sich eher um Merkmalszuordnungen und um vage Beschreibungen. Wie bereits in Abschnitt 2.2.4 angedeutet, verwenden wir deshalb die Unterscheidung angeleitetes und selbstorganisiertes oder selbstgesteuertes Lernen. Offener Unterricht gilt zurzeit als eines der meistbesprochenen Themen in der Pädagogik (vgl. Traub, 1997, 2000; Peschel 2010; Traub 2016). Hier werden nun beispielhaft Unterrichtsmethoden vorgestellt, die als Verwirklichungsformen selbstgesteuerter Lernprozesse gelten können. Wir haben uns für die Methoden Wochenplanarbeit, Freiarbeit, wahldifferenzierter Unterricht und Projektunterricht entschieden. Dabei liegt der Schwerpunkt eindeutig auf der Freiarbeit und dem Projektunterricht, weil es sich hier um die klassischen Verwirklichungsformen selbstgesteuerter Lernprozesse handelt (s. Abbildung 23).

Freiarbeit orientiert sich in hohem Maße am Prinzip der Selbsttätigkeit und Selbstorganisation. Im Projektunterricht finden sich diese Ziele ebenfalls. Darüber hinaus spielt das Prinzip der Handlungsorientierung eine wichtige Rolle. In allen anderen Formen kommt selbstgesteuertes Lernen nur sehr eingeschränkt vor, deshalb werden hier nur noch zwei weitere solcher Formen beschrieben: Wochenplanarbeit und wahldifferenzierter Unterricht. Die Wochenplanarbeit stellt eine Vorstufe der Freiarbeit dar, wahldifferenzierter Unterricht kann als Vorform oder einfachere Form des Projektunterrichts aufgefasst werden. Bei beiden Varianten handelt es sich um die oben als Mischformen bezeichnete Unterrichtsmethoden. Als weitere Verwirklichungsformen selbstgesteuerter Lernprozesse können die Stationenarbeit, der Lernzirkel, die Lernstraße sowie Epochenunterricht und Formen entdeckenden Lernens genannt werden. Es würde aber den Rahmen dieses Buches sprengen, wenn auf alle Formen näher eingegangen würde (bei Interesse verweisen wir auf das Buch von Traub: Lehren und Lernen mit Methode, 2016).

7.1 Wochenplanarbeit

7.1.1 Beschreibung der Wochenplanarbeit

Die Wochenplanarbeit (vgl. Vaupel, 1996) ist historisch in der Reformpädagogik verankert. Unterschiedliche reformpädagogische Überlegungen finden im Konzept des Wochenplans ihren Niederschlag. Das „Selbsttätig-Sein" Hugo Gaudigs oder Georg Kerschensteiners ist in Ansätzen im Wochenplan ebenso enthalten wie der individualistische Ansatz Montessoris oder die Pädagogik Freinets. Der Wochenplan soll die Lernenden zur Selbstständigkeit hinführen. Sie erlernen im Wochenplan Fähigkeiten, Probleme und Aufgaben selbstständig, zielorientiert und sachgerecht zu bearbeiten. Dabei können und müssen sie soziale Beziehungen aufbauen und lernen, ihre Arbeitsaufgabe eigenständig zu organisieren und durchzuführen. Genauigkeit, Zielstrebigkeit und systematisches Vorgehen werden ebenfalls geübt. Diese Fähigkeiten sind allesamt Bestandteile des didaktischen Prinzips Selbstständigkeit. Die Fähigkeiten werden im Wochenplan immer weiter ausdifferenziert und verbessert, so dass sich im Laufe dieses Prozesses die Wochenpläne in ihrem Anspruchsniveau verändern müssen.

Die Wochenplanarbeit impliziert vor allem die Möglichkeit der Binnendifferenzierung. Ihr liegt die Erkenntnis zugrunde, dass nicht alle Kinder zur gleichen Zeit die gleichen Aufgaben bewältigen, also gleiche Lernschritte durchführen können. Die innere Differenzierung ermöglicht es, eine individuelle Anpassung an jeden Lernenden zu vollziehen. Dies kann bezogen auf Inhaltsfragen, Schwierigkeitsstufen und Umfang der Aufgaben geschehen. In der Wochenplanarbeit bearbeiten die Lernenden innerhalb eines bestimmten Zeitraums (meist eine Woche) bestimmte Arbeitsaufträge, die in einem individuellen Plan von der Lehrperson zusammengestellt wurden. Dieser Plan kann sich auf ein Fach beziehen oder aber mehrere Fächer betreffen. Im Wochenplan lassen sich drei Aufgabentypen unterscheiden:

1. **Pflichtaufgaben**: Es handelt sich hier um Aufgaben, die von allen Lernenden innerhalb einer bestimmten Zeit bearbeitet werden müssen. Die Inhalte dieser Aufgaben stellen in Anlehnung an den Stoffverteilungsplan dieser Woche den Grundstock an Kenntnissen und Fertigkeiten dar. Sie genügen in der Regel den Ansprüchen der Lehrpläne und der allgemeinverbindlichen Richtlinien.
2. **Wahlaufgaben**: Hier haben die Lernenden die Möglichkeit, aus verschiedenen Aufgaben auszuwählen. Es gibt immer mehrere Alternativen, wobei eine bestimmte Anzahl an Alternativen bearbeitet werden muss. Die Wahl besteht nur zwischen einzelnen Aufgabentypen, nicht darin, ob überhaupt eine Aufgabe dieser Art gelöst werden soll. Durch diesen Bereich sollen die Lernenden zusätzliche Qualifikationen erwerben und ihren Neigungen nachgehen können. Hier kann auch die Binnendifferenzierung ansetzen. Schnellere und schwächere Lerner können hier bereits nach Schwierigkeit und Umfang differenzierende Aufgaben erhalten.
3. **Zusatzaufgaben**: Diese Aufgaben sind freiwillig. Sie werden meist eigenständig, in Absprache mit der Lehrperson, festgelegt. Es werden vor allem zusätzliche Interessen berücksichtigt. Hier greift auch die innere Differenzierung, da schnellere Schüler/innen in diesem Bereich weiter gefördert werden können. Aber auch schwächere Lerner können hier individuell gefördert werden, da ihnen - ihrem Lernvermögen entsprechend – Zusatzaufgaben angeboten werden können.

In der Regel sollten die Lernenden ihre Ergebnisse mit Hilfe von Lösungsblättern selbst überprüfen. Im Anfangsstadium kann die Lehrperson die Resultate nachkontrollieren. Wenn in einer Klasse fächerübergreifend unterrichtet wird, kann der Wochenplan auch fächerübergreifende Aufgaben als vierten Schwerpunkt enthalten.

Selbstgesteuertes Lernen kommt im Wochenplan immer dann zum Tragen, wenn die Lernenden aus einem Übungsangebot Themen auswählen können, die Reihenfolge der zu bearbeitenden Aufgaben selbst bestimmen, sich ihre Zeit selbst einteilen, sich selbst einen Arbeitsplatz und einen Partner suchen können und selbst entscheiden, ob und wann sie die Hilfe der Lehrperson oder anderer Lernender in Anspruch nehmen möchten. Dadurch ist die frontale Lernsituation teilweise aufgehoben. Die Aufgaben der Lehrpersonen im Wochenplan lassen sich drei Phasen zuordnen:

1. Im Vorfeld müssen sie sich Themen überlegen und Aufgaben formulieren, d.h. die Wochenpläne erstellen, die Zeiten dafür festlegen und die Organisation der Wochenplanarbeit durchführen. Dazu gehört auch eine Integration der Wochenplanarbeit in den normalen Unterricht.
2. Zu Beginn der Wochenplanarbeit führt die Lehrkraft in den Wochenplan ein (Morgenkreis), während der Arbeit mit den Wochenplänen beobachtet und berät sie die Lernenden, gibt Hilfestellung und kontrolliert die Wochenpläne.
3. In der Nachbereitung reflektiert die Lehrperson über den Ablauf der Wochenplanarbeit und darüber, was für einzelne Lernende in der nächsten Woche wichtig ist. Die Nachbereitung fließt also bereits wieder in die Vorbereitung des nächsten Wochenplans ein.

Wesentlich ist, dass die Lehrer/innen die Durchführung der Wochenplanarbeit gut vorbereiten. Dazu gehört einmal das Besorgen und Herstellen bestimmter Materialien für die Aufgaben, so dass diese abwechslungsreich und motivierend sind. Außerdem muss im Klassenzimmer eine Lernumgebung geschaffen werden, in der den Lernenden das Material frei zugänglich ist, in der sich die Lernenden in entsprechende Ecken zurückziehen können (Lese-, Spielecke usw.). Gemeint ist eine Lernumgebung, in der sich die Kinder wohlfühlen können. Lern- und Arbeitstechniken müssen mit den Kindern eingeübt werden. Dies reicht von Organisations- und Kommunikationsregeln bis zum Erlernen bestimmter Techniken, die die Kinder zur Bewältigung der Aufgaben benötigen.

Neben dem relativ großen Aufwand, der mit der Wochenplanarbeit verbunden ist, gibt es weitere Probleme. Der Wochenplanarbeit wird häufig eine Pseudo-Freiheit unterstellt, da die Pflichtprogramme meist überwiegen. Diese können einzelne Kinder stark unter Druck und Zeitnot setzen. Ferner ist daran zu denken, dass Konkurrenzdenken entstehen kann, wenn einzelne Kinder schneller fertig sind als andere. Diese Schwierigkeiten können aber meist durch Reflexions- und Metagespräche mit den Lernenden gelöst werden. Das Problem des großen Arbeitsaufwandes relativiert sich, wenn man bedenkt, dass die Lehrenden während der Wochenplanarbeit wesentlich mehr Freiräume und Handlungsspielräume zur Verfügung haben und sich auch über gewisse Zeit aus dem Unterrichtsgeschehen zurücknehmen können.

Festzuhalten bleibt, dass durch die Wochenplanarbeit nur bedingt selbstgesteuert gelernt wird. Zwar beteiligen sich die Lernenden initiativ oder gestaltend an ihrem Lernprozess, doch führen sie das aus, was die Lehrpersonen vorgeben. Entscheidungsfreiräume haben sie nur hinsichtlich der Reihenfolge der Bearbeitung, der Zeiteinteilung, des Ortes und der Wahl von Sozialformen. Trotzdem kann der Wochenplan als Weg in Richtung der Selbstständigkeit bewertet werden. Dies gilt um so mehr, als aus dem Unterricht kein Geheimnis gemacht wird, sondern die Lernenden genau wissen, was von ihnen erwartet wird. Sie erhalten einen Überblick über die Inhalte und die Arbeitsmittel, die in einer Woche für sie wichtig werden.

Von einer weiterführenden Variation kann die Rede sein, wenn Wahlaufgaben und Zusatzaufgaben zunehmend im Wochenplan auftauchen und das Pflichtprogramm zurückgenommen wird.

Wochenpläne werden häufig mit sogenannten Lernjobs verbunden. Diese werden zum Beispiel in einigen Gemeinschaftsschulen in Baden-Württemberg eingeführt. Lernjobs sind Aufgaben, die eine Lehrperson einem Lernenden überträgt und dieser muss die Aufgabe dann in einem bestimmten Zeitfenster erledigen oder aber der Lernende sucht sich selbst eine ihn interessierende Aufgabe und bearbeitet diese: er stellt sich also selbst eine Lernaufgabe und übernimmt den Job, diese Aufgabe zu erfüllen. Ähnlich wie beim Wochenplan gibt es auch bei den Lernjobs eine zeitliche Vorgabe und die Aufteilung in Pflicht- und Wahlaufgaben. Lernjobs sind aber meist mit komplexeren Aufgabenstellungen verbunden.

Sowohl mit der Wochenplanarbeit als auch mit den Lernjobs untrennbar verbunden sind Veränderungsprozesse seitens der Lehrenden, die sich immer mehr auf diese neue Unterrichtsform einlassen und mit ihr wachsen können. So kann Schritt für Schritt eine Überleitung zur Freiarbeit durchgeführt werden. Die Wochenplanarbeit kann sowohl als eigenständige Unterrichtsmethode als auch als Vorform für Freiarbeit betrachtet werden. Wie Wochenplanarbeit langsam in Freiarbeit übergehen kann, soll im nächsten Abschnitt beschrieben werden (vgl. Traub, 2016).

7.1.2 Beispiel für einen Wochenplan

In einer dritten Grundschulklasse erhielten die Schüler/innen am Montag im Anschluss an den Morgenkreis einen Wochenplan.

Tab. 18: Beispiel für einen Wochenplan

Wochenplan für die Woche vom			bis	Name:
	Pflicht	Wahl	fertig am...	Kontrolle
Mathe	Buch S. 20, Aufg. 3 und 4	Lük-Kasten oder Arbeitsblatt oder Partnerarbeit: Einmaleins		
Deutsch	Sprachbuch S. 17 Nr. 4 Lesestück lesen	Übungssätze Nr. 4 oder beliebiges Lesestück oder Lük-Kasten		

Fortsetzung Tab. 18

Heimat- und Sach- unterricht	Arbeitsblatt Nr. 3	Partnerübung aus Freiarbeitskartei Nr. 7 oder Buch: Was ist was? Nr. 3 oder Gruppe: Lernspiel HUS Nr. 1		

Bei dem hier ausgeführten Beispiel, handelte es sich um eine Klasse, die noch wenig Erfahrung mit Wochenplänen hatte. Deshalb gab es auch noch keine Zusatzaufgaben, sondern nur Wahl- und Pflichtaufgaben.

Diese wurden mit der Klasse gemeinsam besprochen, um sicherzustellen, dass alle Kinder wussten, welche Aufgaben sie machen mussten und zwischen welchen sie wählen konnten.

Diese Erklärungsrunde wurde mit zunehmender Erfahrung und Kompetenz der Schüler/innen immer mehr zurückgenommen. Neben den Schulbüchern befanden sich im Klassenzimmer eine Leseecke mit Kinder- und Sachbüchern und eine Spieleecke, in der neben Gesellschaftsspielen auch die Lernspiele aufbewahrt wurden. An der rechten Seite des Klassenzimmers befanden sich Regale, auf denen zusätzliche Materialien standen, z.B. die Lük-Kästen (Arbeitsmaterial für verschiedene Fächer, die jeweils eine Selbstkontrolle beinhalten), Ordner mit Arbeitsblättern, Partner- und Gruppenübungen. Diese waren nach Fächern sortiert. Die Kinder wussten, wo sich die Materialien befanden.

In unserem Beispiel hatten alle Kinder den gleichen Wochenplan. Differenzierungsmaßnahmen konnten noch zusätzlich erfolgen; diese wurden mit den Kindern einzeln abgesprochen. Im Kreis besprach die Lehrerin mit ihren Schüler/innen den Plan. Zunächst ging sie kurz auf das Fach Mathematik ein. Alle schlugen die Pflichtaufgabe auf und die Lehrerin erklärte kurz, wie an diese Aufgabe herangegangen werden kann. Die Wahlaufgaben stellte sie nochmals kurz vor, um sicher zu sein, dass alle Kinder wussten, zwischen welchen Materialien gewählt werden durfte.

Danach wurde die Anzahl der Stunden für den neuen Wochenplan festgelegt. In der Regel handelte es sich um vier Unterrichtsstunden, die relativ regelmäßig für Wochenplanarbeit verwendet wurden. Die Zeitpunkte blieben ebenfalls stabil, kleine Änderungen ergaben sich durch schul- oder klassenorganisatorische Maßnahmen. Die Wochenplanzeiten wurden sichtbar im Klassenzimmer auf ein Plakat geschrieben. In dieser Zeit arbeiteten die Kinder frei an ihren Wochenplänen. Hatten sie eine Aufgabe bearbeitet und eigenständig kontrolliert, wurde sie von der Lehrerin nachgeprüft und abgezeichnet. Hier fanden dann auch individuelle Absprachen statt, was die Kinder noch tun könnten. Vor allem wurde auch Wert auf den Aufbau eines Helfersystems gelegt. Am Freitag in der letzten Stunde fand schließlich ein Reflexionsgespräch statt, in dem die Kinder über ihre Arbeiten berichteten, ihre Probleme beschrieben und bestimmte Ergebnisse vorstellten. So erhielt die Lehrerin Einblick in die Arbeit der Kinder und konnte den neuen Wochenplan danach ausrichten. Ziel sollte es sein, die

Pflichtaufgaben mehr und mehr zurückzunehmen und durch Wahl- bzw. Zusatzaufgaben zu ersetzen.

7.2 Freiarbeit

7.2.1 Definitionen in der Literatur

Freiarbeit ist eine Unterrichtsmethode, die neben Merkmalen selbstgesteuerten Lernens (z.B. Wahlfreiheit) auch Merkmale sozialen und kooperativen Lernens aufweist. Obwohl der Terminus Freiarbeit in aller Munde ist, ist eine einheitliche Definition nicht in Sicht. Viel zu vielschichtig ist die gängige Praxis, viel zu komplex sind aber auch die historischen Ansätze, an der sich heutige Freiarbeit oder Freiarbeitsformen orientieren. Mit diesen historischen Ansätzen ist vor allem die Zuordnung des Freiarbeitsverständnisses zur reformpädagogischen Bewegung gemeint. Je nachdem, ob man sich mehr der Montessori-, der Petersen- oder auch der Arbeitsschulbewegung anschließt, wird Freiarbeit anders verstanden und deshalb auch unterschiedlich definiert.

Vertreter der Montessori-Pädagogik verstehen die Freie Arbeit als Unterrichtsprinzip, das den Bedürfnissen nach selbstständigem Erwerb von Fähigkeiten am meisten gerecht wird. Dieser aktive Erwerb ist ein zentrales Moment in der Montessori-Pädagogik, weil hier von einem von Gott gegebenen inneren Bauplan ausgegangen wird, durch den dieser Erwerb gelenkt wird. Eine vorbereitete Lernumgebung und didaktisch aufbereitete Materialien sollen den selbstständigen Erwerb von Fähigkeiten möglich machen. Gestaltungsspielräume liegen dabei hinsichtlich der Materialien und der Wahl der Sozialform vor. Der methodische Weg ist allerdings vorgegeben.

Auch die Freinet-Pädagogik begreift Freie Arbeit als Unterrichtsprinzip Sie vollzieht sich meist im Rahmen eines Wochenplans. Wahlfreiheit wird in diesem reformpädagogischen Konzept vorzugsweise bezüglich der Sozialform realisiert. Vertreter des Jena-Plans weisen der Freien Arbeit vor allem eine wichtige Funktion innerhalb der Gruppenarbeit zu. Themen können in freier Kooperation eigenständig bearbeitet werden. Freie Arbeit findet darüber hinaus am Ende der Woche als individuelle Arbeitsphasen statt. Im in Deutschland weniger bekannten Dalton-Plan werden freie Arbeitsphasen zum individualisierten Wissenserwerb genutzt, der in Monatspensen festgelegt und beschrieben ist.

Gemeinsam ist allen Konzepten die Bedeutung von Lern- und Arbeitstechniken, die bereits im Vorfeld der Freiarbeit eingeübt und ständig erweitert werden müssen.

Die skizzierten, sich zum Teil überschneidenden, zum Teil sich widersprechenden Auffassungen in den reformpädagogischen Konzepten sollen nun zu einem einheitlichen Freiarbeitsverständnis zusammengeführt werden. Da die begrifflichen Auffassungen weit auseinandergehen, ist dies allerdings kein leichtes Unterfangen. So besteht nicht einmal Einigkeit darüber, ob die Ideen der reformpädagogischen Richtungen in Reinform übernommen und dargestellt werden müssen oder ob einzelne Ideen herausgegriffen und zu einem neuen Verständnis von Freiarbeit zusammengebracht werden dürfen. Je nachdem, welche Meinung hier vertreten wird, kommt ein unterschiedliches Verständnis von Freiarbeit zustande.

Ulrich Hecker (vgl. Hecker, o.J.) sieht in allen Freiarbeitskonzeptionen einen Freiraum darin, den Lernenden Gelegenheit zu selbstständiger Arbeit nach eigener Wahl und eigenem Rhythmus in selbstgewählten Sozialformen zu geben. Hecker unterscheidet

- zwischen Formen der Freiarbeit innerhalb des Fachunterrichts mit fachbezogenen Inhalten,
- Freiarbeit mit Wochenplänen und
- Freiarbeit als Zeitraum, den die Lernenden in eigener Regie gestalten können.

Hecker zeigt hier einen komplexen Freiarbeitsbegriff auf, fast alle freieren Arbeitsformen werden unter diesem Begriff subsumiert.

Ingrid Ahlring (1995) nähert sich dem Begriff Freiarbeit kritischer an. Sie unterscheidet zwischen verordneter und selbstgewählter Arbeit. Freiarbeit bezeichnet den Teil selbstgewählter Arbeit. Durch einen Prozess des Lernens kann Selbstständigkeit erreicht werden. Durch Freiarbeit können Lernende schrittweise zu selbstständigem Arbeiten gebracht werden. Außerdem leistet Freiarbeit einen wichtigen Beitrag zum sozialen Lernen.

Auch Bönsch (1995) unterteilt Freiarbeit in die zwei Bereiche Freiheit und Arbeit. Unter Arbeit wird meist aufgegebene, zur Pflicht gemachte Arbeit verstanden, die in einem bestimmten Rahmen erledigt werden muss. Freiheit ist eher mit Interesse, Hobby und Freizeit verbunden. Unter Freiarbeit versteht Bönsch selbstverantwortetes, selbstbestimmtes Lernen, das neben dem verordneten Lernen einen größeren Stellenwert bekommen soll. Dabei können Lerninhalt und Methode selbst festgelegt werden, nur der Zeitrahmen bleibt vorgegeben. Bönsch rechnet zur Freiarbeit die vier Teilkonzepte

1. wahldifferenzierter Unterricht,
2. Wochenplanarbeit,
3. Freies Arbeiten und
4. Projektarbeit.

Bei allen Definitionen wird besonderen Wert auf die Arbeit im Sinne einer selbstbestimmten Arbeit gelegt. Freiheit wird hier als Selbstbestimmung aufgefasst.

Sehrbrock (1993) weist dem Bereich der Arbeit im Zusammenhang mit einer Produktorientierung große Bedeutung zu. Er bezieht sich dabei vor allem auf die Werkvollendung nach Freinet. Dazu gehören auch die Fertigstellung einer Arbeit und die Vorstellung vor der Gruppe. Freiarbeits- und Projektbegriff gehen bei Sehrbrock stark ineinander über. Er sieht Freiarbeit im Vergleich zur gebundenen Arbeit. Durch die

Zunahme an Freiarbeit im Unterricht nimmt die gebundene Arbeit ab. Sehrbrock unterscheidet zwischen verschiedenen Organisationstypen von Freiarbeit.

- Organisationstyp: Freiarbeit als klassisches Unterrichtsfach, das vom Klassenlehrer/von der -lehrerin unterrichtet wird und in dem die Lernenden die Inhalte selbst bestimmen können.
- Organisationstyp: Freiarbeit als didaktisches Prinzip innerhalb bestimmter Unterrichtsfächer. Innerhalb eines Unterrichtsfaches werden Phasen freier Arbeit integriert.
- Organisationstyp: Freiarbeit als didaktisches Prinzip, das den gesamten Unterricht einer Schule durchzieht und hier im Zentrum steht.

Ähnlich wie Sehrbrock unterscheidet auch Jürgens (1995) zwischen verschiedenen Einsatzmöglichkeiten von Freiarbeit. Freiarbeit wird als eine Möglichkeit aufgefasst, in festgelegten Stunden Dinge tun zu können, die im gemeinsamen Unterricht nicht vorkommen. Hier geht es vor allem um das Aufgreifen von Inhalten, die sonst nicht behandelt werden und einen hohen Aufforderungscharakter besitzen. Als zweite Möglichkeit sieht Jürgens Freiarbeit als integrierter Bestandteil des gesamten Unterrichts, der nicht beschränkt ist auf zeitliche Dauer oder gesondert ausgewiesene Stunden. Freiarbeit wird damit zum Unterrichtsprinzip.

Hermann Schulze (1993) erkennt die Freiarbeit als Baustein des offenen Unterrichts. In dieser Sicht von Freiarbeit bestimmen die Lernenden die Ziele und Gegenstände ihres Lernens selbst. Außerdem entscheiden sie selbst über ihre Arbeitspartner, die Sozialform und über ihren eigenen Lernrhythmus. Freies Arbeiten kann dabei individuell oder kooperativ durchgeführt werden. Die Lehrkraft nutzt die verfügbare Zeit, indem sie beobachtet, hilft und Freiarbeitsordner korrigiert. Eigene Entscheidungen aufgrund des Interesses können getroffen werden und werden auch selbst verantwortet. Da Freiarbeit als Prozess angesehen wird, müssen sich Lehrende und Lernende langsam darauf einlassen. Lern- und Arbeitstechniken müssen eingeübt, Verantwortung zunehmend übernommen werden, Freiräume sinnvoll ausgenutzt werden. Das Lernangebot innerhalb der Freiarbeit sollte Bezüge zu anderen Unterrichtsinhalten haben, es sollten aber auch Angebote bestehen, die unabhängig vom Unterrichtsthema bearbeitet werden können. So lassen sich verschiedene Inhalte von Freiarbeit unterscheiden, die von fachbezogenen Angeboten über Projekte, Schließen von Lernlücken, eigene Themenentwicklungen bis hin zu Lernspielen reichen können. Krieger (1994) beschreibt einen ähnlichen Freiarbeitsbegriff:

Die Freiarbeit ist eine Organisationsform von Unterricht, in der die Schüler/innen frei arbeiten können. Sie gewährt größtmögliche Freiheit zu spontaner, selbstbestimmter schulischer Arbeit in einer pädagogisch gestalteten Umgebung und innerhalb klar definierter, akzeptierter Rahmenbedingungen (Gemeinschaftsregeln, Zielsetzungen, Zeit, Raum, Arbeitsmaterialien, Methoden, Techniken u.a.). Bewegungsfreiheit, Wahlfreiheit in Bezug auf Arbeitsthema und Arbeitsmaterial und Entscheidungsfreiheit über Reihenfolge, Zeit und Sozialform sind ihre charakteristischen Merkmale. Die Freiarbeit ergänzt den 'gebundenen' Unterricht. Sie ist ein integriert reformpädagogisches Konzept einer schülerorientierten, binnendifferenzierenden Gestaltung von Unterricht und das Ergebnis einer (methodisch-didaktisch) stufenweisen Heranführung an die selbstständige, schulische Arbeit (vgl. Krieger, 1994, S. 201).

Damit in der Freiarbeit nicht jeder tun und lassen kann, was er will, gibt es eine vorbereitete Lernumgebung, in der bestimmte Rahmenbedingungen dominieren. Dazu gehört didaktisch aufbereitetes Material, das den einzelnen Schüler/innen gerecht wird sowie Freiarbeitsschränke, Arbeitsecken und gemeinsam erarbeitete Regeln, an die sich die Schüler/innen zu halten haben.

Freiarbeit kennzeichnet die Unterrichtsstunden, für die freies Arbeiten vorgesehen ist; sie kann gesondert ausgewiesen werden neben dem gebundenen Unterricht oder nach pädagogischer Notwendigkeit durchgeführt werden. Sie soll unterrichtsbegleitend sein, wobei ihre erzieherische Funktion vor allem in der Selbsterfahrung im sozialen, pragmatischen und emotionalen Bereich besteht. Damit begreift Krieger Freiarbeit als ein ganzheitliches Konzept einer Erziehung zur Selbstständigkeit.

Zimmermann (1994) betont im Begriff Freiarbeit ebenfalls die „Freiheit zu etwas". Die Lernenden bestimmen ihre Lernumgebung selbst, ebenso wie den Lerninhalt, das Lerntempo, die Arbeitsmittel, die Sozialform und den Arbeitsplatz. Zimmermann unterscheidet auch zwischen fachgebundener und fächerübergreifender, zwischen „Stiller und Kommunikativer Freiarbeit". Fachgebunden bedeutet, dass sich die Wahlfreiheit nur auf ein Fach, fächerübergreifend heißt, dass sich die Wahlfreiheit auf alle oder mehrere Fächer bezieht. Bei der „Stillen Freiarbeit" ist nur Einzelarbeit, bei der „Kommunikativen Freiarbeit" sind auch andere Sozialformen zugelassen.

Abgesehen von den gerade genannten Sonderformen der Freiarbeit stimmen die Autoren in wesentlichen Punkten überein. Freiarbeit stellt in allen Fällen einen Freiraum dar, in dem die Lernenden in mehr oder weniger Freiheit Komponenten bzw. Phasen des Unterrichts selbst bestimmen können. Dies stellt den Rahmen für die Unterrichtsmethode Freiarbeit dar. Wie dieser Rahmen im Einzelnen gefüllt wird, bleibt dem Lehrenden überlassen. Einzelentscheidungen müssen in Bezug zur eigenen Klasse, zur persönlichen Einstellung gegenüber Freiarbeit und auch zur allgemeinen Schulsituation getroffen werden.

7.2.2. Eigene Definition

Wie aus den vorstehenden Ausführungen hervorgeht, kann es das Verständnis von Freiarbeit nicht geben. Es existiert allenfalls ein allgemeingültiges Fundament, auf das dann verschiedene Variationen von Definitionen aufgebaut werden können. Es bleibt den Praktikern überlassen, sich aus der Fülle der Beispiele und Beschreibungen ihr eigenes Konzept von Freiarbeit zusammenzustellen und dieses in der Praxis zu erproben.

Freiarbeit kennzeichnet eine bestimmte Unterrichtszeit, in der die Schüler/innen ihre Arbeit selbst planen, einteilen und eigenverantwortlich durchführen (vgl. Traub

2000, S. 108). Im gegebenen Zeitrahmen stehen ihnen verschiedene Materialien zur Verfügung, die der Lehrer/die Lehrerin didaktisch aufbereitet hat oder die gemeinsam mit den Schüler/innen hergestellt wurden. Diese betreffen bestimmte Inhalte, die in einem Bezug zum Unterricht stehen, aber auch auf zusätzliche Interessengebiete abzielen können. Jeder wählt nun „sein" Material aus, bearbeitet es und kontrolliert seine Ergebnisse. Dann stellt er sein Material zurück und wendet sich einem neuen zu. In dieser Zeit sind die Fachgrenzen in der Regel aufgehoben, d. h. die Schüler/innen können Materialien aus verschiedenen Fächern bearbeiten und sind nicht an einzelne Fachinhalte gebunden. Die Materialien stellen verschiedene Angebote dar, aus denen die Schüler/innen auswählen können. Somit haben sie einen Freiraum, den sie durch selbstständiges Arbeiten nach eigener Wahl und eigenem Rhythmus ausnutzen können. Dabei sagt ihnen auch niemand, mit wem, wann, wie, welche Arbeit sie auszuführen haben (vgl. Traub 1997, 2000).

Formen des freien Arbeitens motivieren die Lernenden (s. die Kapitel 5 und 6) und lassen sie gemäß ihren Bedürfnissen und Interessen aktiv werden. Lernlücken können geschlossen, Unterrichtsstoffe wiederholt werden. Durch die Selbstbestimmung stellt die Freiarbeit eine stark differenzierende und individualisierende Lernform dar. Darin unterscheidet sich die Freiarbeit auch vom herkömmlichen Unterricht. Dort ist es kaum möglich zu differenzieren, sondern alle machen in der vorgegebenen Zeit das gleiche. Die damit verbundenen Probleme sind offenkundig, da eben nicht alle Kinder zur gleichen Zeit den gleichen Wissensstand erreichen.

Wie bereits angedeutet, dient Freiarbeit als Unterrichtsmethode sowohl dem Üben, Festigen und Wiederholen als auch dem selbstständigen Weiterführen von Inhalten. Beim Üben, Festigen und Wiederholen lernen die Schüler/innen anhand vorstrukturierter, methodisch-didaktisch aufbereiteter Materialien auf individuellem Wege. Sie können z.B. Themengebiete, die sie noch nicht ganz verstanden haben, wiederholen und üben, sie sich nochmals erklären lassen oder ergänzende Übungen dazu erledigen, wenn sie das Gefühl haben, noch nicht ganz sicher in diesem Bereich zu sein.

Beim selbstständigen Weiterführen von Inhalten können sie in Büchern nachschlagen, sich in besondere Themengebiete einarbeiten, diese aufarbeiten und sie anschließend ihren Mitschüler/innen präsentieren. Hier wird besonders auf das Interesse der einzelnen Lernenden eingegangen, was günstige Auswirkungen auf die Motivation der Lernenden haben kann.

Eine wichtige Bedingung für das Gelingen der Freiarbeit ist deren variable Anwendung. Jede Klasse braucht ein auf sie abgestimmtes Freiarbeitskonzept, das sich an den je individuellen Voraussetzungen der Klasse orientiert. Freiarbeit darf aber nicht zu einer Unterrichtsmethode verkommen, die zur Füllung überflüssiger Zeit verwendet wird. Ebenso wenig darf Freiarbeit als das Allheilmittel gegen Schulunlust, Frust oder Disziplinschwierigkeiten gesehen werden. Freiarbeit löst für sich genommen sicher keine Schulprobleme. Freiarbeit stellt eine Methode neben anderen dar, um selbstgesteuertes Lernen in der Schule zu ermöglichen (vgl. Traub, 1997, 2000, 2016).

In der Freiarbeit können grundsätzlich drei Prinzipien unterschieden werden:

1. Das Prinzip der Wahlfreiheit (bezüglich Inhalte, Sozialformen, Interessen, Fächer, Zeit, Methoden). Diesem Prinzip kann mehr oder weniger entsprochen werden, je nachdem über welche Kompetenzen und Strategien die Lernenden verfügen. So kann eine Entscheidung für eine bestimmte Methode nur dann getroffen werden, wenn die Lernenden über ein entsprechendes Methodenrepertoire verfügen und wissen, welche Strategien damit umgesetzt werden können. So verhält es sich auch mit den anderen Aspekten der Wahlfreiheit.
2. Das Prinzip der Selbsttätigkeit: Die Lernenden agieren eigenständig, organisieren ihre Lernzeit selbst und verantworten auch den eigenen Lernprozess. Auch diesem Prinzip kann mehr oder weniger entsprochen werden. Wenn Lernende bereits wissen wie man eigenständig lernen kann, dann kann diesem Prinzip eher entsprochen werden, als wenn die Lernenden noch wenig Erfahrung im Umgang mit selbsttätiger Arbeit haben. Dann benötigen sie die Unterstützung der Lehrperson durch eine vorbereitete Lernumgebung und durch Anweisungen, wie man sich in einer solchen effektiv bewegt.
3. Das Prinzip der Selbstkontrolle: die Materialien in der Freiarbeit sollten – wenn möglich – von den Lernenden selbst kontrolliert werden können, so dass sie den Lernerfolg selbst einschätzen und sich selbst Feedback über ihr Lernen geben können. Aber auch hierzu benötigen die Lernenden Kompetenzen, die sie sich erst erwerben müssen.

Insgesamt zeigen die drei Prinzipien auf, wie Freiarbeit funktionieren kann und bieten hierfür einen Rahmen, die Ausgestaltung der einzelnen Prinzipien hängt von mehreren Faktoren ab: von der Selbstständigkeit des Lernens bei den Schüler/innen, von der Organisationsfähigkeit der Lehrer/innen und von weiteren institutionellen Gegebenheiten (vgl. Traub 1999, S. 108ff.; Traub 2000).

7.2.3. Umsetzung von Freiarbeit in die Praxis

Freiarbeit darf nicht losgelöst vom herkömmlichen Unterricht eingesetzt werden, sondern muss mit diesem verknüpft werden. Ansonsten läuft sie Gefahr, in die Isolation abgedrängt zu werden und damit die mit ihr verbundenen Zielsetzungen nicht mehr zu erreichen. Nur in Verbindung mit anderen Unterrichtsmethoden, z.B. Projektunterricht oder Sozialformen wie Gruppenarbeit und Partnerarbeit sind die Zielsetzungen der Freiarbeit mit den allgemeinen Erziehungs- und Bildungszielen vereinbar. Nur so wird sie für die Lernenden zu einem integrierten Bestandteil von Unterricht und damit als sinnvolle und wichtige Methode wahrgenommen. Den Lernenden kann nicht zugemutet werden, sich während eines Vormittags auf vollständig unterschiedliche Konzepte und Lernweisen einzulassen, sie müssen ihren Weg des Lernens finden, was am besten durch die Verbindung verschiedener Unterrichtsformen geschehen kann. Ansonsten geht die Einheit des Unterrichts für die Lernenden verloren. Sie können dann Unterricht nicht mehr als konsistent erleben und Freiarbeit wird zu einem Risikofaktor.

Ganz wichtig bei der Umsetzung von Freiarbeit in die Praxis ist die Einsicht, dass sich Lehrende und Lernende auf einen Freiarbeitsweg machen und gemeinsam diesen Weg Schritt für Schritt bewältigen müssen. Für Freiarbeit spielen vor allem Kompetenzen im Methoden-, Sozial- und Gesprächsbereich eine Rolle. Diese werden durch Freiarbeit erweitert und verfeinert. Je nachdem, welche Voraussetzungen in einer Klasse gegeben sind, kann mit engeren oder weiteren Freiarbeitskonzepten begonnen werden. Zu diesem Entwicklungsprozess der Freiarbeit gehört auch, dass die Lernenden Schritt für Schritt von eher geschlossenen Unterrichtsformen zu eher offenen geführt werden müssen. Die Spannungspole der unterschiedlichen Konzepte müssen von den Lernenden langsam überwunden werden (vgl. Traub, 1997, 1999, 2000). Wir verweisen hier auf Abschnitt 6.5, der entsprechende psychologische Modelle behandelt.

In herkömmlichen Unterrichtsmethoden bestimmen meist Anleitung, Bindung und Kontrolle das Unterrichtsgeschehen. Die Lehrkraft übernimmt die Lenkung und Leitung der Lernenden. Diese Art der Bindung fängt mit Beginn der Schulzeit an und festigt sich mit zunehmender Schulerfahrung. Trotz der überwiegend kritischen Bewertung, spielen diese Komponenten im Unterricht eine wichtige Rolle. Allerdings bedürfen sie der Ergänzung durch selbstbestimmende Komponenten, um Lernende zu eigenständigem Lernen zu befähigen. Freiarbeit mit ihren Zielsetzungen der Selbstständigkeit und des eigenverantwortlichen Lernens und Handelns kann hierzu einen Beitrag leisten. Statt Bindung an Anweisungen sind jetzt die eigene Einschätzung und Freiheit gefordert, statt aufgezwungene Arbeit soll Arbeit selbst organisiert werden und statt ständiger Außenkontrolle ist Eigenkontrolle und Selbstreflexion gefordert. Da der Lernende dies nicht auf einmal leisten kann, wird mit Freiarbeit ein Prozess in Gang gesetzt, durch den langsam die eingeforderten Ziele erreicht werden. Die Lernenden müssen dabei im Mittelpunkt stehen. Dies macht ein Freiarbeitskonzept notwendig, bei dem die Lernenden weder unter- noch überfordert werden.

Die Einführung von Freiarbeit erfordert viel Geduld, alle müssen zu ständigen Veränderungen bereit sein, damit ein passendes Konzept entwickelt werden kann. Man muss auch die Mehrarbeit in Kauf nehmen, die die Einführung von Freiarbeit erfordert. Freiarbeit kann dann zu einer echten Bereicherung des Unterrichts werden. Will eine Lehrkraft mit einer Klasse Freiarbeit durchführen, dann muss zunächst einmal analysiert werden, über welche Voraussetzungen im Methoden-, Sozial- und Kommunikationsbereich die Lernenden verfügen. Welche Unterrichtsformen sind sie gewohnt, mit welchen Dingen können sie selbstverständlich umgehen, wo gibt es für sie Ungewohntes? Befinden sich die Lernenden hier ganz am Anfang, verfügen sie also noch über sehr wenige Lern- und Arbeitstechniken sowie über wenige Erfahrungen mit verschiedenen Sozialformen, dann bietet es sich an, zunächst einmal solche Lern- und Arbeitstechniken einzuüben und immer wieder verschiedene Sozialformen im Unterricht einzusetzen. Einleitende Schritte sind unbedingt notwendig, da sonst die Lernenden beim Treffen von Entscheidungen, wie sie in der Freiarbeit gefordert sind, überfordert werden. Man kann sich nur zwischen verschiedenen Lern- und Arbeitsformen entscheiden, wenn man über verschiedene solcher Techniken verfügt. Ist diese erste Stufe mit der Klasse erreicht, dann kann mit anderen freieren Arbeitsformen wie Lernzirkel, Stationenarbeit oder auch mit Hilfe des Wochenplans weiter auf Freiarbeit vorbereitet werden. Es ist auch möglich, mit einem Konzept von Freiarbeit einzusteigen, das eingegrenzte Freiräume vorsieht. Einige Entscheidungen sind durch die didaktische Aufbereitung des Materials vorgegeben.

Denkbar wäre auch, mit wenig Freiarbeit in der Woche zu beginnen und die Stundenzahl später langsam zu erhöhen. In anderen - eher direktiv gestalteten - Stunden kann dann das Methodenrepertoire der Lernenden erweitert werden. Viele Reflexionsgespräche über den Sinn von Freiarbeit und das langsame Gewöhnen an diese Methode erlaubt es, den Pflichtteil weiter zu reduzieren und den Wahlanteil zu vergrößern. Für die Herstellung der Materialien bedeutet dies, dass sie didaktisch weniger aufbereitet werden müssen und mehr Freiheiten offen lassen. Wie solche Materialien genau beschaffen sein können, wird im nächsten Teilkapitel beschrieben.

Klassen, die bereits über ausreichende Kompetenzen verfügen, können mit einem offeneren Freiarbeitskonzept beginnen. Es ist also nicht zwingend, alle Phasen zu durchlaufen; stattdessen ist darauf zu achten, dass das Konzept dem Lernstand der Schüler/innen entspricht. Gerade bei schwächeren Schüler/innen kann es durchaus notwendig sein, stärker unterstützend zu agieren und (ergänzend) andere Lehr-/Lernmethoden einzusetzen. Ergänzende Hinweise zur Freiarbeit finden sich in Traub (1997, „Freiarbeit in der Realschule“) und Traub (2000, „Schrittweise zur erfolgreichen Freiarbeit“) sowie in der Dissertation von Traub (1999, „Auf dem Weg zur Freiarbeit. Entwicklung und Analyse eines Lehrerfortbildungskonzepts für Freiarbeit in der Sekundarstufe“ oder auch im Buch „Lehren und Lernen mit Methode“, 2016).

7.2.4 Materialien in der Freiarbeit

Eine Besonderheit der Freiarbeit sind die dort verwendeten didaktisch aufbereiteten Materialien. Anregende Materialien sind für einen reibungslosen Ablauf von Freiarbeit unerlässlich, wobei sie auch nicht überbewertet werden dürfen. Damit es hier nicht zu Materialienschlachten oder zum „blinden“ Herstellen von Materialien kommt, müssen einige Dinge beachtet werden. Die Materialien müssen so aufbereitet sein, dass sie den Ansprüchen in der Freiarbeit genügen. Sie sollten

- sich an den jeweils eingesetzten Konzepten orientieren
- variabel einsetzbar sein, z.B. indem sie unterschiedliche Schwierigkeitsgrade aufweisen
- verschiedene Lerntypen ansprechen
- einen gewissen Anforderungscharakter besitzen und
- sowohl der Übung als auch der Vertiefung oder Ergänzung dienen.

Bei der Herstellung der Materialien sollte man sich über den Zweck des jeweiligen Materials klar sein und jedes Material bewusst herstellen. Materialien müssen sowohl den Eltern als auch den Lernenden vorgestellt werden. Gerade Eltern reagieren oft skeptisch gegenüber neuen Unterrichtsformen und -methoden. Indem sie mit den Materialien vertraut gemacht werden, können sie ihre Abwehrhaltung überdenken und leichter zustimmen, wenn ihre Kinder in der Freiarbeit mit solchen Materialien arbeiten.

Für die Lernenden ist die Materialienvorstellung wichtig, um einen Überblick über vorhandene Materialien zu gewinnen und eine Vorstellung davon zu bekommen, wie man mit den einzelnen Materialien arbeiten kann. Außerdem wissen die Lernenden dann auch gleich, welche Ziele mit welchen Materialien am sinnvollsten erreicht werden können. Dies erleichtert die Entscheidung für ein Material in der Freiarbeit. Praktische Erfahrungen haben gezeigt, dass es sinnvoll ist, eine übersichtliche Inventarliste anzufertigen, in der alle sich in der Freiarbeit befindlichen Materialien aufgeführt werden. Die Lernenden erhalten jeweils eine Inventarliste, die Raum für Ergänzungen lässt. Sie können nun zu Beginn einer Freiarbeitsstunde anhand der Inventarliste auswählen, welches Material sie heute bearbeiten wollen. In Metagesprächen sollte auch immer wieder über Materialien gesprochen werden. Lernende, die bereits mit bestimmten Materialien gearbeitet haben, können diese vorstellen, Positives und Negatives herausstellen. Diese Meinungen können dann von den Klassenkameraden bei ihrer Auswahl einbezogen werden. Gespräche über Materialien können auch dazu führen, dass bestimmte Materialien zurückgestellt werden, weil sie für die Lernenden aus verschiedenen Gründen nicht akzeptabel sind.

Die Materialien variieren hinsichtlich ihrer didaktischen Aufbereitung. Sie enthalten mehr oder weniger genaue Arbeitsanweisungen, die Aufgabentypen entsprechen eher offenen oder geschlossenen Formen. Dies richtet sich vor allem danach, welche Voraussetzungen die Schüler/innen in Bezug auf Methoden- und Sozialkompetenz mitbringen und wie gut sie Formen freien Arbeitens beherrschen. Je selbstständiger die Lernenden agieren können und je mehr Lern- und Arbeitstechniken ihnen zur Verfügung stehen, desto offener können die Materialien sein. Es werden nur noch Vorschläge unterbreitet, die Entscheidungen werden aber eigenständig von den Lernenden getroffen. Sie übernehmen dann selbst die Aufbereitung der Materialien in ihrem Sinne. Insgesamt lassen sich die folgenden Materialien unterscheiden:

- Steinbruchmaterialien: Diese sind überhaupt nicht didaktisch aufbereitet, sondern werden von den Lernenden nach ihren Vorstellungen benutzt. Dazu gehören alte Schulbücher, Zeitungen, Hefte usw. Man spricht hier auch von Rohmaterialien, die die Lernenden in verschiedenen Zusammenhängen verwenden können.
- Übungsmaterialien: Diese Materialien enthalten Aufgaben, die vor allem zum Üben gedacht sind. Hier wird nach Schwierigkeit variiert. Die Art der Bearbeitung der Materialien kann vom Lernenden oder von der Lehrperson her bestimmt sein.

- Lernmaterialien: Materialien mit Zusatzstoffen über den Unterrichtsstoff hinaus werden hier angeboten. Variationen in der didaktischen Aufbereitung sind ebenfalls gegeben.
- Erfahrungs- und Erlebnismaterialien: Materialien mit Handlungs- und Aktionsangeboten.
- Phantasie- und Kreativitätsmaterialien: Sie sollen die eigene Phantasie und Kreativität der Lernenden anregen.
- Ganzschriften, die von den Lernenden gelesen und über die abschließend reflektiert werden können (vgl. Krieger, 1994; Schulze , 1993).

Materialien der Freiarbeit weisen einen mehr oder weniger starken selbststeuernden Charakter auf. Sie sollen die Eigenaktivitäten der Lernenden fördern, individuell oder gruppenorientiert gestaltet sein und von ihnen selbstständig benutzt werden können.

Die Herstellung der Materialien orientiert sich neben dem Kriterium der Voraussetzungen der Klasse bezüglich der Lern- und Arbeitstechniken auch an anderen Kriterien. So muss der spezifische Wissensstand der Lernenden berücksichtigt werden, ebenso die mit dem Material beabsichtigte Zielsetzung. Wann immer dies möglich ist, muss das Material eine Selbstkontrollmöglichkeit beinhalten. Diese Selbstkontrolle ist nötig, um das eigene Denken zu strukturieren, da dabei die Lernenden ihre Handlungsschritte nochmals nachvollziehen können. Es folgt eine Bewusstmachung des eigenen Tuns und damit eine bessere Reaktion auf Fehler. Auf die essentielle Bedeutung solcher metakognitiven Vollzüge für die individuelle Selbstregulation wurde bereits in Abschnitt 4.1.3 verwiesen.

Zusätzlich zu den herkömmlichen Materialien können auch Klassenbüchereien oder Mediotheken eingerichtet werden, die vor allem bei älteren Schüler/innen sinnvoll sind, wenn diese ihre Arbeit strukturieren und sich dazu eigene Informationen beschaffen wollen. Je größer die Selbstständigkeit der Lernenden, desto wichtiger werden solche zusätzlichen Einrichtungen.

Um die Ergebnisse, die bei der Bearbeitung der Materialien entstanden sind, festzuhalten, bietet sich die Anschaffung von separaten Freiarbeitsordnern an. Diese haben ihren Platz bei den Freiarbeitsmaterialien und können so auch jederzeit von den Lehrenden eingesehen werden. Sie dienen den Lernenden gleichzeitig als Rückmeldung, weil die Lehrkraft Hinweise über das Arbeitsverhalten in diese Ordner hineinschreiben kann. Auf diese Weise wird die Selbstkontrolle der Lernenden unterstützt und sie können lernen, sich mit möglicherweise vorhandenen Schwierigkeiten auseinanderzusetzen (vgl. Traub, 2000).

Um die präsentierten allgemeinen Hinweise zur Umsetzung von Freiarbeit weiter zu präzisieren, folgen nun praktische Beispiele zur Anwendung dieser Unterrichtsform.

7.2.5 Beispiel: Freiarbeit in einer 9. Klasse der Realschule

Die Klasse umfasste sieben Jungen und neun Mädchen, es handelte sich also um eine sehr kleine Klasse. Sie war in dieser Konstellation schon seit Klasse 5 zusammen, die Schüler/innen kannten sich also sehr gut. Die Klasse galt allgemein als relativ leistungsstark und homogen. Die Beziehung zwischen Lehrerin und Klasse war äußerst freundschaftlich und respektvoll. Das gegenseitige Verstehen war sehr gut, die Lernenden waren gegenüber der Lehrerin sehr offen eingestellt. Die Lehrerin unterrichtete seit drei Schuljahren in dieser Klasse die Fächer Deutsch, Geschichte und Gemeinschaftskunde. Sie war also mit einer hohen Stundenzahl in der Klasse präsent.

Die Lernenden wussten, dass die Lehrerin für neue Unterrichtsformen aufgeschlossen war und sie wusste genau, über welche Kompetenzen die Klasse verfügte. So hatte sie im vergangenen Jahr eine Gesprächserziehung mit der Klasse durchgeführt und Regeln zum Gesprächsverhalten mit ihnen vereinbart und sichtbar im Klassenzimmer aufgehängt (vgl. Traub, 2006). Außerdem verfügte die Klasse über Erfahrungen mit verschiedenen Sozialformen. Die Schüler/innen konnten in Partner- und Gruppenarbeit gut und konzentriert arbeiten. Mit kleineren Projekten waren sie ebenfalls vertraut, so dass auch in dieser Richtung Erfahrungen vorhanden waren. Metakommunikation war für diese Klasse nichts Neues, da immer wieder über Unterricht diskutiert und Verbesserungsvorschläge aufgegriffen wurden.

Das ausgesprochen harmonische Klassenklima lässt sich auch an der Elternarbeit ablesen. Eine gemeinsame Weihnachtsfeier und ein Grillabend mit den Eltern waren feste Veranstaltungen im Schuljahr. Im vergangenen Schuljahr hatten Eltern, Lehrerin und Schüler/innen beschlossen, ihr Klassenzimmer zu renovieren, was unter vereinten Kräften zu einem vollen Erfolg wurde. Die Schüler/innen saßen bereits seit längerer Zeit an Gruppentischen, so dass diese Sozialform auch jederzeit einsetzbar war. Außerdem enthielt das Klassenzimmer einige Schränke, die für den Beginn der Freiarbeit hergerichtet wurden. Es herrschten damit ideale Voraussetzungen für die Umsetzung von Freiarbeit. Da die Klasse bereits über sehr viele Kompetenzen für Freiarbeit verfügte, konnte mit einem relativ offenen Konzept begonnen werden. Die Lehrerin fing zunächst einmal an, sich Materialien von Verlagen zu bestellen, diese didaktisch aufzubereiten und eigene Materialien herzustellen. Die Materialien beschränkten sich zunächst auf das Fach Deutsch, und es handelte sich vor allem um Materialien zum Üben und Wiederholen. Die Materialien stammten überwiegend aus den Bereichen Rechtschreibung, Zeichensetzung, Grammatik, Aufsatzlehre und Jugendbücher. Parallel hierzu wurde die Klasse über Freiarbeit informiert. Zweck, Zielsetzung und Begründungszusammenhänge wurden den Lernenden erklärt. Im Anschluss an dieses Gespräch einigten sich die Lehrerin und die Klasse zunächst auf folgende Vorgehensweise:

- Eine Deutschstunde in der Woche sollte in Zukunft als Freiarbeitsstunde genutzt werden.
- In dieser Stunde können sich alle frei aus den vorhandenen Materialien auswählen, was sie arbeiten wollen. Die Materialien liegen im Freiarbeitsschrank.

- Die Schüler/innen bestimmen selbst, ob sie alleine, in Partnerarbeit oder in Gruppenarbeit arbeiten wollen.
- Auch der Zeitrhythmus wird von den Schüler/innen selbst vorgegeben.
- Alle Materialien werden mit einem Stichwort gekennzeichnet.
- Die Schüler/innen benutzen einen Freiarbeitsordner, der mit einem Inhaltsverzeichnis versehen war. In dieses Verzeichnis tragen die Schüler/innen ein, welches Material sie an welchem Tag bearbeitet haben. Diese Liste verschafft den Lernenden einen Überblick in zweifacher Hinsicht: einmal als Auswahlhilfe, was sie an diesem Tag arbeiten möchten, zum zweiten Informationen darüber, welche Materialien sie bereits bearbeitet haben. Die Listen können durch die Schüler/innen immer wieder ergänzt werden, wenn neue Materialien hinzukommen.
- Der Freiarbeitsordner enthält alle schriftlich zu erledigenden Aufgaben aus der Freiarbeitszeit. Außerdem können die Schüler/innen ihren persönlichen Kommentar zur Freiarbeit und zur abgelaufenen Stunde aufschreiben.
- Es gibt ein gemeinsam erstelltes Regelplakat, an das sich alle halten sollten.
- Die Schüler/innen werden ausführlich mit den Materialien vertraut gemacht. Damit ist klar, welche Anforderungen mit den einzelnen Materialien verbunden sind.
- In regelmäßigen Abständen werden Reflexionsgespräche durchgeführt, in denen die verschiedenen Probleme besprochen und nach Lösungen gesucht werden kann.

Nach ungefähr vier Wochen kam es zu einer ersten Reflexionsphase, in der die Schüler/innen sich überwiegend positiv über die Freiarbeit äußerten. Auch die Lehrerin hatte den Eindruck, dass die freien Arbeitsformen wirklich ihren Zielsetzungen und Erwartungen entsprachen. In der ersten Reflexionsphase wurde von Schülerseite vor allem bemängelt, dass sich anfangs die ganze Klasse auf die Materialien im Schrank stürzen und es dabei sehr unruhig zugehen würde. Außerdem seien für die Schüler/innen, die sich langsamer Materialien aussuchen, keine guten mehr übrig. Aus diesem Grund einigte sich die Klasse auf ein Rotationsverfahren. Das bedeutete: In einer Woche fing der eine Tisch an, als erster an den Schrank zu gehen; in der nächsten Woche begann dann der zweite Tisch. So ging es immer reihum, so dass jeder Tisch irgendwann als erster am Materialienschrank sein konnte. Dieses Verfahren funktionierte sehr gut.

In der Zwischenzeit hatte die Lehrerin die Freiarbeit im Kollegium bekanntgemacht, und ein Kollege wollte in der Klasse mit Englisch einsteigen. So wurde die Freiarbeit auf eine Doppelstunde pro Woche ausgedehnt, also eine Stunde Deutsch und eine Stunde Englisch.

Im Laufe der Zeit haben sich weitere kleinere Veränderungen ergeben: Es gab auch Materialien aus Geschichte, Gemeinschaftskunde und einige aus dem Fach Mathematik. In Deutsch und Englisch hatten sich die Materialien weiter ausgedehnt, sie wurden nicht mehr auf die vorher beschriebenen Bereiche beschränkt, sondern umfassten das ganze Spektrum des Englisch- und Deutschunterrichts. Die Materialien differenzierten hinsichtlich des Arbeitsaufwands und Schwierigkeitsgrads. Um hier immer noch die Übersichtlichkeit der Inventarlisten zu gewährleisten, wurde von jedem Fachkollegen eine Liste mit Materialien des jeweiligen Faches erstellt.

In einem ersten Freiarbeitsblock kamen alle Materialien, die zum Üben und Wiederholen gedacht waren. In einem zweiten Bereich wurden aktuell den Unterricht begleitende Materialien genannt. Der dritte Block war den Lernspielen, Entspannungs- und Konzentrationsübungen oder auch fachunabhängigen und fächerverbindenden Materialien vorbehalten. Es stellte sich heraus, dass diese Einteilung die Auswahl und die Arbeit mit den Materialien sehr erleichterte. Viele Schüler/innen überlegten sich jetzt auch vor Beginn der Freiarbeit mit Hilfe der Liste (s. Tabelle 19), welches Material sie in der Freiarbeit bearbeiten wollten.

Tab. 19: Beispiel einer Inventarliste

Block 1: Übungs- und Wiederholungsmaterialien		
Fach	**Material**	**Bearbeitet am**
Deutsch	• Büroklammerübung • Übungsdiktat • Gruppenturnier zur Rechtschreibung	
Englisch	• Übungsdiktat • ETA Nr. 1 (erweiterte Textanalyse) • Arbeitsblatt	
Block 2: Lernspiele		
Fach	**Material**	**bearbeitet am**
Deutsch	• Kreativ schreiben • Kreuzworträtsel • Wörterdomino	
Englisch	• Hörspiel • Memory	
Geschichte	• Der große Preis • Sortieraufgabe	

Fortsetzung Tab. 19

Block 3: Aktuelle Materialien		
Fach	**Material**	**bearbeitet am**
Deutsch	• Literaturkartei • Lexikon	
Englisch	• ETA Nr. 3 • Hörbeispiel • Vokabelarbeit	

Diese Liste wird für die ganze Klasse kopiert. Sie verschafft den Lernenden einen Überblick in zweifacher Hinsicht: einmal als Auswahlhilfe, was sie an diesem Tag arbeiten möchten, zum zweiten, welche Materialien sie bereits bearbeitet haben. Die Liste kann immer wieder ergänzt werden. Zusätzlich könnten in der Liste auch noch die Sozialformen und die Schwierigkeitsgrade angegeben werden.

Die Schüler/innen hatten die Möglichkeit, neben der Arbeit im Klassenzimmer auch die Schülerbibliothek und die Schulküche als Arbeitsräume zu verwenden, um in Ruhe arbeiten zu können. Diese Ausdehnung auf verschiedene Klassenräume war notwendig, da die Materialien von der Lautstärke her sehr unterschiedlich sind. Es gibt Materialien, die vollständige Ruhe und Konzentration erfordern und Materialien, die mit Lautstärke verbunden sind (Spiele, Kassettenrekorder). Durch die Verteilung in verschiedene Räume versuchten die Lehrkräfte, diesem Problem entgegenzuwirken. Allerdings gab es hier ein weiteres Problem: Die Schüler/innen konnten nicht mehr so gut kontrolliert werden und manche drückten sich vor der Arbeit. Hier mussten Lehrkräfte und Lernende gemeinsam Lösungen entwickeln.

Insgesamt kam die Freiarbeit gut in der Klasse an. Die Lehrkräfte waren vor allem über das angestrengte und konzentrierte Arbeiten der Lernenden und von ihrem sozialen Verhalten in den Freiarbeitsphasen beeindruckt. Auch die Lernenden empfanden die Atmosphäre und die Arbeitshaltung als sehr angenehm. Die Chance, Lerninhalte zu wiederholen, um Lücken zu schließen wurde von den Klassen ebenfalls als sehr angenehm empfunden. Von Lehrkräften und Lernenden wurde die Lautstärke noch als Problem angesehen. Mehrmals durchgeführte Spiele, Gruppenarbeit und einzelne Störenfriede wurden hauptsächlich als Ursachen der zu hohen Lautstärke angegeben.

Alle Beteiligten bewerteten die Freiarbeit sehr positiv, wobei insbesondere auf das individualisierende, differenzierende Lernen und auf das gegenseitige Helfen abgehoben wurde. Als sehr wichtig wurde auch die selbstständige Gestaltung und Durchführung der Lernprozesse eingestuft. Die Lernenden wollten ihre Freiheit nutzen und sahen darin auch einen wichtigen Vorteil der Freiarbeit. Sie stuften die Möglichkeit der Selbstentscheidung als hoch ein, sahen sich damit aber manchmal auch überfordert. Im Folgenden werden nun noch einige Materialien vorgestellt, die in dieser Klasse eingesetzt wurden.

7.2.6 Beispiele für Materialien

Block 1: Übungs- und Wiederholungsmaterialien

Gruppenturnier Rechtschreibübung, Deutsch

Für diese Übung braucht man leere Karteikarten. Auf die Vorderseite dieser Karten wird ein Satz mit dem enthaltenen Rechtschreibproblem geschrieben, auf die Rückseite die Lösung dieses Rechtschreibproblems.

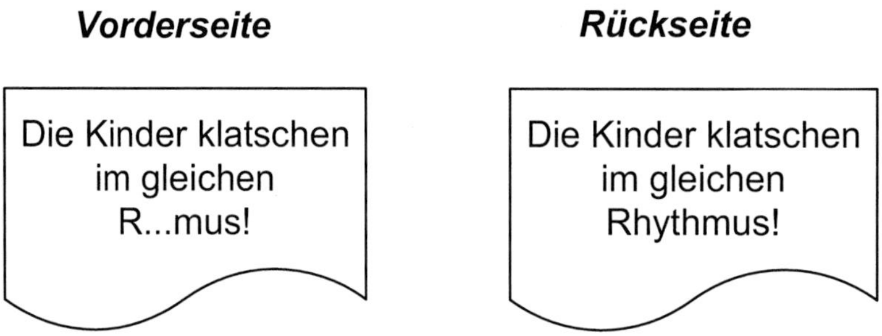

Abb. 24: Karteikarte für das Gruppenturnier Rechtschreibung

Diese Übung kann in Einzel-, Partner- oder Gruppenarbeit durchgeführt werden. In der Einzelarbeit legt der Lernende einen Stapel mit Kärtchen vor sich auf den Tisch. Er nimmt ein Kärtchen in die Hand, liest die Aufgabe und schreibt die Lösung auf. Anschließend dreht er die Karte um und vergleicht die Lösung. In der Partnerarbeit wird der Stapel in die Mitte der beiden Lernenden gelegt. Zunächst nimmt Partner A die erste Karte und liest die Aufgabe. Partner B beantwortet sie. Ist die Antwort richtig, darf er die Karte behalten. Danach liest B die Aufgabe A vor.

In der Gruppenarbeit wird folgendermaßen gespielt: Spieler A nimmt das erste Kärtchen vom Stapel und liest Spieler B die Frage vor. Dieser beantwortet sie. Spieler C bestätigt diese Antwort oder gibt eine alternative Antwort. Spieler A vergleicht die Antworten mit der Lösung auf der Rückseite des Kärtchens. Haben beide Spieler die richtige Antwort gegeben, erhält B das Kärtchen, bei richtiger Antwort von B und falscher von C erhält ebenfalls B das Kärtchen und bei falscher Antwort von B und richtiger von C erhält C das Kärtchen. Antworten beide falsch, so kommt das Kärtchen unter den Stapel. Danach nimmt B das nächste Kärtchen und stellt C die Frage. C gibt zunächst eine Antwort, dann A. Vorrecht auf das Kärtchen hat immer der, der zuerst die Antwort geben darf. In dieser Art rotieren die Spieler immer weiter, bis alle Kärtchen auf die Spieler verteilt sind.

Block 2: Lernspiele

Der große Preis

Dieses Spiel entspricht der Fernsehshow „Der große Preis“. Auf ein DIN A3 Blatt werden vier Spalten mit je sieben Kästchen als Spielplan gemalt. Die Kästchen werden mit 10, 20, 30 usw. nummeriert. In das erste Kästchen wird ein Oberbegriff geschrieben. Dann werden Karteikarten verwendet, die von der Größe her den Kästchen entsprechen. Auch diese werden nummeriert und mit dem Oberbegriff gekennzeichnet. Dann wird die Aufgabe zu diesem Oberbegriff aufs Kärtchen geschrieben, die Lösung kommt auf die Rückseite. Die Aufgaben differenzieren nach Schwierigkeit. Je höher die Punktzahl, desto schwieriger die Frage.

Spielverlauf: In der Mitte des Tisches befindet sich der Spielplan. Auf diesem liegen die einzelnen Kärtchen. Ein Spieler beginnt damit, den Oberbegriff und die gewünschte Nummer zu nennen. Spieler 2 nimmt das Kärtchen und kontrolliert die Antwort auf die Frage. Ist sie richtig, erhält Schüler 1 die entsprechend auf dem Kärtchen stehende Punktzahl. Er darf so lange fortfahren, bis er eine falsche Antwort gibt. Dann wird dieses Kärtchen zurückgelegt und Spieler 2 wünscht sich eine Nummer. Der Spieler, der die meisten Punkte erreicht hat, hat gewonnen. Natürlich sind auch eigene Regeln der Schüler/innen willkommen. Dieses Spiel kann auf alle Fächer übertragen werden.

Tab. 20: Der große Preis/Spielplan

1.Weltkrieg	Weimarer Republik	NS-Zeit	2. Weltkrieg
10	10	10	10
20	20	20	20
30	30	30	30
40	40	40	40
50	50	50	50
60	60	60	60

Vorderseite	*Rückseite*
NS-Zeit 10 Erkläre den Begriff Antisemetismus	Hierunter versteht man eine feindselige und oft hasserfüllte Einstellung und Haltung gegen Juden, die zur Bevölkerungsgruppe der Semiten gehören.
Weimarer Republik Erkläre die Dolchstoßlegende	Sie besagt, dass das Heer im 1. Weltkrieg eigentlich geblieben ist. Nur die Arbeiter und die Demokraten hätten die Niederlage zu verantworten. Für die Republik bedeutete die Dolchstoßlegende eine stark belastende Interpretation der Kriegs-

Abb. 25: Der Große Preis/Aufgabenkarten

Block 3: Aktuelle Materialien

Literaturkartei Deutsch:

- Der Schimmelreiter:
- In einem Ordner befinden sich verschiedene Arbeitsblätter, diese Blätter sind je nach Arbeitsaufgabe unterschiedlich gestaltet:

Arbeitsblatt 1:

Auf das Blatt wird ein großes Herz gemalt. Folgende Aufgabe steht in der Mitte des Herzens: Schreibe einen Liebesbrief zwischen Hauke Haien und Elke. Soll es der erste Brief sein oder sind die beiden schon länger zusammen?

Arbeitsblatt 2:

Das Blatt hat die Gestalt eines aufgeschlagenen Buches: Du bist Redaktionsmitglied unserer Schülerzeitung. Schreibe eine Buchkritik über die Novelle „Der Schimmelreiter“.

Es handelt sich bei den Beispielen um wahllos herausgegriffene Materialien; entscheidend für die Auswahl ist nur, dass sie aus den verschiedenen angegebenen Bereichen stammen. Durch sie soll ein Eindruck vermittelt werden, in welcher Weise

Materialien hergestellt und im Unterricht eingesetzt werden können. Es werden bewusst keine Materialien vorgestellt, die es in Verlagen zu kaufen gibt, sondern nur solche, die selbst hergestellt und erprobt wurden. Diese Materialien weisen in sich noch relativ wenig Selbststeuerung auf. Sie müssen durch Materialien ergänzt werden, bei denen die Lernenden zum Anfertigen von Mind Maps, Durchführung von Brainstormings, Sortieraufgaben und Struktur-Lege-Techniken ermutigt werden. Die selbststeuerungsfördernden Effekte dieser Aktivitäten wurden in den Abschnitten 6.3 und 6.4 beschrieben.

Beispiel: Für das Fach Geschichte, Unterrichtseinheit Nationalsozialismus, kann folgende Sortieraufgabe gegeben werden:

30. Januar	Ideologie Hitlers	Widerstands-gruppen
Hitler-jugend	Propaganda	Juden-verfolgung

Abb. 26: Karten für die Sortieraufgabe

Die Schüler/innen erhalten diese Kärtchen auf einem Stapel. Für jede Person muss ein Stapel vorhanden sein. Jede Person überlegt sich nun, was ihr zu den Begriffen einfällt. Weiß sie viel über einen solchen Begriff und kann sie sicher damit umgehen, kommt das Kärtchen mit diesem Begriff auf die linke Seite. Ist sich die Person unsicher, kommt das Kärtchen auf die rechte Seite. Am Ende der Sortierphase nimmt der Schüler /die Schülerin nun den rechten Stapel, vielleicht Kärtchen mit den Begriffen Ideologie Hitlers und Propaganda. Mit Hilfe des Schulbuches und des Schulheftes werden die Begriffe nun so geklärt, dass die Schülerin / der Schüler sich über diesen Begriff Klarheit verschafft hat. Die Kärtchen können von den Lernenden selbst beschriftet werden. Sie sollen sich dazu aus dem Schulbuch die Ankerbegriffe dieser Unterrichtseinheit notieren und diese auf die Kärtchen schreiben. Dann können sie nach der Sortieraufgabe vorgehen. In einer Struktur-Lege-Technik (s. auch Abschnitt 8.3.5) können sie anschließend versuchen, die Begriffe nach ihrer Bedeutung und nach ihrem Zusammenhang in eine Struktur zu legen (vgl. Traub, 1999, 2000).

7.3 Wahldifferenzierter Unterricht

7.3.1 Beschreibung des wahldifferenzierten Unterrichts

Im wahldifferenzierten Unterricht wird der Versuch unternommen, Unterricht freier und mit mehr Selbstbeteiligung durch die Lernenden zu gestalten. Sie sollen an verschiedenen Themenschwerpunkten selbstständig und kooperativ lernen können. Im Rahmen einer bestimmten Unterrichtseinheit erhalten die Schüler/innen Gelegenheit, zwischen unterschiedlichen Schwerpunktsetzungen und Arbeitsmöglichkeiten zu wählen und dann in Kleingruppen den gewählten Schwerpunkt zu bearbeiten. Die Wahl der Unterrichtseinheit richtet sich in der Regel nach den Vorgaben des Bildungsplans. Allerdings können die Lehrkräfte auch hier ihren pädagogischen Spielraum ausnutzen. Damit sich die Lernenden entscheiden können, werden in einer gemeinsamen Einstiegsphase im Kreis das Thema und die möglichen Schwerpunktsetzungen besprochen. Dazu bietet die Lehrperson den Lernenden unterschiedliche Zugangsmöglichkeiten zur Unterrichtseinheit an und stellt didaktisch aufbereitete Materialien zu dieser Einheit zur Verfügung. Im Rahmen dieser Lernangebote haben die Lernenden Möglichkeiten, eigene Entscheidungen bezüglich ihres individuellen Lerninhalts zu treffen. Dazu gibt es vorstrukturierte Lernangebote zu mehreren Themenbereichen, allerdings eben nur innerhalb der von der Lehrkraft bestimmten Unterrichtseinheit. Im Anschluss an den Sitzkreis können sich die Lernenden über die zur Wahl stehenden Alternativen informieren und sich über die Wahlmotive klar werden. Nach der Entscheidung für einen Schwerpunkt arbeiten die Schüler/innen relativ selbstständig in ihren Gruppen. Dabei legen sie den Arbeitsschwerpunkt dieser Gruppe selbst fest, planen ihr Vorgehen eigenständig, führen diesen Plan durch und bereiten eine Präsentation der Ergebnisse vor. Diese findet dann wiederum im Sitzkreis statt, wo die Ergebnisse aus allen Gruppen zusammengetragen werden können.

Der wahldifferenzierte Unterricht bietet einen relativ großen Spielraum für die Entwicklung selbstverantworteten Lernens. Es müssen aber auch Lern- und Arbeitstechniken vorhanden sein, die die Arbeit im wahldifferenzierten Unterricht möglich machen. Der wahldifferenzierte Unterricht ähnelt von seiner Struktur her der Themenplanarbeit. Es lassen sich vier Phasen im wahldifferenzierten Unterricht unterscheiden.

1. In der Strukturierungsphase erhalten die Lernenden einen Überblick über die anstehende Thematik. Sie dient als Einstiegsphase. Teilthemen und Arbeitsschwerpunkte lassen sich hier entfalten.
2. In der Wahlphase orientieren sich die Lernenden über die möglichen Teilthemen und verschaffen sich einen Überblick. Hier können sie auch Lernmaterialien durchsehen. In dieser Phase werden auch die Gruppen, die anschließend an einem Teilthema arbeiten sollen, gebildet.
3. In der nun folgenden Gruppenarbeitsphase wird das Thema in den Kleingruppen bearbeitet. Diese stellen dafür einen eigenen Arbeitsplan auf. Hier wird auch die Präsentationsphase vorbereitet.

4. In dieser Reflexionsphase werden die Teilthemen vorgestellt, über die Unterrichtseinheit und ihren Verlauf diskutiert und die Ergebnisse festgehalten. Bei dieser Art Unterricht handelt es sich schon sehr stark um ein projektorientiertes Vorgehen.

7.3.2 Beispiel für wahldifferenzierten Unterricht

Dieses Beispiel stammt aus einer 9. Realschulklasse. Sie bestand aus 20 Mädchen und 9 Jungen. Die Klasse verfügte über ein großes Klassenzimmer, so dass die Möglichkeit der Sitzordnung an Gruppentischen gegeben war. Diese Sitzordnung war deshalb gut geeignet, weil in der Klasse häufig die Gruppenarbeit als Sozialform bevorzugt wurde. Da die Klasse über eine hohe Methoden- und Sozialkompetenz verfügte, bot es sich hier geradezu an, Gruppenarbeit und eigenständiges Lernen einzuplanen. Die dabei erlernten Fähigkeiten der eigenständigen Planung und Ausführung von Unterrichtsinhalten sowie den selbstständigen Umgang mit Medien konnte fruchtbar für den Unterricht genutzt werden. Die Schüler/innen waren auch in Metakommunikation und in allgemeinen Gesprächsverhaltensweisen geübt. Die Lehrerin unterrichtete in dieser Klasse Deutsch, Geschichte und Gemeinschaftskunde und war mit acht Stunden in der Klasse vertreten. Es herrschte ein ausgesprochen gutes Verhältnis zwischen Klasse und Lehrerin. Nachfolgend wird näher auf die Unterrichtseinheit „Die Zeit des Nationalsozialismus“ eingegangen (s. Abbildung 27).

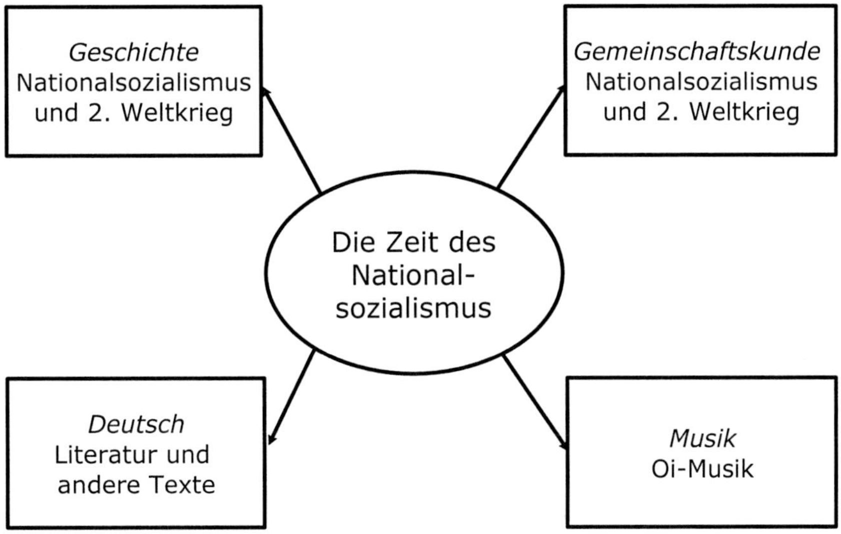

Abb. 27: Unterrichtseinheit: Die Zeit des Nationalsozialismus

Für diese Unterrichtseinheit zeigten die Lernenden großes Interesse. Viele historische Jugendbücher befassen sich mit dieser Zeit, so dass eine Verbindung zum Fach Deutsch gut herstellbar war. Außerdem kann die Menschenrechtsverletzung und die Bedeutung unserer heutigen Demokratie aus der Geschichte heraus gut nachvollzogen werden. In Musik spielte die sogenannte Oi-Musik eine große Rolle für die Jugendlichen.

Die Lehrerin stellte die Unterrichtseinheit in einem Sitzkreis den Lernenden vor. Zunächst formulierte sie nur das Thema. Die Schüler/innen äußerten sich in einer Brainstorming-Runde über ihre Fragen, ihr Wissen und ihre Erwartungen an diese Unterrichtseinheit. In einem Kurzvortrag gab die Lehrerin eine Einführung in die NS-Zeit. Dann stellte sie die verschiedenen Themen vor, die in Kleingruppen im Rahmen dieser Unterrichtseinheit erarbeitet werden könnten. Hier eine kleine Auswahl der Themen:

1. **Aufstieg Hitlers:** Als Materialien stehen für diesen Themenbereich Schulbücher verschiedener Verlage sowie Fach- und Sachbücher zur Verfügung. Es besteht auch die Möglichkeit, einen Videofilm anzuschauen, der sich mit dem Aufstieg Hitlers befasst.
2. **Widerstand im 3. Reich:** Es stehen Schulbücher und Filme bereit, die betrachtet und analysiert werden können.
3. **Hitlerjugend:** Die Gruppe erhält Schulbücher aus der NS-Zeit, die aufzeigen, wie die Hitlerjugend propagiert wurde. Filme und Dias ergänzen diese Materialien.
4. **Widerstand:** Hierzu liegen Materialien von verschiedenen Widerstandsgruppen vor.
5. **Analyse originaler Zeitungsartikel:** Zeitungsartikel der damaligen Zeit können analysiert und mit den Tatsachen verglichen werden.
6. **Jugendbüche**r: Verschiedene Bücher sollen gelesen und eines näher bearbeitet werden, z. B. „die Webers“, „Damals war es Friedrich“, „Schindlers Liste“ usw.
7. **Gefährdung der Demokratie**, Rechtsradikalismus: Zeitungsartikel der jüngsten Vorfällen, Polizeiberichte usw. sollen ausgewertet werden.

Die Lernenden entschieden sich für eines der Themen. Sie gingen in Gruppen zusammen an verschiedene Gruppentische und begannen das Thema zu erarbeiten. Bei manchen Themen waren offene Aufgabenstellungen vorhanden, bei anderen blieb die Erarbeitung ganz den Lernenden überlassen.

An diese Phase schloss sich eine Präsentation an, die wieder im Sitzkreis stattfand. Die Ergebnisse wurden auf Plakate geschrieben, die in Form einer Wandzeitung ausgestellt wurden.

7.4 Projektunterricht

7.4.1 Beschreibung des Projektunterrichts

Projektunterricht gehört neben der Freiarbeit zu den methodischen Konzepten, die zurzeit hoch im Kurs stehen. Projektunterricht soll wenigstens zeitweilig eine Zerstückelung des Unterrichts aufheben und ganzheitliches Lernen an einem Thema ermöglichen. In dieser Zeit sollen sich die Lernenden einer Sache selbsttätig annähern und diese eigenständig bearbeiten. Dabei spielt auch das kooperative Lernen eine wichtige Rolle. Ähnlich wie in der Freiarbeit werden auch im Projektunterricht Ansätze selbstgesteuerten Lernens verwirklicht, wobei der Schwerpunkt auf der Handlungsorientierung liegt. Die Lernenden sind im unterrichtlichen Handeln selbst tätig.

Die Projektbewegung kam in den 60-er Jahren im Zuge der Theorie-Praxis-Diskussion durch die Studentenbewegungen in den Vordergrund. Durch die Gesamtschuldiskussion wurde die Projektidee in den 70-er Jahren wieder aufgegriffen. Seit den 80-er Jahren ist das Projektlernen für alle Schularten und Schulstufen aktuell und sogar in den Bildungsplänen als fester Bestandteil verankert. William H. Kilpatrick (1871-1965; Frey, 2007) ist einer der ersten, der den Projektbegriff verwendet. Unter einem Projekt verstand er ein umfassendes Erziehungsprinzip, bei dem sich planvolles Handeln mit anderen zusammen mit viel Engagement abspielt. Bereits 1918 differenziert er den Begriff in einem weiten Verständnis in Form von vier Typen aus. Die vier Projekttypen nach Kilpatrick (vgl. Frey, 2007):

1. Ausführen eines Gedankens oder Plans in praktischer Tätigkeit
2. Das Genießen einer Erfahrung
3. Die Lösung eines Problems im intellektuellen Bereich
4. Das Erreichen einer Könnens - oder Wissensform.

Projektlernen beinhaltet jegliche Form von Aktivität, sofern sie selbstgewollt und planvoll auf Lebensbereiche abzielt. Kilpatricks Projektbegriff ist sehr weit gefasst. Dabei sollen die Bedürfnisse der Lernenden berücksichtigt und ihnen selbstständiges Lernen ermöglicht werden. Ein Projekt muss nach Kilpatrick planvolles Handeln, Zielgerichtetheit und Selbsttätigkeit aufweisen.

Nelson L. Bossing (1935; zit. nach Geißler, 1994, S. 119-143) kritisiert den weiten Projektbegriff Kilpatricks. Für ihn haben Projekte vor allem die Funktion, die Diskrepanz zwischen schulischen Aufgaben und den Anforderungen, die außerhalb der Schule gestellt werden, aufzuheben. Besonders bedeutsam ist das praktische Lernen innerhalb eines Projekts. Sie sollen das selbstständige Lösen von Aufgaben fördern, Arbeitstugenden entwickeln und der Verbindung von Theorie und Praxis dienen. Dabei steht die Produktorientierung im Mittelpunkt. Fünf Merkmale kennzeichnen nach Bossing die Projektmethode:

1. Eine für bedeutsam gehaltene Aufgabe aus der umgebenden Wirklichkeit
2. Die praktische Lösung dieser Aufgabe
3. Die Lernenden planen und führen diese Aufgabe selbsttätig aus
4. Dabei wird mit Kopf, Herz und Hand gelernt

5. Die Projektmethode führt zur Bereicherung der Erfahrung.

Bossings Projektbegriff ist erheblich enger gefasst als der Kilpatricks. Er versteht die Projektmethode als Unterrichtsmethode.

Karl Frey (2007) sieht die Projektmethode als Form einer lernenden Betätigung, die Bildungswirkung hat. Dabei kann die Projektgruppe aus einer Klasse, einem Kurs oder einer ganzen Schule bestehen. Am Anfang eines Projekts steht eine Projektinitiative. Diese Initiative kann aus der Lerngruppe, der Lehrkraft oder auch vom Bildungsplan vorgeschlagen werden. Zum Projekt selbst gehört die Auseinandersetzung mit der Projektidee, die Festlegung des endgültigen Themas und der einzelnen Betätigungsfelder. Sie machen die wesentlichen Lernprozesse aus und stellen gleichzeitig die bildenden Elemente dar. Die Lerngebiete im Projekt entstammen dem Erfahrungsbereich der Lernenden und können durchaus auch außerhalb der jeweiligen Bildungsinstitution liegen. Sie richten sich vor allem nach den Interessen der Lernenden. Aus der Projektarbeit entsteht häufig ein vorzeigbares Produkt.

Aus den skizzierten Definitionen lässt sich folgender Projektbegriff ableiten: Eine Lerngruppe wählt gemeinsam eine ihr wichtige und auf die Lebenswirklichkeit bezogene Aufgabe aus. Die Aufgabe wird von den Lernenden durch planvolles und kooperatives Lernen selbstständig zu lösen versucht. Dabei entsteht ein sichtbar vorweisbares Produkt, das für die Lerngruppe Bedeutung hat. Ein Projekt schließt immer eine Realisierung mit ein und unterscheidet sich dadurch vom Plan oder einer Idee. Analytisch gesehen, lässt sich ein Projekt in die Phasen der Planung, Durchführung, Realisierung und Fertigstellung untergliedern. Parallelen zu den in den Abschnitten 5.1 und 6.4.1 vorgestellten handlungspsychologischen Grundgedanken sind hier unverkennbar.

Die Projektarbeit stellt nach Traub (2012a) ein Unterrichtskonzept neben anderen dar, das in immer wiederkehrenden Abständen einen längeren Zeitraum des Lernens ausmacht. Die Fachgrenzen sind aufgehoben und es kann auch klassen- und jahrgangsübergreifend gearbeitet werden. Die Lernenden setzen sich aktiv mit einem sie interessierenden Thema auseinander, das situiertes und selbstgesteuertes Lernen ermöglicht. Vorkenntnisse werden aktiviert und geeignete Lernstrategien angewandt. Die Lernenden überwachen die Aktivitäten selbst und organisieren ihren Lernprozess eigenständig, sie legen Ziele fest und koordinieren Lösungswege (vgl. Traub 2012a, S.73) .

Im Rahmen einer größeren Forschungsarbeit wurde ein eigenes Projektmodell entwickelt, das hier kurz dargestellt wird (ausführliche Darstellung in Traub 2012a und b).

In Orientierung am Sandwich-Prinzip werden bei der Projektarbeit verschiedene Phasen unterschieden: eine Einstiegsphase, systematischer Wechsel von kollektiven und individuellen Phasen und eine Ausstiegsphase. Damit eine Überleitung stattfinden kann, werden zwischen diese Phasen Gelenkstellen eingebaut.

- „Einstieg in die Projektarbeit: Thematische Vernetzungen von bereichsspezifischem Vorwissen mit den zentralen Inhalten, das In-Gang-Bringen der Kommunikation sowie das Erfassen von Interessen sind hier sehr wichtig.
- Durchführung der Projektarbeit mit kollektiven und individuellen Phasen:Es kann hier zwischen dicken individuellen und dünnen kollektiven Lagen unterschieden werden. In den individuellen Phasen findet die selbstgesteuerte Planung und Durchführung des Projektes statt, bei den kollektiven Phasen handelt es sich um Austauschphasen und Orientierung bietende Phasen. Hier tauschen die Lernenden ihre Standpunkte aus und erläutern, wo sie im Projektprozess stehen und was sie bisher erreicht haben. Die kollektiven Phasen sind notwendig, um die einzelnen Teilgruppen in den individuellen Phasen am Laufen zu halten und mit neuen Informationen zu versehen. In kollektiven Phasen können auch für alle Gruppen wichtige Hinweise gegeben und allgemein notwendiges Wissen vermittelt werden.
- Abschluss: Hier muss das Ergebnis der Projektarbeit zusammengebracht und ausgetauscht werden. Es steht vor allem ein inhaltlicher Abschluss im Mittelpunkt, aber auch die Reflexion über die Zusammenarbeit.
- Berücksichtigung von Gelenkstellen: Diese werden eingesetzt vor dem Einstieg in die Projektarbeit, bei den Übergängen und vor dem Ausstieg. Der Lehrperson obliegt die Organisation der Gelenkstellen. Dadurch werden die Gruppenergebnisse zusammengeführt und Informationen können besser ausgetauscht werden.“ (Traub 2012a, S. 74)
-

Eine Projektarbeit muss sich an folgenden Richtlinien orientieren:
1. Schülerorientierung
2. Handlungsorientierung
3. Prozessorientierung
4. Inhaltsorientierung (Bildungswert; Traub 2012a, S. 75f.)

Folgende Vorzüge werden dem Projektunterricht zugeschrieben:
- Fördern der Gemeinschaft durch soziales Lernen
- Verbindung zwischen Schule und Umwelt
- Förderung des Selbstwertgefühls
- Fachunabhängigkeit
- Möglichkeit der eigenen Gestaltung
- Erhöhung der Selbstständigkeit
- Entwicklung von Problembewusstsein
- Unterricht wird abwechslungsreicher
- Lehrperson wird zum Mitarbeiter in einem Team
- Einarbeitung in Teamarbeit.

Bei der Durchführung eines Projektes in einer Klasse sind bestimmte Voraussetzungen zu beachten. Zunächst einmal müssen die Handlungsspielräume für die

Durchführung eines Projekts abgeklärt werden. Welche Möglichkeiten und Grenzen sind bei diesem Projekt gegeben? Ist das Projekt überhaupt unter den gegebenen Bedingungen realisierbar? Dann müssen die Voraussetzungen, die die Schüler/innen in das Projekt einbringen, überprüft werden. Über welche Kompetenzen und Möglichkeiten verfügen die Lernenden?

Hier liegt häufig ein Knackpunkt für das Gelingen einer Projektarbeit. Lernende werden oft alleine gelassen mit einem Projekt und fühlen sich dabei stark überfordert. Sie wissen oft nicht, was sie genau wie warum erarbeiten sollen und haben für die Arbeitsphase auch keine Lernstrategien (vgl. Traub 2012b). Deshalb müssen die Lernenden schrittweise auf Projektarbeit vorbereitet werden, in dem sie langsam mit Strategien vertraut gemacht werden. Wir schlagen hierfür die sogenannte PROGRESS-Methode mit ihren zwei Stufen und vier Wegen vor:

Stufe 1:

1. Weg: Zunächst müssen die Lernenden innerhalb des „herkömmlichen" Unterrichts mit Lernstrategien vertraut gemacht und diese mit ihnen gemeinsam angewandt werden. Danach können Phasen eingeführt werden, in denen die Lernenden immer häufiger auf solche Strategien zurückgreifen können. Für dieses Vorgehen bietet sich zunächst die Lernumgebung des Sandwich-Prinzips an.
2. Weg: Die Lernumgebung des Sandwich-Prinzips wird erweitert, in dem die Phasen des selbstgesteuerten Lernens ausgebaut und kleinere projektorientierte Einheiten etabliert werden.

Stufe 2:

3. Weg: Das Projektsandwich wird Schritt für Schritt unter Anleitung vollzogen, so dass diese Stufe Modellcharakter erhält und die Lernenden langsam in die eigentliche Projektarbeit eingeführt werden.
4. Weg: „Die Anleitung wird immer weiter zurückgenommen, bis nur noch die im Projektsandwich eingeplanten kollektiven Phasen übrig bleiben und die anderen Phasen im Rahmen des Selbststeuerungsprozesses von den Lernenden eigenständig übernommen und ausgeführt werden können." (Traub 2012a, S. 119)

Dabei müssen auch die sozialen Beziehungen innerhalb der Klasse geklärt werden, da diese einen großen Einfluss auf das Gelingen des Projekts haben können. Außerdem muss überlegt werden, welche Arbeitsbedingungen und Arbeitsmittel in der Klasse zur Verfügung stehen. Ein Projekt sollte auch für das weitere unterrichtliche Handeln Folgewirkung zeigen. Ideen können ins tägliche Unterrichten einfließen, ebenso können sich Folgeprojekte anschließen. Schließlich können die im Projekt erlernten Arbeitstechniken und Sozialformen für den herkömmlichen Unterricht nutzbar gemacht werden.

Bei der Durchführung eines Projekts lassen sich verschiedene Phasen unterscheiden (vgl. Frey, 2007; Gudjons 1994; Traub 2012a):

1. Die **Themenfindung**: Dabei kann eine enge Ausgangssituation vorliegen, wenn z.B. das Thema vom Lehrplan her bestimmt ist. Es kann aber auch eine halboffene Ausgangssituation entstehen, wenn zwar Rahmenthemen vorgegeben sind, innerhalb derer dann die Lerngruppe sich selbst auf ein Thema einigen kann. Von einer offenen Ausgangssituation spricht man dann, wenn das Thema noch nicht in Sicht ist, sondern erst gemeinsam von der Lerngruppe gefunden werden muss. Dabei ist wichtig, dass das Thema von allen akzeptiert werden kann. Trotz der offenen Ausgangssituationen ist es sinnvoll, wenn die Lehrenden Anregungen zu Projekten in die Klasse einbringen. Dort können sie dann diskutiert und eingegrenzt werden, bis eine Projektinitiative vorliegt.
2. **Informationsphase**: In dieser Phase sammelt die Lerngruppe möglichst umfassende Informationen zu ihrem Thema. Voraussetzung hierfür ist das Vorhandensein von Methodenkompetenz, da die Lernenden sich selbstständig auf eine gezielte Informationssuche machen. Dafür muss genau geklärt werden, worum es in diesem Projekt geht, was behandelt oder hergestellt werden soll. Das Thema wird also genauer eingegrenzt, so dass die Suche nach Informationen sinnvoll wird. Es können auch bereits vorhandene Informationen der Lerngruppe eingebracht werden. Dazu bietet sich ein Brainstorming oder eine Mind Map an, deren Ergebnisse im Klassenzimmer visualisiert werden.
3. **Planungsphase**: Gemeinsam wird nun ein Plan für den weiteren inhaltlichen und formalen Verlauf des Projekts erstellt. Um einen solchen Plan überhaupt erstellen zu können, bedarf es sowohl fachlicher und sachlicher Kenntnisse wie auch methodischer Fähigkeiten. Die Durchführung des Projekts wird in eine chronologische Reihenfolge gebracht. Handlungsziele werden festgelegt, die Rahmenbedingungen geprüft, Gruppen für die einzelnen Themenschwerpunkte gebildet. Die Lernenden können im Planungsprozess ihre Planungsfähigkeit verbessern und erweitern. Hilfestellung durch den Lehrenden ist aber unbedingt notwendig. Dazu dient auch die Einführung ständiger Metakommunikationsphasen. Entscheidungen, die in dieser Planungsphase getroffen worden sind, müssen aber revidierbar sein, so dass es bei der Durchführung des Projekts zu Veränderungen des Plans kommen kann.
4. **Produktionsphase**: Hier wird das angezielte Produkt hergestellt. Die gesammelten Informationen werden verarbeitet, ausgewertet und entsprechend dargestellt. In dieser Phase handeln die Schüler/innen selbstständig. Meist arbeiten sie in unterschiedlichen Kleingruppen an einem Teilaspekt des Projekts. Diese Teilaspekte werden dann in der nächsten Phase zusammengebracht; es entsteht ein fertiges Produkt. Die Aktionsmöglichkeiten sind vielfältig: Die Teilnehmer können basteln, erkunden, befragen, lesen usw., um für die einzelnen Teilaspekte die notwendigen Informationen zu erhalten und sie in Ergebnisse umzuwandeln.
5. **Abschlussphase**: Der Abschluss eines Projekts sollte bewusst erfolgen, z. B. durch eine gemeinsame Aktivität oder Aktion (Informationsstand, Herstellung eines Films oder Buches, Ausstellung usw.). In einer Reflexionsphase steht allen

Beteiligten die Möglichkeit offen, Rückschau zu halten, zu sehen, was sie vorhatten und wie das Projekt tatsächlich realisiert wurde. Hier können auch Konsequenzen für die zukünftige Durchführung von Projekten gezogen werden.

Die Durchführung von Projektunterricht wird in den Schulen unterschiedlich gehandhabt. Er wird meist in Form von Projekttagen oder Projektwochen angeboten. Häufig wird Projektunterricht als Lückenfüller am Schuljahresende eingesetzt, was der Projektarbeit den nötigen Ernst nimmt. Sie erhält dann eher Freizeitcharakter. Außerdem wird dabei die Projektplanung meist verkürzt, da sie von der Lehrperson alleine durchgeführt wird. Letztlich führt dies zu dem unerwünschten Effekt, dass auch im Projekt selbst die Lehrkraft dominiert.

7.4.2 Beispiel für die Umsetzung eines Projekts in einer Klasse

Das hier beschriebene Beispiel wurde in einer siebten Klasse der Realschule durchgeführt. Es handelte sich nicht um gemeinsam von der Schule organisierte Projekttage, sondern um ein eigenständiges Projekt im Rahmen des üblichen Schulalltags. Die Klasse bestand aus fünfzehn Mädchen und elf Jungen. Sie war ansatzweise mit verschiedenen Lern- und Arbeitstechniken vertraut. Beispielsweise waren die Teilnehmer in der Lage, Informationen aus einem verständlichen Text zu entnehmen, Fragen für ein Interview vorzubereiten, Plakate zu erstellen usw. Sie waren auch mit verschiedenen Sozialformen vertraut, so dass in kleinen Gruppen gearbeitet werden konnte. Die Lehrerin unterrichtete die Fächer Deutsch, Geschichte und Gemeinschaftskunde in der Klasse. Zu Beginn des Schuljahres wurde mit den Schüler/innen ein Thema abgesprochen, das diese in Projektform bearbeiten sollten. Dabei wurden folgende Vorschläge durch die Lehrerin unterbreitet:

- Herstellung eines Fabelbuches
- Steinzeit
- Schule früher und heute
- Wir spielen Theater
- Wir basteln Marionetten und führen ein Marionettentheater auf.

Die Vorschläge wurden an die Tafel geschrieben und von der Lehrerin kurz erläutert. Es handelte sich dabei um Themen, die einen direkten Bezug zum Bildungsplan aufweisen und im Rahmen der von der Lehrerin unterrichteten Fächer bearbeitet werden konnten. Die Lernenden konnten unter diesen Voraussetzungen weitere Projektideen einbringen. Folgende Themen kamen hinzu:

- Wir schreiben selbst ein Jugendbuch
- Insel der blauen Delphine - wir erstellen eine Inselkartei
- Wir bauen ein Steinzeitdorf.

Nach ausführlicher Diskussion einigten sich die Schüler/innen auf das Thema: „Schule früher und heute“. Somit war die Themenfindung abgeschlossen und eine Projektidee lag vor. In einer Informationsphase erläuterte die Lehrerin die mögliche Unterrichtseinheit. Die Klasse diskutierte die verschiedenen Möglichkeiten und einigte sich auf die Bearbeitung der Themen in Gruppen. Als mögliche Themen wurden die folgenden vorgeschlagen:

- Schule heute: SMV, gesetzliche Regelungen, unsere Hausordnung
- Schule heute: Wie denken unsere Mitschüler über unsere Schule?
- Schule früher: Worin unterscheidet sie sich von unserer heutigen Schule?
- Schule früher: Wir wollen Schule früher nacherleben
- Schule allgemein: Was denken die Menschen über die Schule?

Um Informationen für diese Themenfindungen zu erhalten, hatten die Schüler/innen alte Schulbücher durchforstet und bereits zu Hause Eltern, Großeltern und Bekannte befragt. Das aktuelle Schulbuch gab viele Informationen über heutige Schulverhältnisse. Ein Besuch im Schulmuseum sollte zusätzliche Anregungen liefern. Die Schüler/innen einigten sich darauf, am Ende des Projekts eine Zeitung über das Thema „Schule früher und heute“ anzufertigen.

Nun ging es in die Planungsphase. Zehn Stunden sollten für das Projekt verwendet werden. Das bedeutete, dass für zwei Wochen in Deutsch, Geschichte und Gemeinschaftskunde der übliche Unterricht durch diese Projektarbeit ersetzt wurde. Der Besuch im Schulmuseum sollte am Ende der ersten Woche stattfinden. Sechs Arbeitsgruppen wurden eingerichtet, die sich mit folgenden Themengebieten beschäftigten:

1. **Gruppe**: Vorbereitung, Nachbereitung und Organisation des Schulmuseumsbesuchs
2. **Gruppe**: Erstellen und Durchführen eines Interviews mit Menschen, die vor über zwanzig Jahren zur Schule gegangen sind
3. **Gruppe**: Befragung der Mitschüler über ihre Einstellung zur Schule
4. **Gruppe**: Sammeln von Informationen über unser heutiges Schulwesen
5. **Gruppe**: Schule, wie sie sich in der Literatur darstellt
6. **Gruppe**: Eine Schulklasse im 19. Jahrhundert: Wir spielen eine Unterrichtsstunde nach.

Nun arbeiteten die Schüler/innen sechs Stunden lang in ihren Projektgruppen. In der Mitte dieser Zeit wurde der Schulmuseumsbesuch durchgeführt. Mit vielen neuen Eindrücken und erneuter Motivation arbeitete die Klasse dann weiter an ihren Themen. Die Gruppe sechs bekam viele Anregungen aus dem Museum, da auch dort mit der Klasse eine Schulstunde aus früherer Zeit nachgespielt wurde. Die Gruppen fassten ihre Ergebnisse zusammen und stellten sie in einer Abschlussphase der Klasse vor. Offene Fragen wurden hier geklärt. Dann hielten die einzelnen Gruppen ihre Ergebnisse schriftlich fest und erstellten ein gemeinsames Manuskript. Auch in diesem Stadium wurde arbeitsteilig verfahren. Die einen schrieben, die anderen kopierten, wieder andere besorgten Schnellhefter, in die dann jedes Kind die Zeitschrift abheften konnte. Am Ende verfügte jeder Teilnehmer über eine eigene Zeitschrift mit den Ergebnissen des Projekts. Die Schüler/innen bewerteten die Einheit positiv und waren weiteren Projektvorhaben gegen-über optimistisch eingestellt.

8. Anregungen und Materialien

8.1 Reziprokes Training

Eine Variante des kooperativen Lernens (s. Abschnitt 6.3), die explizit die zunehmende Selbststeuerung der Lernenden im Blick hat, ist die reziproke Lehrmethode (vgl. Brown & Palincsar, 1989). Im Zentrum dieses Ansatzes steht die kooperative Bearbeitung von Texten. Innerhalb der dabei entstehenden Lerngemeinschaften sind alle zugleich Lehrende und Lernende.

Die Lernenden übernehmen abwechselnd die Funktionen des Lehrers/der Lehrerin. Der/die eigentliche Lehrer/in fungiert gelegentlich als Modell und durchgängig als Helfer. Während im konventionellen Unterricht die Lehrperson fast alles plant, kontrolliert, beurteilt und weiß, ist es in Lerngruppen mit reziproker Instruktion völlig anders: Lernende formulieren ihre eigenen Fragen und übernehmen Verantwortung für die Qualität ihrer Fragen. Gelesen wird, um das Gelesene zu verstehen, aufzuschreiben, zu kommunizieren oder anderen zu vermitteln.

Lerntexte werden in der Regel abschnittsweise bearbeitet. Vier strategische Aktivitäten strukturieren sowohl den intrapersonalen (z. B. mit dem Autor des Textes) als auch den interpersonalen Dialog (z. B mit den Lernpartnern) (vgl. Brown & Pressley, 1994):

1. Fragen zum Text formulieren
2. Den Text zusammenfassen
3. Vorhersagen darüber machen, was als nächstes im Text folgt
4. Schwierigkeiten mit dem Text klären

Insgesamt sind die Ergebnisse zur reziproken Instruktion pädagogisch sehr ermutigend. Die Abkehr von traditionellen Lehr-Lernpraktiken führt zu signifikanten Verbesserungen sowohl hinsichtlich der Fähigkeit zu Denken als auch bezüglich des bereichsspezifischen Wissens über den Lerngegenstand (vgl. Brown & Campione, 1990; Weinert, 1996). Ferner gibt es Belege für günstige Auswirkungen auf die Lernleistungen und auf positive Effekte auf die Motivation, das soziale Verhalten und die persönliche Selbstständigkeit (vgl. Cohen et al., 1989; Slavin, 1996; Helmke & Weinert, 1997).

Das folgende Anwendungsbeispiel verdeutlicht in leicht modifizierter Form die Anwendung der reziproken Lehre durch Lerntandems. Grundlegend ist ein Studientext zum Thema: „Lernen in Gruppen". Die Tandemarbeit beginnt mit einer Instruktion des nicht anwesenden Leiters.

1. Teil: Instruktion

Vor Ihnen liegen einige Kärtchen, die Begriffe darstellen. Ihre Aufgabe besteht darin, den Begriff Ihrem Partner zu erklären. Wenn Sie mit einem der Begriffe nichts anfangen können, dürfen Sie mit Ihrem Partner tauschen. Er muss Ihnen dafür ein eigenes Kärtchen geben. Wer fertig ist, legt sein Kärtchen sichtbar vor sich hin. Die Begriffe lauten:

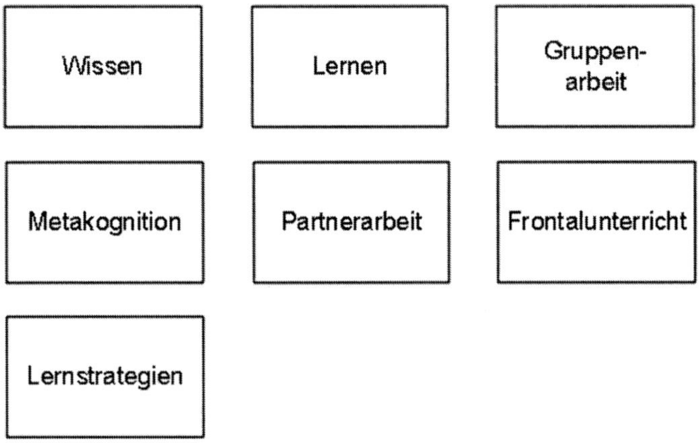

Abb. 28: Reziprokes Training

Der weitere Verlauf der Partnerarbeit wurde durch auf Kärtchen niedergeschriebene Fragen gesteuert. Eine erste Fragerunde sollte bereits vor der Textlektüre stattfinden.

1. Fragenkomplex: Vor dem Lesen

Bitte nehmen Sie die erste Karte und befragen Sie Ihren Partner

Partner A

- Was ist die Aufgabe? Was sollen wir genau tun?
- Worum geht es vermutlich in diesem Text? Worüber wird informiert?
- Welchen persönlichen Nutzen erhoffst du dir von der Bearbeitung dieses Themas?

Partner B
- Wie können wir am besten vorgehen? Was schlägst du vor?
- Was willst du genau erreichen? Wie soll das Ergebnis aussehen?
- Wie fühlst du dich? Wie ist deine Motivation jetzt?

Nach diesem ersten Austausch waren die Teilnehmer angehalten, den Text abschnittsweise zu lesen und sich dabei an den vorgegeben Fragen zu orientieren.

1. Überschrift: Bitte eintragen

Unsere Vorstellungen von Lehre und Unterricht sind derzeit tiefgreifenden Veränderungen unterworfen. Davon betroffen sind vor allen Dingen die typischen Kommunikations- und Rollenmuster des traditionellen lehrerzentrierten Unterrichts. Gefordert werden zunehmend kooperative Lernformen, die den Lernenden mehr Kontrolle und Verantwortung für ihren eigenen Lernprozess überlassen. Von kooperativem Lernen soll im Folgenden dann die Rede sein, wenn Lernende wechselseitig kommunizieren, aktiv zusammenarbeiten, um gemeinsame Ziele zu verwirklichen und Verantwortung für den individuellen wie auch für den gemeinsamen Lernprozess übernehmen. In den folgenden Abschnitten werden die Besonderheiten kooperativer Lernformen beschrieben. Dabei kommen auch empirische Untersuchungsergebnisse und praktische Anwendungsmöglichkeiten zur Sprache.

2. Fragenkomplex: Nach dem ersten Abschnitt

Bitte nehmen Sie die zweite Karte und befragen Sie Ihren Partner

Partner A
- Gibt es einen Begriff, den du dir nicht erklären kannst?
- Welche Beispiele fallen dir zu dem ein, was da steht?
- Kannst du daraus schon Schlussfolgerungen (z.B. für deinen zukünftigen Beruf) ziehen?

Partner B
- Welches sind die wichtigsten Punkte in diesem Abschnitt?
- Was sind deine persönlichen Erfahrungen mit Partner- oder Gruppenarbeit?
- Bist du mit dem, was da steht einverstanden?

2. Überschrift: Bitte eintragen

Es gibt gute Gründe im Unterricht vermehrt auf die Zusammenarbeit der Lernenden zu setzen. Schon der Feldtheoretiker Kurt Lewin (1963) erkannte, dass ausschließlich in Vortragsform übermittelte Informationen nicht wesentlich zur menschlichen Persönlichkeitsentwicklung beitragen. Von lehrerzentrierten, verbal-abstrakten Informationen kann allenfalls eine Minderzahl (ca.10%) von Schüler/innen (und Student/innen) profitieren. Soll persönlich bedeutsames (d. h. auch anwendungsrelevantes) „Wissen" ebenso wie methodische und soziale Kompetenzen gefördert werden, so müssen die Lernenden den Unterricht (mit)verantworten. Voraussetzung hierfür sind Handlungs- und Entscheidungsspielräume. D. h. es müsste wahlweise, aber doch immer wieder, ein Wissensbereich zur Bearbeitung in die Hand der Lernenden übergeben werden.

Kooperative Lernformen können in Schule und Hochschule kompensatorisch wirken:

- Die Tatsache, dass in einer Gruppe bedeutend mehr als im traditionellen Unterricht auf den spontanen Ablauf des Gruppenprozesses geachtet wird, vermag den Beteiligten aufzuzeigen, dass sie die Verantwortung für den Gruppenprozess haben ("Lernbewusstsein").
- Die Dialoge zwischen den Teammitgliedern gehen über die bloße Reproduktion (unveränderte wortgetreue Wiedergabe) von Formulierungen der Lehrer/in oder Dozent/innen hinaus. Die Gruppe regt den einzelnen Lernenden dazu an, das Gehörte durchzuarbeiten und auf die ihnen gemäße Weise zu assimilieren (d. h. in sein Vorwissen zu integrieren). Eigene Gefühle und Überlegungen werden transparent.
- Indem soziale Lern- und Arbeitsprozesse das selbstständige Planen, Entscheiden und Organisieren notwendig machen, leisten sie einen entscheidenden Beitrag zu einer tragfähigen Selbsttätigkeit und Autonomie der Lernenden.
- In Verbindung mit dem selbstgesteuerten Lernen erlangen kooperative Lernformen auch deshalb Bedeutung, weil Individuen im wechselseitigen Dialog ihr Lernen in weiten Teilen selbst regulieren und auch über einen mehr oder weniger langen Zeitraum in Gang halten. Studierende lernen, eigene Fragestellungen zu entwickeln - anstatt bloß Kreuzworträtsel zu lösen.

Trotz der überwiegend positiven Einschätzung dürfen mögliche Probleme nicht übersehen werden: Kooperation funktioniert nicht zwangsläufig. Manche Lernende beteiligen sich kaum an gemeinsamen Deutungs- oder Problemlöseversuchen und erwarten, dass begabtere oder höher motivierte Kameraden die Hauptarbeit leisten. Diese wiederum fühlen sich ausgenutzt und verringern ihre Anstrengung.

3. Fragenkomplex: Nach dem 2. Abschnitt

Bitte nehmen Sie die dritte Karte und befragen Sie Ihren Partner

Partner A
- Gibt es Begriffe, die dir sinnlos oder unverständlich vorkommen?
- Worum wird es wohl im nächsten Abschnitt gehen?
- Wie geht es dir gerade? Wie steht es mit deiner Motivation?

Partner B
- In welcher Beziehung steht das, was da steht zu dem, wie du denkst bzw. was du weißt?
- Ist unsere Strategie die beste Vorgehensweise? Gibt es andere Wege?
- Was waren in diesem Abschnitt für dich die zentralen Punkte?

3. Überschrift: Bitte eintragen

Mehrere Untersuchungen haben die positiven praktischen Erfahrungen mit kooperativen Lernformen bestätigt. Austausch und Diskussion tragen dazu bei, dass gegebene Aufgabenstellungen spezifiziert, d.h. besser verstanden werden. Wissenspsychologen verweisen darauf, das jenes Wissen, das in Austausch und Diskussion erworben und erhärtet wird, viel stärker zum geistigen und emotionalen Besitz wird, als jener Wissensstoff, den Lernende im Rahmen eines Vortrags oder einer Einzelunterweisung aufnehmen. Auch die Motivation sowie die Konzentrationsfähigkeit scheinen in der Zusammenarbeit maximiert zu werden, was weitreichende Auswirkungen für die Qualität von Lernprozessen und -ergebnissen nach sich zieht. Voraussetzungen hierfür sind Aufgabenstellungen, die den sozialen Austausch gestatten und notwendig machen. Bei typischen individuellen Lernsituationen (z.B. Lernen am Computer) ist das naturgemäß weniger der Fall. Auch die Größe der Lerngruppen ist wichtig: Es kann nicht überraschen, dass das Lernen in Kleingruppen
(z.B. Tandems) effektiver ist, als das in Großgruppen (z.B. bei einer Gruppengröße von 20 Personen).

Aus der Sicht der Teilnehmer werden kooperative Lernformen als positiv und ermutigend erlebt, weil sie
- dem Einzelnen mehr Sicherheit und Rückendeckung geben, da die wechselseitige Vergewisserung sowohl die interne Klärung und Konsensbildung voranbringt als auch ein Mehr an Solidarität und Miteinander erfahrbar werden lässt;
- der drohenden Resignation und individuellen Überforderung vorbeugen, indem sie ein soziales Netzwerk bieten, Ideen spenden, Verantwortung reduzieren usw.;
- den Arbeitsaufwand der einzelnen Teammitglieder reduzieren, da durch die arbeitsteilige Vorgehensweise der Gesamtertrag der Arbeit gesteigert wird und die Zahl der Lehr/-Lernhilfen maßgeblich vergrößert werden kann;
- einen größeren Ideenreichtum gewährleisten, z.B. durch Pingpong-Effekte beim Brainstorming;
- dazu führen, dass eigene Ideen und Vorstellungen offengelegt, reflektiert und modifiziert werden können.

Eines haben die bisherige Forschung und Praxis aber gezeigt: Kooperatives Lernen entsteht nicht von alleine und darf nicht dem Zufall überlassen bleiben. Es sind Vorkehrungen zu treffen, die die Zusammenarbeit anregen und strukturieren.

4. Fragenkomplex: Nach dem Lesen

Bitte nehmen Sie die vierte Karte und befragen Sie Ihren Partner

Partner A

- Bist du zufrieden, mit dem was wir erreicht haben? Wie bewertest du das, was wir in der letzten Stunde gemacht haben?
- Was müssten wir deiner Meinung nach noch machen, um den Text besser zu verstehen?
- Könntest du jetzt über den Text referieren?

Partner B

- Was fehlt? Was müsste deiner Meinung nach in dem Text noch behandelt werden?
- Was von dem, was wir jetzt gemacht haben, kannst du praktisch verwenden?
- Was weißt du jetzt Neues? Was war dir bisher noch nicht so klar?

8.2 Lernen in Gruppen

8.2.1 Von der Untergruppe ins Plenum

Lernen in Gruppen muss gelernt werden. Die Vielfältigkeit von sozialen Organisationsformen wie auch die zum Teil gravierenden Kompetenzunterschiede zwischen den Gruppenmitgliedern erfordert vielfach einen erhöhten Steuerungsbedarf und ein Mehr an Feinabstimmung. Dieses wird nicht selten vernachlässigt. Betrachtet man exemplarisch den Übergang von der Kleingruppenarbeit ins Plenum, stellt sich die Aufgabe, etwas phasenweise Getrenntes (die Untergruppen) wieder inhaltlich und sozial zusammenzuführen. Dafür gibt es unterschiedliche Verfahren, die jeweils spezifische Vor- und Nachteile haben (vgl. Geißler, 1995):

Gruppenberichte

Die übliche Form der Ergebnisdarstellung besteht darin, dass Sprecherinnen und Sprecher einzelner Gruppen der Reihe nach ihre Ergebnisse berichten. Die Erfahrung zeigt, dass bei diesem Verfahren kaum jemand zuhört und dass die Situation häufig zur Konkurrenz um die beste Kleingruppenarbeit verführt.

Austauschgruppen

Vorteilhafter sind sogenannte Austauschgruppen. Aus den einzelnen Gruppen finden sich jeweils ein oder zwei Personen zu einer Gruppe zusammen. In den neuen Gruppen werden dann die Ergebnisse ausgetauscht. Ohne den Druck der Öffentlichkeit kann dieser Austausch konkurrenzloser, offener und persönlicher geschehen. Diese Methode bringt es mit sich, dass sich die Bindungen an die „älteren“ Kleingruppen rasch auflösen.

Austausch per Delegation

Ähnlich der eben vorgestellten Methode schickt jede Kleingruppe einen Vertreter bzw. eine Vertreterin in eine neue Runde. Diese ist hier allerdings kreisförmig mitten im Raum des Plenums aufgebaut. Die Gruppendelegierten besprechen die Ergebnisse der ursprünglichen Gruppe. Die übrigen Teilnehmerinnen und Teilnehmer sitzen reihum und hören zu. Der Nachteil des Verfahrens ist der hohe Gruppendruck, der auf den Delegierten lastet. Die Folge sind häufig überflüssige Konkurrenzen, die die späteren Interaktionen belasten.

Sichtbarmachen der sozialen Kleingruppensituation

Die Kleingruppen stellen ihre soziale Situation und deren Entwicklung in demonstrativer Art und Weise dar. Dazu eignen sich insbesondere nonverbale Formen der Präsentation, wie z.B. Pantomime, Darstellung durch eine Figur/Standbild, stilles Theater. Auf diese Weise wird die Kleingruppensituation für alle sichtbar und erlebbar. Daraus geht bereits hervor, dass hier viel Spontaneität möglich ist. Das Sichtbarmachen der sozialen Situation empfiehlt sich insbesondere für Veranstaltungen mit überwiegend sozialen Inhalten und verhaltensmodifizierenden Lernzielen (z.B. Trainings- oder Selbsterfahrungsgruppen).

Anfragen an Kleingruppe durch Kleingruppe

Hier stellen sich die Untergruppen gegenseitig Fragen zum Austausch. Die entsprechenden Fragen - maximal vier werden zuvor von den Teilnehmern vorbereitet. Im weiteren Verlauf stellt eine Gruppe - durch einen Sprecher - Fragen, die andere antwortet. Schwierigkeiten kann es dann geben, wenn die Kleingruppen rivalisieren (vgl. Geißler, 1995).

Verzicht auf die Auswertung

In manchen Fällen ist es sinnvoll, auf einen Ergebnisaustausch völlig zu verzichten. Vor allem wenn sehr private Inhalte besprochen wurden, passen sie nicht für die öffentliche Situation des Plenums.

Informationsmarkt

Die inhaltlichen Ergebnisse der Kleingruppenarbeit werden visualisiert. Die Großgruppe wird mit Hilfe von Plakaten, Zeichnungen, Overheadfolien oder Pinwand informiert. Den Teilnehmerinnen und Teilnehmern wird dann Zeit gegeben, sich die Präsentationsstände anzusehen und bei einzelnen Gruppenmitgliedern Zusatzinformationen einzuholen (vgl. Geißler, 1995).

8.2.2 Bewusstmachen von Gruppenprozessen: Metakommunikation

Der Begriff Metakommunikation bezeichnet den Sachverhalt, dass über Kommunikation kommuniziert werden kann. Die Beispiele aus dem alltäglichen Miteinander sind zahlreich: „Sag mal, könntest du das nicht etwas lieber zu mir sagen?“; „Entschuldigen Sie, aber ich habe den Eindruck, Sie wollen mir gar nichts verkaufen“ oder in der Lehr-/Lernszene: „Sprechen Sie doch bitte weniger theoretisch, ich komme nicht mit“ (vgl. Geißler, 1995).

Bei all diesen Äußerungen geschieht folgendes: Die Sprecherinnen und Sprecher treten aus der bisher gelaufenen Kommunikation (Gespräch) heraus und machen die Kommunikation zum Thema des Gesprächs. Die Vorsilbe „Meta" bringt hier zum Ausdruck, dass sich die Beteiligten über die Kommunikation stellen. Sie sehen sich und die jeweiligen Kommunikationspartner gleichermaßen aus der Perspektive der „Draufsicht" (Überfliegerkommunikation). Für gewöhnlich wird im Alltag dann metakommuniziert, wenn sich einer der Kommunikationspartner durch die Art und Weise des Gesprächs gestört fühlt, am Gespräch nicht mehr teilnehmen kann oder will. Allerdings ist es im Unterrichtsalltag eher die Ausnahme, dass ein Kommunikationspartner die störenden Aspekte der Kommunikation zum Thema macht. Viel häufiger wird die Kommunikation im Störungsfall abgebrochen.

Welchen Nutzen hat nun die Metakommunikation für die Förderung selbstverantworteter Lernprozesse? In verschiedenen Aus- und Weiterbildungskonzepten wurden in letzter Zeit zunehmend Phasen der Metakommunikation im Unterricht eingebaut. Es handelt sich hier um Phasen, in denen „Unterricht über Unterricht“ gemacht wird. Hierdurch ist es wenigstens teilweise möglich, den Verlauf der Kommunikation an den Bedürfnissen der Beteiligten auszurichten, fehlerhafte oder störende Kommunikation zu korrigieren und die Teilnehmerinnen und Teilnehmer in die Gestaltung des Lehr-/Lernprozesses mit einzubinden (vgl. Traub, 2006).

So kann z.B. Metakommunikation bereits zu Beginn von Veranstaltungen gefördert werden, indem man Regeln zur Kommunikation bekanntgibt oder gemeinsam entwickelt (vgl. Bönsch, 1995) (z.B. „Unterbrechen Sie mich, wenn Sie nicht mehr mitkommen“). Gleichfalls gefördert werden kann Metakommunikation durch eine sogenannte Reflexionsphase am Ende von Lerneinheiten (z.B. „Wie haben Ihnen die letzten beiden Sitzungen gefallen?“ „Was fehlt Ihnen noch?“).

Schließlich gibt es die Möglichkeit, einen Fragebogen anzuwenden, der sich auf den Unterrichtsprozess bezieht und am Ende eine Sitzung oder Lerneinheit ausgefüllt wird. Die folgenden Beispiele wollen einige Anregungen für die Praxis geben:

Beispiel 1: Qualitative Lernanalyse

Bitte beantworten Sie, so offen wie es Ihnen möglich ist, die folgenden Fragen:

- Was habe ich heute gelernt? Was habe ich für mich erreicht?
- Welches war für mich die wichtigste Erkenntnis?
- Woran möchte ich weiterarbeiten?
- Wie haben wir in der Gruppe zusammengearbeitet? War unsere Arbeit produktiv?
- Habe ich etwas über meinen eigenen Lernprozess erfahren? Was?
- Habe ich gelernt, meinen eigenen Lernprozess besser zu kontrollieren?
- Wie bin ich mit den Arbeitsmethoden zurechtgekommen? Welche haben mir zugesagt, welche weniger?

Qualitative Lernanalyse und ähnliche Instrumente dienen zur Selbstreflexion aller am Lehr-/Lernprozess Teilnehmenden und können am Beginn der nächsten Lerneinheit genutzt werden, um das Lehr-/Lerngeschehen zu problematisieren und Veränderungen einzuleiten.

Beispiel 2: Stimmungsbarometer

Um metakommunikative Phasen systematisch anzuzeigen, empfiehlt sich ein sogenanntes Seminarbarometer. Zu Beginn, aber auch am Ende einer Sitzung oder eines Seminarabschnittes machen die Beteiligten ein Kreuz an jener Stelle der untenstehenden Skala, die ihr subjektives Befinden zutreffend wiedergibt (s. Abbildung 8.1).

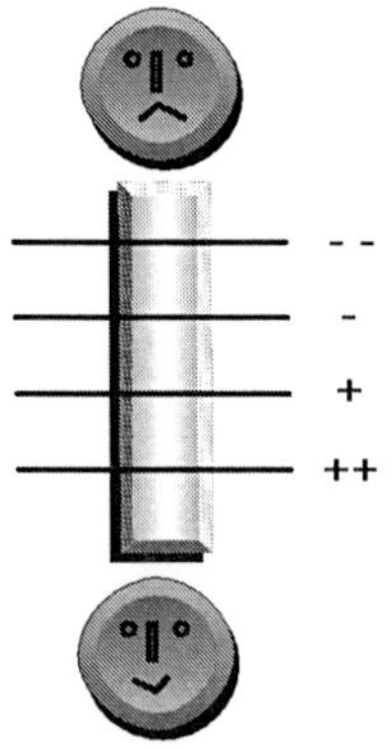

Abb. 29: Stimmungsbarometer

Bei starken Abweichungen und extremen Markierungen im negativen Bereich ist angezeigt, zu Beginn der nächsten Seminareinheit auf die Schwierigkeiten einzugehen und zu versuchen, die Ursachen dafür zu analysieren und, wenn möglich, etwas zu verändern (vgl. Geißler, 1995).

Eine Variante

Die folgende Alternative des Stimmungsbarometers (s. Abbildung 28) versucht die inhaltliche Ebene des Lehr-/Lernprozesses mit der soziodynamischen Dimension zu verbinden (vgl. Geißler, 1995).

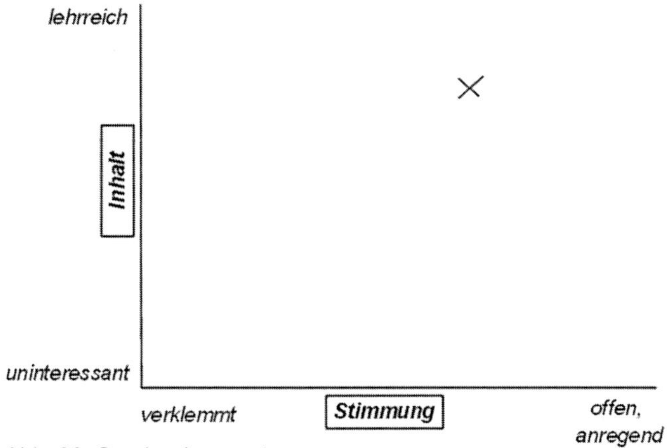

Abb. 30: Seminarbarometer

Das Kreuz in Abbildung 30 zeigt an, dass der Unterricht oder die Lehrveranstaltung zum einen als inhaltlich lehrreich zum anderen als anregend bewertet wird. Sieht man Lernende nicht als mit Lehrstoff aufzufüllende Gefäße, sondern als Kommunikationspartner, die Situationen gestalten können und wollen, dann ist Metakommunikation im Lernprozess unverzichtbar. Aber, vor dieser Illusion sei gewarnt, sie ist nicht der Lösungsweg aus allen Schwierigkeiten, die mit dem Lehren und Lernen nun einmal verbunden sind. Metakommunikation ist natürlich auch Kommunikation und damit genauso anfällig für Fehler und Störungen wie die Kommunikation selbst. Es kommt, wie häufig im Leben, auch hier auf die Dosis an. Denn zuviel Verhaltenstransparenz stört und zerstört die Bedingungen sozialen Zusammenlebens, weil vieles unsicher ist (vgl. Geißler, 1995).

8.2.3 Wechselseitiges Lehren und Lernen (WELL)

Eine besondere Form des Lernens in Gruppen erfreut sich in den letzten Jahren international großer Beliebtheit. Gemeint sind Formen des Wechselseitigen Lehrens und Lernens (WELL).

In diesem Text wollen wir die Methode unter der Perspektive der Anwendung sowie mit Blick auf die Förderung des Selbstgesteuerten Lernens (vgl. Konrad, 2008, Kap. 8; Konrad, 2005) näher betrachten.

Wie sieht der Ablauf des Wechselseitigen Lehren und Lernens aus?

Es lassen sich drei Arbeitsschritte oder Phasen unterscheiden. In der ersten Phase eignen sich die Lernenden ihren Teil des Lernstoffs an. Bereits in dieser **Expertenphase** (auch **Aneignungsphase** genannt) beraten sich die Experten zu ihrem Thema und klären eventuelle Unklarheiten, damit sie den Novizen ihren Teil später auch richtig erklären können.

Nach der Expertenphase geht jeder mit seinem neu erworbenen Wissen in seine ursprüngliche Gruppe zurück. Die zweite Phase ist die **Austausch-** oder **Vermittlungsphase**. Hier geben dann die Experten den Novizen ihr Wissen weiter. Im Gegenzug erhalten diese die Informationen über die verschiedenen Teilgebiete von den anderen Experten. In der Gesamtbetrachtung übernimmt jeder Teilnehmer abwechselnd sowohl die Rolle des Lehrenden als auch die Rolle des Lernenden.

In der dritten Phase, der **Vertiefungs- oder Verarbeitungsphase**, wird das vorher erworbene Wissen weiter vertieft. Diese ist „besonders wichtig, da es in der Regel nicht ausreicht, Wissen einfach nur weiterzuvermitteln. Die Novizinnen und Novizen müssen zu einer aktiven Verarbeitung und Vertiefung des weitergegebenen Wissens angeregt werden, damit sie dieses Wissen auch mental abspeichern (vgl. Huber 2007, S. 7f).

Zur Unterstützung des Lernprozesses erhalten die Lernenden Hilfen durch **Lernvorgaben.** Diese fördern die Aneignung, Weitergabe und Verarbeitung bzw. Vertiefung des Lernstoffs. Beispiele dafür sind Kärtchen mit Schlüsselbegriffen oder Fragen zum Lernstoff. Auch die Ampelmethode ist eine Option (vgl. Konrad, 2011)

Tabelle WELL fasst die spezifischen Merkmale von WELL zusammen (vgl. Huber 2007, S. 8).

Tab.21: Definition Wechselseitiges Lehtren und Lernen.

WELL ist eine spezielle Form des Kooperativen Lernens.	
*	**Aufgabenspezialisierung**: Experte / Expertin werden für einen Teil des Lernstoffs.
*	**Lernvorgaben**: Beispielsweise durch die Unterstützung von Kärtchen mit Schlüsselbegriffen in Abhängigkeit von den Lernvoraussetzungen, Lernzielen und der Wissensdomäne

*	**Drei Lernphasen:** 1. Aneignung eines Expertenwissens 2. Vermittlung des Expertenwissens 3. Anregung der tieferen Verarbeitung des vermittelten Wissens

Am Ende des Lerngeschehens ist es wichtig, nochmals über den Lernprozess mit Hilfe eines Rundgesprächs oder eines Fragebogens zu reflektieren. Dies hilft dabei, etwaige Probleme oder Hindernisse zu erkennen und die entsprechenden Schritte für das nächste Mal zu verbessern.

Welche Rolle spielt die Lehrkraft während des wechselseitigen Lehrens und Lernens?

Wie schon in Abschnitt 4.2 angedeutet, sehen sich Lehrer/innen aktuell mit grundlegenden beruflichen Anforderungen konfrontiert. Was die WELL-Methoden anbelangt, übernimmt die **Lehrkraft** vermehrt die Rolle des **Moderators** und **Unterstützers**. Hierbei ist es wichtig, dass sie zuallererst die Planung im Vorfeld unternimmt und den jeweiligen Stoff so aufbereitet, dass er für das Wechselseitige Lehren und Lernen geeignet ist. Bei der Durchführung ist darauf zu achten, dass die Lernenden den Zeitrahmen einhalten und die Aufgaben gemäß den Vorgaben durchführen. Desweiteren muss sie unterstützend handeln, im Falle eines Verständnisproblems mit dem Lernstoff oder der Methode.

Welche Formen des WELL gibt es?

Methoden des wechselseitigen Lehrens und Lernens gibt es viele. Große Beachtung finden das Partner- oder Gruppenpuzzle, das Lerntempoduett und das Partnerinterview (s. Abschnitt 8.3.3). In dieser Abhandlung wollen wir die Konstruktive Kontroverse genauer betrachten.

Soll die Methode der „Konstruktiven Kontroverse" wirksam eingesetzt werden, müssen mehrere Voraussetzungen erfüllt sein (vgl. Traub, 2006, S.124 ff). Lerngegenstände sollten mehrere Dimensionen aufweisen, zu unterschiedlichen Sichtweisen herausfordern oder alternative Formen der Auseinandersetzung oder gar widersprüchliche Interpretationen zulassen. Tabelle 16 zeigt ein Beispiel hierfür.

Tab.22: Pro und kontra Gruppenarbeit

Pro Gruppenarbeit	Kontra Gruppenarbeit
• soziale Kompetenz • kognitiver Konflikt • Wissenszuwachs durch gegenseitige Anregungen	• schlecht vorbereitet • unmotivierte Teilnehmer • leistungsstarke Teilnehmer werden ausgenutzt

Sind diese Voraussetzungen gegeben, dann kann jedes Gruppenmitglied seinen Fähigkeiten und Interessen entsprechend etwas zum gemeinsamen Lernprozess beitragen (vgl. Huber, 1991). Bei der „konstruktiven Kontroverse" handelt es sich um eine kooperative Lernstrategie, die sich auch zur Anwendung in großen Gruppen eignet.

Zur Anregung konstruktiver Kontroversen im üblichen Unterricht, empfiehlt es sich, die folgenden Schritte zu beachten:

- Zunächst einmal muss ein komplexer Sachverhalt gemeinsam so strukturiert werden, dass die verschiedenen Dimensionen für alle erkennbar werden.
- Anschließend werden Gruppen zu je vier Personen gebildet.
- Jeweils ein Lerntandem wendet sich einem Teilgebiet einer kontroversen Frage- bzw. Problemstellung zu. Jedes Tandem arbeitet seinen Teil aus. In Partnerarbeit klären die Teilnehmer die eigene Position, suchen Argumente zur Stützung der eigenen, aber auch zur Entkräftung der vermeintlichen Gegenargumente des anderen Paares.
- Anschließend werden die Inhalte in der Vierer-Gruppe zusammengetragen und diskutiert. Hier wird die Kontroverse ausgetragen.
- Nach einer festgelegten Zeitspanne wechseln die Lernpaare die Seite und argumentieren aus der Sicht des oppositionellen Paares („role-taking“).
- Um konstruktive Debatten zu unterstützen, erhalten die Gruppen die Zusatzaufgabe, am Ende ein gemeinsames Kommunique, eine Presse-Erklärung, eine Wandzeitung etc. als Basis der Präsentation ihrer Auseinandersetzung vor der Gesamtgruppe zu erarbeiten.
- Bei Bedarf erhält jedes Gruppenmitglied einen Testbogen, anhand dessen es sein Verständnis überprüfen kann.

8.3 Erfahrungen mit einzelnen Techniken und Methoden in der Anwendung

8.3.1 Anwendungsbeispiel: Pädagogischer Doppeldecker

Mit Problemen des Transfers des einmal erworbenen Wissens in die Praxis ist zu rechnen, wenn Studierende sich dieses Wissen nur rezeptiv aneignen. Die psychologische Trainingsforschung (s. die Abschnitte 4.1 und 6.1) spricht in diesem Zusammenhang von „trägem Wissen" (Konrad, 2008). Es treten Störungen oder Probleme auf, wenn dieses Wissen praktisch genutzt werden soll. Vor allem kann der/die Studierende nicht adäquat auf unvorhergesehene Begebenheiten reagieren, weil ihm/ihr solche Situationen nicht bekannt sind und er/sie auf kein entsprechendes Wissen zurückgreifen kann. Es gelingt ihm/ihr nicht, sich in die Situation hineinzuversetzen, die angemessenen Lösungsstrategien fehlen.

Einen Ausweg aus diesem Dilemma bieten konstruktivistische Überlegungen. Danach müssen die in pädagogischen Handlungsfeldern Tätigen, die Praxisrelevanz von theoretischen Konzepten bereits während der Ausbildung bzw. des Studiums konkret erfahren. Bereits Studierende müssen Theorien am eigenen Leibe erfahren haben, bevor sie diese in ihrem Aufgabenfeld anwenden.

Der Pädagogische Doppeldecker stellt eine Übersetzungshilfe zur Umsetzung neu erworbenen Wissens dar. Dabei wird das Bild des mit zwei Tragflächen ausgestatteten Flugzeugs auf die Ausbildungssituation an der Hochschule übertragen (s. Abbildung 31 und Tabelle 23).

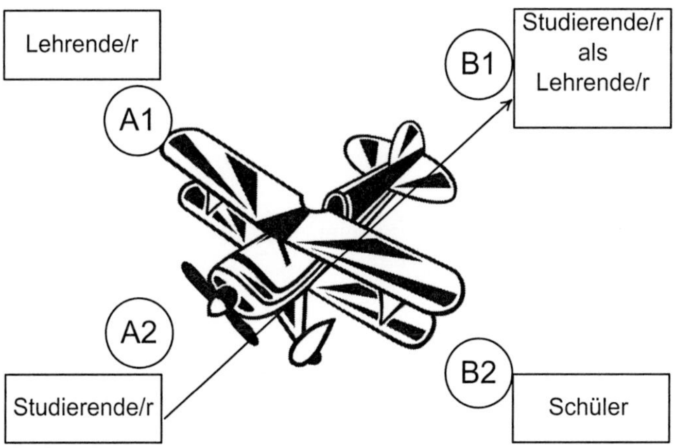

Abb. 31: Zwei Tragflächen des Pädagogischen Doppeldeckers

Auf selbstgesteuerte Lernprozesse angewendet, bedeutet dies, dass die Studierenden pädagogisch-psychologischer Fachrichtungen zunächst selbst Methoden selbstgesteuerten Lernens erfahren und erleben müssen, bevor sie mit ihren Lerngruppen damit arbeiten.

Um es noch einmal am Bild des Doppeldeckers zu verdeutlichen: Die Tragfläche A auf der einen Seite des Flugzeugs wird von der Lehrperson dazu benutzt, seinen Studierenden die von ihm zu vermittelnde Theorie selbst erfahren zu lassen. Der/die Studierende wird mit verschiedenen Methoden selbstgesteuerten Lernens vertraut gemacht, wobei Übung und Anwendung einen breiten Raum einnehmen. Die Methoden der Selbststeuerung werden ihm/ihr nicht theoretisch vermittelt; sie werden für ihn/sie praktisch erfahrbar. In dieser Situation benutzt der/die Studierende die Tragfläche B. Wechselt man die Perspektive (bzw. Tragfläche), so rückt der/die Studierende als Lehrkraft in den Blickpunkt, die die Methoden aufgrund ihrer eigenen Erfahrungen sinnvoll an seine Schüler/innen weitergeben kann.

Wichtig ist: Nur durch die selbst gemachten Erfahrungen bleibt das Flugzeug im Gleichgewicht und kann sich in ruhigem Flug vorwärtsbewegen. Der/die Studierende kann sich gut in die Rolle der Lernenden hineinversetzen, weil er/sie selbst bestimmte Probleme zu bewältigen hatte und deshalb sinnvolle Lösungsansätze zu finden in der Lage ist. Zumindest ist er/sie auf bestimmte Probleme vorbereitet und hat sich Gedanken zu deren Lösung gemacht (vgl. Traub, 2000, S. 141 ff; Wahl, 2006, S. 62 ff).

In elaborierter Form und für spezifische Lernsequenzen findet man das eben skizzierte Vorgehen in den Phasen des erfahrungsorientierten Lernens, das der Gestaltpädagogik zuzuordnen ist (vgl. Fatzer, 1998):

- Planung: Vorbereitung der einzelnen Teile der Lernerfahrung.
- Einführung: allgemeine Ausführungen und spezifische Instruktionen zu jeder Aktivität im Rahmen der Lernerfahrung.
- Aktivität: erfahrungsorientiertes Lernen unter Verwendung adäquater Hilfsmittel und Materialien.
- Austausch: Benennung der eigenen Gefühle, Erfahrungen und Eindrücke
- Zusammenfassung: Vermittlung einer Perspektive zu Inhalt und Prozess der Lernerfahrung. Übertragung der gesamten Lernprozesse auf den schulischen und beruflichen Alltag.
- Auswertung: Wirksamkeit einer Lernerfahrung beleuchten und eventuell Korrekturen vorbereiten.

Tabelle 23 fasst die Kernaspekte des Pädagogischen Doppeldeckers zusammen.

Tab. 23: Pädagogischer Doppeldecker

Tragfläche A: Dozent /Dozentin lässt Methode erfahren	Tragfläche B: Studierend/e kann Methode durch eigene Erfahrung weitergeben
Tragfläche A: Studierend/e erfährt Methode am eigenen Leib	Tragfläche B: Schüler/in kann Methode sinnvoll praktizieren

Pädagogischer Doppeldecker am Beispiel der Freiarbeit

Freiarbeit ist eine Methode, durch die Ansätze selbstgesteuerten Lernens in Gang gesetzt werden können. Obwohl sie auf die Tradition der Reformpädagogik zurückgeht, gilt sie als relativ neue Unterrichtsmethode, die erst in letzter Zeit Einzug in die Schulen hält. Für Studierende bedeutet dies, dass sie selbst über kein Erfahrungswissen mit der Methode Freiarbeit verfügen und deshalb auch keine Selbstreflexionen durchführen können. In der Hochschule gibt es nun zwei Möglichkeiten, sich mit dieser neuen Unterrichtsmethode auseinanderzusetzen: zum einen, indem theoretische Erkenntnisse zur Freiarbeit erworben werden, zum anderen, indem Freiarbeit im Pädagogischen Doppeldecker erfahren wird (vgl. Traub 1999, Traub 2000).

Wir erachten eine Mischform aus diesen beiden Möglichkeiten als sinnvoll. Wie in den integrierten Ansätzen beschrieben wurde (s. Abschnitt 6.5) müssen Studierende langsam in den Prozess des selbstgesteuerten Lernens eingeführt werden. Sie müssen den Weg vom stärker angeleiteten zum eher selbstorganisierten Lernen gehen und dazu benötigen sie Zeit. Unsere Konzeption sieht deshalb vor, Studierende langsam und behutsam an die Ideen der Freiarbeit heranzuführen, damit die Chancen der Methode für die Studierenden erkennbar wird und sie diese Methode nicht als wertlos aus ihrem Repertoire verbannen.

Zunächst muss den Studierenden in einer Metakommunikation der Sinn des Pädagogischen Doppeldeckers deutlich gemacht werden. Sie müssen sich mit dieser Vorgehensweise einverstanden erklären und sie mittragen. Nur dann kann sie zu einer sinnvollen Unterrichtsform werden. Damit sich die Studierenden überhaupt mit Freiarbeit beschäftigen können, sollten sie eine theoretische Einführung in die Methode erfahren. Darauf kann dann eine Vertiefung und eine Wiederholung durch den Pädagogischen Doppeldecker aufgebaut werden. Ein Pädagogischer Doppeldecker kann hier auf zweierlei Art zur Anwendung kommen:

1. Es werden Materialien über den Themenbereich Freiarbeit zur Verfügung gestellt, so dass sich die Studierenden weiter in den Bereich der Freiarbeit einarbeiten können.
2. Es werden Schülermaterialien zur Verfügung gestellt, mit denen die Studierenden arbeiten können, um sich so in die Situation der Lernenden hineinversetzen zu können.

Beide Möglichkeiten erscheinen als Übersetzungshilfe für die Umsetzung von Freiarbeit in den Schulalltag hilfreich und wichtig. Ein erwünschter Nebeneffekt darf hier nicht unerwähnt bleiben: Die Studierenden werden zu selbstständigem Arbeiten angeregt, indem sie sich nach ihren eigenen Interessen und Schwerpunktsetzungen dem Bereich der Freiarbeit annähern und sich vertiefend in diesen Bereich einarbeiten.

8.3.2 Anwendungsbeispiel: Netzwerk

Die Methode Netzwerk wird in der Erwachsenenbildung, aber auch in Schule und Hochschule erfolgreich eingesetzt. Besonders geeignet ist das Netzwerk am Ende einer Unterrichtseinheit zur Wiederholung und zur gedanklichen Ordnung. Durch das Netzwerk kann sich jeder eine eigene gedankliche Struktur über den bisher besprochenen Stoff bilden. Das Netzwerk kann auch sinnvoll eingesetzt werden, um daran anschließend eine Sortieraufgabe (s. Abschnitt 8.3.4) oder eine Struktur-Lege-Technik (s. Abschnitt 8.3.5) durchzuführen. Für das Netzwerk werden verschiedene zentrale Begriffe auf Kärtchen geschrieben. Es sollten mehr Kärtchen sein als Teilnehmer. Jeder bekommt nun nach dem Zufallsprinzip ein Kärtchen zugewiesen. Anschließend besteht die Möglichkeit des Tauschhandels mit den Kärtchen. Es kann mit anderen Teilnehmer/innen getauscht werden oder eines der Kärtchen gewählt werden, das noch niemand an sich genommen hat. In einer zweiten Phase vergewissern sich die Lernenden, ob sie zu ihrem Begriff etwas sagen können. Sie können dabei auch Informationen bei anderen Teilnehmern erfragen oder aus ihren Unterlagen entnehmen.

Nach dieser Vergewisserungsphase setzen sich alle Lernenden in einen Kreis und halten ihr Kärtchen in der Hand. Einer beginnt nun, seinen Begriff zu erklären. Dann fährt derjenige fort, der glaubt, sein Begriff passe in den Zusammenhang der ersten Erklärung. So wird fortgefahren, bis alle Teilnehmer/innen ihre Begriffe erklärt haben. Wer mit seiner Erklärung fertig ist, legt sein Kärtchen sichtbar vor sich hin. Durch das eigenständige Verknüpfen der Begriffe, kann der/die Lernende seine/ihre in seinem/ihrem Gedächtnis befindlichen Strukturen mit den aktuellen Begriffen verknüpfen und so den Lernstoff individuell verarbeiten. Das Netzwerk gibt den Lernenden die Möglichkeit, ihre bisherigen Gedankenstrukturen mit den neu gewonnenen Begrifflichkeiten zu vernetzen, um dadurch neuen Lerninhalten Sinn zu verleihen. Wie in Abschnitt 4.1.2 beschrieben, handelt es sich hier um eine Elaborationsmethode, deren Anwendung im Zuge des selbstgesteuerten Lernens unerlässlich ist (vgl. Traub 2012a, S. 30f.).

8.3.3 Anwendungsbeispiel: Partnerinterview

Als inhaltliche Zielsetzungen des Partnerinterviews gelten die Bearbeitung von Problemen, das Wiederholen von Lerninhalten und auch das Erfassen von Vorwissen und Interessen. Das Partnerinterview lässt sich in drei Phasen gliedern.

1. In einer ersten Phase werden Paare gebildet. Diese Paarbildung kann nach dem Zufallsprinzip (Sitzordnung) oder verbunden mit Kennenlernübungen usw. Erfolgen. Innerhalb eines Paares wird festgelegt, wer Partner A und wer Partner B ist. Es kann in dieser Phase sinnvoll sein, wenn der Leiter Vorgaben macht, z.B. Partner A ist derjenige, der den größeren Radiergummi hat, der jünger ist usw.
2. Die Paare erhalten in der zweiten Phase ein Fragenblatt, auf dem eine bestimmte Anzahl von Fragen steht. Die Partner stellen sich abwechselnd diese Fragen. Partner A stellt alle Fragen mit geraden Zahlen, Partner B alle mit ungeraden Zahlen. Der andere Partner muss die an ihn gestellte Frage beantworten. Die Antworten können schriftlich festgehalten werden. Beide Partner können sich in ihren Antworten ergänzen. Auch ein Nachschlagen in Unterlagen ist durchaus möglich.
3. In einer dritten Phase bringen dann die Paare ihre Antworten ins Plenum ein. Dort können sie weiter diskutiert und Unklarheiten beseitigt werden.

Besonders wichtig beim Partnerinterview ist, dass die Lernenden in ihrem Lern- und Arbeitstempo arbeiten können. Sie sollen sich mit den einzelnen Fragen so lange beschäftigen wie Bedarf dazu besteht. Das individuelle Lerntempo steht also im Vordergrund. Das Partnerinterview stellt eine Methode dar, die individuelle und kooperative Elemente des selbstgesteuerten Lernens miteinander verbindet. Einerseits dominieren Austausch und Gespräch mit einem Lernpartner (s. Abschnitt 6.3), andererseits dient sie der individuellen Elaboration bestimmter Wissensbereiche (s. Abschnitt 4.1.2 und Abschnitt 6.4; vgl. Traub 2012a, S. 38f.).

8.3.4 Anwendungsbeispiel: Sortieraufgabe

Die Sortieraufgabe ist eine Technik, die vor allem zur Wiederholung bestimmter Lerninhalte angewendet wird. Es handelt sich um eine Methode der individuellen Wissensverarbeitung und gehört damit in die Kategorie der individuellen Lern- und Arbeitsformen (vgl. Wahl, 2006, S. 176 ff). In den Abschnitten 4.1 und 6.4 haben wir ausführlich darüber berichtet.

Die Lernenden erhalten am Ende einer Unterrichtseinheit oder einer Lernsequenz Gelegenheit, ihre individuellen Wissenslücken zu schließen. Von der Lehrkraft kann diese Technik aber auch eingesetzt werden, um herauszufinden, welches Vorwissen die Lernenden mitbringen bzw. auf welche Lerninhalte verzichtet oder besonders intensiv eingegangen werden muss. Die Sortieraufgabe kann sich auch an eine Netzwerkphase anschließen, indem die Kärtchen des Netzwerks an alle Lernenden verteilt werden und mit diesen Kärtchen dann die Sortieraufgabe durchgeführt wird. Schließlich ist es möglich, die Sortieraufgabe einer Struktur-Lege-Technik (s. Abschnitt 8.3.5) vorzuschalten, damit sich die Lernenden zunächst einmal über die Bedeutung einzelner Begriffe Klarheit verschaffen können. Bei der Sortieraufgabe schreibt die Lehrperson alle zentralen Begriffe einer Unterrichtseinheit auf verschiedene Kärtchen, so dass auf je einem Kärtchen ein Begriff steht. Diese Kärtchen werden für alle Lernenden vervielfältigt. Jeder Teilnehmer erhält einen Stapel mit Kärtchen.

Die Aufgabe besteht nun darin, den Stapel in zwei Hälften zu teilen. Auf die linke Seite werden die Kärtchen gelegt mit jenen Begriffen, die der Lernende beherrscht, die er also sicher kennt und auch erklären kann. Auf die rechte Seite kommen jene Begriffe, bei denen sich der Lernende unsicher ist oder die er nur teilweise kennt. Dieser Sortiervorgang geschieht in Einzelarbeit, da die Teilnehmer in der Regel unterschiedliche Wissenslücken aufweisen. Nach dem Sortieren nimmt sich der Lernende den rechten Stapel und befasst sich mit den entsprechenden Begriffen. Er versucht, die Begriffe zu klären. Dazu kann er Bücher, eigene Unterlagen usw. verwenden. Wird ein Begriff ausreichend geklärt, wandert das entsprechende Kärtchen auf den linken Stapel.

Ziel ist es, alle Kärtchen auf den linken Stapel zu bekommen. Die Sortieraufgabe dient der Lernwegdiagnose (s. Kapitel 5 und Abschnitt 6.2.1). Sie unterstützt den Einzelnen darin, festzustellen, wo seine persönlichen Lernlücken in dieser Unterrichtseinheit liegen; zugleich werden Maßnahmen ergriffen diese Lücken zu schließen. Die zur Verfügung stehende Lernzeit wird somit optimal zur Informationsverarbeitung genutzt. Die Lehrperson kann feststellen, wo Wissenslücken sind und den weiteren Lernprozess darauf abstimmen bzw. auf einzelne Begriffe nochmals erklärend eingehen (vgl. Traub 2012a, S. 28f.).

8.3.5 Anwendungsbeispiel: Struktur-Lege-Technik

Die Struktur-Lege-Technik hat dort ihren Platz, wo eine gedankliche Ordnung und Wiederholung geeignet erscheint, also vor allem am Ende einer Lernsequenz. Systematisch betrachtet, vereint die Struktur-Lege-Technik zwei Lernstrategien: die Organisations- und die Elaborationsstrategie (s. Abschnitt 4.1.2).

In diesem Sinne handelt es sich um eine Anschlussmethode an das Netzwerk oder die Sortieraufgabe. So ist gewährleistet, dass die Lernenden mit den Begriffen der Struktur-Lege-Technik vertraut sind. Zunächst werden die zentralen Begriffe auf Kärtchen geschrieben, je ein Begriff auf ein Kärtchen. Die Begriffe sollten in einem engeren oder größeren Zusammenhang zueinander stehen. Die Lernenden erhalten nun einen Stapel Kärtchen. Sie haben die Aufgabe, die Begriffe in eine Struktur zu legen, so dass erkennbar wird, welche Begriffe inhaltlich zusammengehören oder von einem einzelnen als zusammengehörend betrachtet werden. Diese Aufgabe kann in verschiedenen Sozialformen angegangen werden: Einzelarbeit, Partnerarbeit oder Kleingruppenarbeit bieten sich an.

Die gelegten Strukturen werden anschließend miteinander verglichen und eventuelle Meinungen ausgetauscht. Dazu gehen die Lernenden im Raum umher und betrachten sich die gelegten Strukturen. Die Struktur-Lege-Technik ist eine Arbeitstechnik zur Unterstützung des individuellen selbstgesteuerten Lernens (s. Abschnitt 6.4). Für die Lernenden ist gewährleistet, dass sie die Lerninhalte individuell speichern und verarbeiten können. In eher spielerischer Form werden die vielfältigen Verknüpfungen, in die einzelne Begriffe eingebunden sind, sichtbar. Durch den Vergleich mit den visualisierten Strukturen der anderen Teilnehmer/innen oder einer Expertenstruktur können die Lernenden ihr eigenes Denken überprüfen und gegebenenfalls relativieren. Sie können sich anderen Denkformen öffnen, und die Informationsverarbeitung kann flexibler werde (vgl. Traub 2012a, S. 29f.).

8.3.6 Anwendungsbeispiel: Umgang mit Prokrastination

Prokrastinierer (lateinisch procrastinare „vertagen"), das sind Menschen, die unangenehme Pflichten vor sich herschieben. „Aufschieberitis" sagt der Volksmund hierzu. Der Begriff bringt zum Ausdruck, dass Menschen vielfach dazu neigen, scheinbar angenehmere Tätigkeiten einer lästigen Pflicht vorzuziehen (Konrad, 2017a, Kap. 12.3)..

Während umgangssprachlich häufig vom „Studentensyndrom" gesprochen wird, handelt es sich bei Prokrastination um eine in der Gesamtbevölkerung vorkommende Arbeitsstörung, die besonders bei Personen zutage tritt, die hauptsächlich selbstgesteuert arbeiten (z. B. Schüler/in, Studierende, Lehrer/in, Anwälte, Journalisten).

Der Psychotherapeut Stephan Förster (2017, S. 41) spricht dann von Prokrastination, wenn subjektives Leiden mit tatsächlichen Beeinträchtigungen zutage tritt. Chronische Prokrastination kann den schulischen oder beruflichen Erfolg ernsthaft gefährden und zu psychischen oder psychosomatischen Beschwerden führen.

Die Ursachen der Prokrastination sind vielfältig und in Expertenkreisen umstritten. Gängige Erklärungsmuster sind

- eine zu hohe Erwartungshaltung an sich selbst,
- überzogener Perfektionismus,
- Prüfungsangst,
- Angst vor Bewertung,
- eine erlernte Selbstkonditionierung,

- Freude am Nervenkitzel,
- Selbstzweifel.

Überwindung der „Aufschieberitis"

Wer seine Tendenzen zum Aufschieben in den Griff bekommen will, um sich ein effizienteres Vorgehen in Studium und Beruf zu erarbeiten, muss seine Selbstregulationsfähigkeiten verbessern. Es werden Konzepte der Selbstkontrolle und Selbstregulation benötigt. Betroffene Personen müssen mit verschiedenen Strategien aus den Bereichen Selbstkontrolle (Planungsfähigkeit, Zielkontrolle, Arbeitsplatzgestaltung, Impulskontrolle) und Selbstregulation (Emotionsregulation, Selbstmotivierung, Umgang mit Ablenkungen, Selbstberuhigung und -aktivierung) vertraut sein und diese tatsächlich einsetzen.

Im Fokus stehen nun Übungen, mit deren Hilfe sich jeder Leser für sich selbst mit dem Thema „Aufschieben" auseinandersetzen kann. Die Bandbreite der praktischen Tipps und Tricks reicht vom Fragebogen bis zu Willenstraining und Zeitmanagement (vgl. ZEIT für die Schule-Arbeitsblätter, 2016).

(1) Ein Fragebogen

Für die Selbstreflexion gut geeignet ist ein Fragebogen (in Anlehnung an Rückert, 2011; „Fragebogen: Sind Sie ein notorischer Aufschieber?")

	Sind Sie ein Aufschieber?	Stimmt gar nicht (0 Pkte)	Stimmt teilweise (1 Pkt)	Stimmt genau (2 Pkte)
1	Ich habe wegen meines Aufschiebens schon private oder berufliche Nachteile gehabt.	❑	❑	❑
2	Bei Schwierigkeiten oder Hindernissen heißt es bei mir: Augen zu und durch!	❑	❑	❑
3	Bevor ich mit einer wichtigen Sache anfange, muss ich erst aufräumen und abwaschen.	❑	❑	❑
4	Ich habe oft einfach zu viel um die Ohren.	❑	❑	❑
5	Ich erledige Dinge meistens auf den letzten Drücker.	❑	❑	❑
6	Ich bin ein eher spontaner Typ und mag mich nicht festlegen.	❑	❑	❑
7	Ich kann einfach nicht abschalten, sondern muss immer an alle unerledigten Sachen denken.	❑	❑	❑
8	Für mich zählen nur perfekte Ergebnisse.	❑	❑	❑
9	Man sollte nur Sachen machen, zu denen man voll motiviert ist.	❑	❑	❑
10	Ich nehme mir immer wieder etwas vor, aber halte mich dann nicht daran.	❑	❑	❑

Punkteschlüssel:

0 - 5 Punkte: Aufschieben gehört nicht zu Ihren Angewohnheiten. Sie haben die richtigen Einstellungen, um Ihre Sachen schnell und mühelos zu erledigen

6 - 10 Punkte: Es passiert Ihnen schon einmal, dass Sie Dinge vor sich her schieben, aber Sie empfinden das zu Recht nicht als Problem. Die meisten Ihrer Pläne setzen Sie auch um.

11 - 15 Punkte: Statt mit den wichtigen Dingen anzufangen, verbringen Sie zu viel Zeit mit Nebensächlichkeiten und fühlen sich dann überlastet.

6 - 20 Punkte: Bei Ihnen ist das Aufschieben zu einer Gewohnheit geworden, unter der Sie leiden. Sie fühlen sich überlastet und verlangen zu viel von sich.

(2) Anregungen aus der Lern- und Motivationspsychologie

Um das Aufschieben in den Griff zu bekommen, lohnt es sich, die Tipps von Lern- und Motivationspsychologen zurate zu ziehen. Wir knüpfen hier an die Überlegungen an, die in Abschnitt 3.1.1 dargestellt wurden.

Anfangen

Das Gegenteil von Aufschieben ist Anfangen. Hilfreich ist es, vorab drei Fragen zu klären: wann, wo und wie. Zum Beispiel: Morgen will ich um 9 Uhr in die Bibliothek, dazu muss ich den Bus um 8.30 Uhr nehmen. Zum Arbeiten brauche ich zwei Bücher, die ich aus dem Institut holen muss. Die Anfangszeit sollte auf die Minute eingehalten werden. Wer zehn Minuten durchgehen lässt, schiebt schnell zwei Stunden auf (vgl. ZEIT für die Schule-Arbeitsblätter, 2016).

Einstieg ritualisieren

Rituale ebnen den Weg. Zehn Minuten bevor der Schüler Paul die sonst immer aufgeschobene Aufgabe anfangen soll, macht er es sich angenehm und eliminiert gleichzeitig potenzielle Störfaktoren. Der Schüler trinkt eine Tasse Tee, macht einige gymnastische Übungen und schaltet überflüssige Geräte aus. Die Vorzüge solcher Abläufe liegen auf der Hand: Erstens hat dieses Ritual einen vorbereitenden Charakter für das, was gleich kommt; zweitens weist es ein natürliches Ende auf, sodass Paul nicht an seinem Ritual hängen bleibt. Die Teetasse ist geleert – nun geht es auch los! (vgl. Förster, 2017, S. 41)

Aufgaben einteilen

Das, was die meisten Menschen vom Handeln abhält, ist der riesige Berg an Aufgaben, der vor ihnen liegt. Positiv wirken hier Versuche, Schritt für Schritt zu denken und nicht alles auf einmal zu sehen. Die Studentin Anna teilt ihre Aufgaben in kleine Einheiten und arbeitet diese nach und nach ab. Dafür formuliert sie eine To-do-Liste, auf der sie die erledigten Aufgaben wegstreichen kann.

Sinnvoll ist ferner eine „paradoxe Intervention". Beispielsweise setzt Anna ein niedriges Arbeitszeitpensum fest, über das hinaus sie nicht arbeiten darf („Ich lese nur fünf Seiten"). Wenn sie dann entsprechend effizient gearbeitet hat, kann sie die Aufgabenmenge Stück für Stück vergrößern (vgl. Förster, 2017, S. 41).

Eng verwandt mit dieser Strategie ist die 50-Prozent-Regel. Das heißt zum Beispiel, nicht wie vorgesehen 20 Seiten eines wissenschaftlichen Artikels in zwei Stunden zusammenzufassen, sondern nur zehn Seiten. So kommen zum Beispiel Schüler in einen realistischen Bereich.

Tagebuch schreiben

Prokrastinierer können Situationen (schriftlich) festhalten, in denen sie wichtige Aufgaben oder Vorhaben vor sich herschieben. Sie schildern die Arbeit, vor der sie sich drücken möchten, was sie anstelle dessen tun, welche Gefühle ihr Verhalten bei ihnen auslöst und wie sich dieser Konflikt am Ende auswirkt und auflöst.

Letztlich trägt das Tagebuch dazu bei, dass das Individuum sich selbst beobachtet: „Wie kann ich wo unter welchen Bedingungen gut arbeiten?“ (Förster, 2017, S. 41).

Pausen machen und Grenzen ziehen

Kleine Pausen benötigt jeder Mensch, weil die Aufnahmefähigkeit nach kurzer Zeit abnimmt. In Abschnitt 3.1.4 war davon die Rede. Vom Schreibtisch aufstehen, sich bewegen und etwas trinken sind empfehlenswert. Danach kann es weitergehen.
Am Abend sollte es eine feste Erholungszeit geben, in der nicht mehr gearbeitet wird. Viel länger als sechs oder sieben Stunden zu arbeiten ist auf Dauer nicht effektiv (vgl. ZEIT für die Schule-Arbeitsblätter, 2016).

Ablenkungen vernichten & Selbstkontrolle

Wer sich gerne von allem und jedem ablenken lässt, muss dafür sorgen, dass er Ruhe hat und auf seinem Arbeitsplatz keine Dinge herumliegen, die für aktuelle Aufgaben nicht benötigt werden. Ein prominentes Beispiel ist das Handy. Ablenkung kostet nur unnötig Zeit (s. Abschnitt 3.1.4). Allerdings sollte das Aufräumen des Schreibtisches nicht selbst das eigentliche Anliegen aufschieben.

Sich selbst motivieren und präventive Selbstkontrolle

Damit ein nützliches Verhalten stabil wird, kommt es im Wesentlichen auf die innere Motivation an.. Wer „heiß" auf etwas ist, der gerät in einen Flow, findet Freude an seinem Tun und braucht wohl kaum Mäßigung, die anstrengt. Das heißt, er muss sich nicht selbst kontrollieren.

Zur Selbstmotivierung gehört auch eine proaktive Sprache. Erfolgreich (selbstgesteuert) Lernende fokussieren sich nicht auf die schlechte Umgebung oder auf unpassable Startchancen. Anspornende Fragen lauten stattdessen: „Was kann ich tun, damit ich eine Chance habe?", „Wie kann ich meinen Zielen näher kommen?" „Wie kann ich die Schranken in meinem Kopf überwinden?" (Konrad, 2017a).

Verwirklichungsvorsätze

Willensforscher empfehlen „Wenn-dann-Sätze" (Konrad, 2017a). Diese „Verwirklichungsvorsätze" sollen uns gegen alle Störfeuer auf dem Weg zum langfristigen Ziel wappnen. Anfangs wird es ein tägliches Ringen sein. Wendet zum Beispiel der Sachbearbeiter Kurt die Technik lange genug an, laufen seine Entscheidungen jedoch stetig routinierter ab: Will Kurt mehr joggen, sagt er also nicht: „Ich fange im nächsten Vierteljahr zu laufen an", sondern: „Wenn ich von der Arbeit nach Hause komme, ziehe ich sofort die Sportklamotten an und renne los." (Wilhelm, 2017, S. 43).

9. Rückblick

Dass Lernende ihre eigenen Lehrer sein sollten, ist ein Trend in der pädagogischen Psychologie, der zunehmend an Bedeutung gewinnt. Die gesellschaftlichen (z.B. die Notwendigkeit lebenslangen Lernens erfordert die Entwicklung passender Fähigkeiten) und theoretischen Argumente (z.B. günstige kognitive, motivationale und volitionale Wirkungen dieser Methode auf den Lernenden) liegen auf der Hand und wurden in dieser Schrift genannt. Typisch für selbstgesteuerte Lernformen ist, dass der oder die Lernende ebenso wie die Lernprozesse im Mittelpunkt stehen. Das Lehren tritt zugunsten des Lernens in den Hintergrund. Dabei gehen wir davon aus, dass jedes Lernen und Verstehen ein Minimum an selbstgesteuerter Aktivität erfordert. So betrachtet ist selbstgesteuertes Lernen zunächst einmal eine Voraussetzung des selbstgesteuerten Lernens. Darüber hinaus ist Selbststeuerung in unserer Gesellschaft aber auch ein begehrtes Ziel. Selbststeuerungsfertigkeiten werden mehr und mehr zu Lern- und Bildungsinhalten, die es neben fachlichem Wissen und Können zu entwickeln gilt. Eine Frage, die gegenwärtig kontrovers diskutiert wird, ist, ob sich dieses Ziel mit Selbststeuerung als Methode erreichen lässt (vgl. Reinmann-Rothmeier & Mandl, 2001).

Im Rahmen unserer theoretischen Ausführungen lag der Schwerpunkt sowohl auf dem Entwicklungsstand kognitiver und metakognitiver Kompetenzen als auch den emotionalen, motivationalen und willentlichen Voraussetzungen. Letztgenannte spielen sowohl bei Aufmerksamkeitsschwankungen als auch beim Umgang mit der weit verbreiteten Prokrastination eine wichtige Rolle. Um die Tendenz zum Aufschieben wirksam zu bewältigen, benötigen wir Strategien aus den Bereichen Selbstkontrolle (Arbeitsplatzgestaltung, Impulskontrolle) und Selbstregulation (Emotionsregulation, Selbstberuhigung und -aktivierung).

Neben funktional mehr oder minder autonom gewordenen Lerngewohnheiten, Arbeitshaltungen und Leistungseinstellungen gehören zum selbstgesteuerten Lernen ein positiv getöntes Selbstkonzept eigener Tüchtigkeiten, günstige Selbstbewertungen (Selbstwertgefühl), Techniken der Handlungseinleitung und Fertigkeiten der eigenständigen Manipulation von Gefühlen, Einstellungen und Aufmerksamkeitsverteilungen (vgl. Weinert, 1996).

Einen weiteren Punkt wollten wir ebenfalls deutlich machen: Schule und Hochschule als Orte expliziten und reflektierten Lernens kommt für die Entwicklung von Kompetenzen selbstgesteuerten Lernens eine grundlegende Bedeutung zu. Dabei plädieren wir für die Vereinbarkeit instruktionaler Aktivitäten mit aktiv-konstruktiven Lernprozessen. Nur so lassen sich grobe Leitlinien für die Gestaltung von Lernumgebungen entwickeln. Selbstständiges und selbstkontrolliertes Lernen bedarf in der Regel einer intensiven, didaktischen geschickten Einführung und Einübung. Die verschiedenen Varianten des offenen Unterrichts in der Schule können hierfür als Beispiele dienen.

Neuerdings wird in der Literatur die Notwendigkeit einer gut fundierten und differenzierten Wissensgrundlage betont. Dazu gehört (metakognitives) Wissen über eigene Ziele und Pläne aber auch genügendes Sachwissen. Ist die jeweilige Differenz zwischen der individuellen Wissensbasis und den Anforderungen der konkreten Aufgabenstellung zu groß, bestefals ht die Gefahr defizitärer Lernprozesse und eines unsystematischen, lückenhaften oder fehleranfälligen Kenntniserwerbs. Aus diesem Grund schlagen wir für die Entwicklung des selbstgesteuerten Lernens Mischformen von extern gesteuertem und autonomem Lernen vor. Wie Lernaktivitäten zunehmend in die Hand der Lernenden übergeführt werden können, ist vor allem den dargestellten integrierten Ansätzen zu entnehmen (vgl. Simons, 1992).

Auf dem Weg zu einer neuen Lehr-Lernkultur empfehlen wir eine Orientierung an den in Abbildung 32 dargestellten Leitlinien.

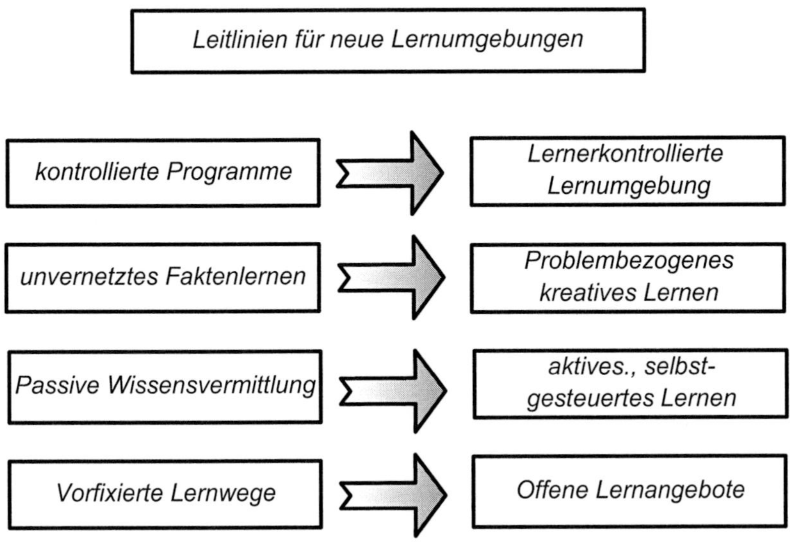

Abb. 32: Eine neue Lehr-Lern-Kultur

Wer als Lehrender verantwortungsbewusstes Denken und Handeln ermöglichen will, muss dafür sorgen, dass

- die Lernenden das, womit sie sich beschäftigen, auch verstehen und sinnvoll in ihr Wissen einbauen.
- sie Zusammenhänge zwischen verschiedenen Wissensinhalten herstellen
- nicht fertige Lösungen präsentiert werden, sondern Fehler und Widersprüche diskutiert, Hypothesen kritisiert und sogenannte allgemeingültige Wahrheiten in Frage gestellt werden.

- die Lernumgebung so gestaltet ist, dass sie den Umgang mit realistischen Problemen und authentischen Situationen ermöglicht und anregt.
- sich die Lernenden letztlich zu Personen entwickeln, die selbstständig sowohl allein als auch zusammen mit anderen anstehende Probleme lösen können (vgl. Reinmann-Rothmeier & Mandl, 2001).

Literatur

Adl-Amini, B. (1994). Medien und Methoden des Unterrichts. Donauwörth: Auer.

Akademie für Lehrerfortbildung Dillingen (1994). Freies Arbeiten: Realschule - Hauptschule - Gymnasium. Donauwörth: Auer.

Alexander, P. A. (1997). Knowledge-seeking and self-schema: A case for the motivational dimensions of exposition. Educational Psychologist,32, 83 - 94.

Arnold, W. Eysenck, H. J. & Meili, R. (1987). Lexikon der Psychologie. Freiburg: Herder.

Artelt, C. (2000). Strategisches Lernen. Münster: Waxmann.

Bandura, A. (1986). Social foundations of thought and action. A social cognitive theory. Englewood Cliffs, NJ: Prentice-Hall.

Bartnitzky, H. (1986). Freie Arbeit und Leistungsbeurteilung. Lehrer Journal, 54. 215 - 216.

Bastian, J. (1996). Offener Unterricht. Pädagogik, 47, 6 - 11.

Bastian, J & Gudjons, H. (Hrsg.) (1994). Das Projektbuch. Theorie - Praxisbeispiele - Erfahrungen (4. Aufl.). Hamburg.

Bastian, J. & Gudjons, H. (Hrsg.) (1993). Das Projektbuch II. Über die Projektwoche hinaus. Projektlernen im Fachunterricht (2. Aufl.). Hamburg

Beitinger, G. & Mandl, H. (1992). Entwicklung und Konzeption eines Medienbausteins zur Förderung des selbstgesteuerten Lernens im Rahmen der betrieblichen Weiterbildung (Forschungsbericht Nr. 8). München: Institut für Empirische Pädagogik und Pädagogische Psychologie der Ludwig-Maximilians-Universität.

Beitinger, G., Mandl, H. & Puchert, C. (1994). Konzeption und Evaluation des Medienbausteins „Impulse zum Weiterlernen". Unterrichtswissenschaft, 22, 56 - 74.

Benner, D. (1990). Wilhelm von Humboldts Bildungstheorie. München: Beltz.

Bildungskommission NRW (1995). Zukunft der Bildung Schule der Zukunft. Denkschrift der Kommission „Zukunft der Bildung - Schule der Zukunft" beim Ministerpräsidenten des Landes Nordrhein-Westfalen. Neuwied: Luchterhand.

Bohl, T. & Meissner, S. (2013). Expertise Gemeinschaftsschule. Forschungsergebnisse und Handlungsempfehlungen für Baden-Württemberg. Weinheim und Basel: Beltz.

Bönsch, M. (1995). Differenzierung in Schule und Unterricht. München: Ehrenwirth.

Borkowski, J. G., Chan, L. K. S. & Muthukrishna, M. (2000). A process-oriented model of metacognition: Links between motivation and executive functioning. In G. Schraw & J. Impara (Hrsg.), Issues in the measurement of metacognition (pp.1-41). Lincoln: The University of Nebraska Press.

Böttcher, W. & Klemm, K. (Hrsg.) (1995). Bildung in Zahlen. Statistisches Handbuch zu Daten und Trends im Bildungsbereich. Weinheim: Juventa.

Bromme, R. (1997). Kompetenzen, Funktionen und unterrichtliches Handeln des Lehrers. In F. E. Weinert (Hrsg.), Enzyklopädie der Psychologie (Themenbereich D, Praxisgebiete: Ser. 1, Pädagogische Psychologie; Bd. 3: Psychologie des Unterrichts und der Schule) (S. 177 - 212). Göttingen: Hogrefe.

Brown, A. & Campione, J. C. (1990). Communities of learning and thinking, or a context by any other name. In D. Kuhn (Hrsg.), Developmental perspective on teaching and learning thinking skills (pp. 108 - 126). Basel: Karger.

Brown, A. L. (1984). Metakognition, Handlungskontrolle, Selbststeuerung und andere noch geheimnisvollere Mechanismen. In F. Weinert & R. H. Kluwe (Hrsg.), Metakognition, Motivation und Lernen (S. 60 - 108). Stuttgart: Kohlhammer.

Brown, A. L (1997). Transforming schools into communities of thinking and learning about serious matters. American Psychologist, 52, 399 - 413.

Brown, A. L. & Palincsar, A. S. (1989). Guided, cooperative learning and individual knowledge acquisition. In L. B. Resnick (Hrsg.), Knowing, learning, and instruction. Essays in honor of Robert Glaser (pp. 393 - 451). Hillsdale, NJ: Erlbaum.

Brown, J. S., Collins, A. & Duguid, P. (1989). Debating the situation. Educational Researcher, 18, 10 - 12, 62.

Brown, R. & Pressley, M. (1994). Self-regulated reading and getting meaning from text: The transactional strategies model and its ongoing validation. In D. H. Schunk & B. J. Zimmerman (Hrsg.), Self-regulation of learning and performance. Issues and educational applications (pp. 155 - 179). Hillsdale, NJ: Erlbaum.

Bundesanstalt für Arbeitsschutz und Arbeitsmedizin (2013). Stressreport Deutschland. Dortmund: www.baua.de/dok/3430796 (Januar).

Candy, S. (1991). Self-direction for lifelong learning. A comprehensive guide to theory and practice. San-Francisco: Jossey-Bass.

Cizek, G. I. (1997). Learning, achievement, and assessment: Constructs at a crossroads. In G. D. Phye (Hrsg.), Handbook of classroom assessment. Learning, achievement, and adjustment (pp. 1 - 32). San Diego: Academic Press.

Claussen, C. (Hrsg.). (1995) Handbuch Freie Arbeit: Konzepte und Erfahrungen. Weinheim: Beltz.

Cohen, E. G. (1994). Restructuring the classroom: Conditions for productive small groups. Review of Educational Research, 64, 1 - 35.

Cohen, E. G., Lottan, R. A. & Leecer, C. (1989). Can classrooms learn? Social Education, 62, 75 - 94.

Corno, L. (1989). Self-regulated learning: A volitional analysis. In B. J. Zimmerman & D. H. Schunk (Hrsg.), Self-regulated learning and academic achievement (pp. 111 - 141). New York: Springer.

Daubenbüchel, J. & Schuldt, W. (1986). Wie frei ist die Freie Arbeit? Lehrer Journal, 54. 213 - 215.

Deci, E. L. & Ryan, R. M. (1985). Intrinsic motivation and self-determination in human behavior. New York: Academic Press.

Deci, E. L. & Ryan, R. M. (1991). A motivational approach to self: Integration in personality. In R. Dienstbier (Hrsg.), Nebraska Symposium on Motivation 1990. Perspectives on Motivation (pp. 237 - 288). Lincoln: University of Nebraska Press.

Deci, E. L. & Ryan, R. M. (1993). Die Selbstbestimmungstheorie der Motivation und ihre Bedeutung für die Pädagogik. Zeitschrift für Pädagogik, 39, 223 - 238.

Dewey, J. & Kilpatrick, W.H. (1935). Der Projektplan, Grundlegung und Praxis, Weimar.

Dilger, B. & Sloane, P. F. E. (2007a). Das Wesentliche bleibt für das Auge verborgen, oder? Möglichkeiten zur Beobachtung und Beschreibung selbst regulierten Lernens. Bwp - Selbstorganisiertes Lernen in der beruflichen Bildung, 13.

Dilger, B. & Sloane, P. F. E. (2007b). Die wirklich vollständige Handlung Eine Betrachtung des Handlungsverständnisses in der beruflichen Bildung unter dem Fokus der Selbstregulation. In F.-W. Horst, J. Schmitter & J. Tölle (Hrsg.), Wie MOSEL Probleme löst, Lernarrangements wirksam gestalten (Band I) (S. 66 - 103). Paderborn.

Dubs, R. (1993). Selbständiges (eigenständiges oder selbstgeleitetes) Lernen: Liegt darin die Zukunft? Zeitschrift für Berufs- und Wirtschaftspädagogik, 89, 113 - 117.

Duden - Deutsches Universalwörterbuch (2017). Mannheim: Dudenverlag. ISBN: 978-3-411-04017-9

Einsiedler, W. (1996). Wissensstrukturen im Unterricht. Neuere Forschung zur Wissensrepräsentation und ihre Anwendung in der Didaktik. Zeitschrift für Pädagogik, 42, 167 - 191.

Einsiedler, W., Neber, H. & Wagner, A. C. (1978). Selbstgesteuertes Lernen im Unterricht - Einleitung und Überblick. In W. Einsiedler, H. Neber & A. C. Wagner (Hrsg.), Selbstgesteuertes Lernen (S. 13 - 32). Weinheim: Beltz.

Entwistle, N., Entwistle, A. & Tait, H. (1993). Academic understanding and contexts to enhance it: A perspective from research on student learning. In T. M. Duffy, J. Lowyck & D. H. Jonassen (Hrsg.), Designing environments for constructive learning (pp. 331 - 357). Berlin: Springer.

Ebbens, S. & Ettekoven, S. (2009). Unterricht entwickeln. Band 1: Effektiv lernen. Baltmannsweiler: Schneider

Fatzer, G. (1998). Ganzheitliches Lernen (5. Aufl.). Paderborn: Junfermann.

Flavell, J. H. (1979). Metacognition and cognitive monitoring. A new area of cognitive-developmental inquiry. American Psychologist, 34, 906 - 911.

Förster S. (2017). „Durchatmen, und los geht's". DIE ZEIT, 38, 41.

Frey, K. (2006). Die Projektmethode. In J. Wiechmann (Hrsg.), 12 Unterrichtsmethoden. Vielfalt für die Praxis (S. 155 - 162). Weinheim: Beltz.

Frey, K. (2007). Die Projektmethode: Der Weg zum bildenden Tun. Weinheim: Beltz.

Friedrich, H. F. (1997). Selbstgesteuertes Lernen, Lernstrategien, Schule. Tübingen: Deutsches Institut für Fernstudienforschung (DIFF) an der Universität Tübingen.

Friedrich, H. F. (2006). Selbstgesteuertes Lernen und Lernstrategien. In J. Wiechmann (Hrsg.), Zwölf Unterrichtsmethoden. Vielfalt für die Praxis (S. 163 - 172). Weinheim: Beltz.

Friedrich, H. F. & Mandl, H. (1990). Psychologische Aspekte autodidaktischen Lernens. Unterrichtswissenschaft, 18, 197 - 218.

Friedrich, H. F. & Mandl, H. (1997). Analyse und Förderung selbstgesteuerten Lernens. In F. E. Weinert & H. Mandl (Hrsg.), Enzyklopädie der Psychologie (Themenbereich D: Praxisgebiete, Ser. I, Pädagogische Psychologie; Bd. 4: Psychologie der Erwachsenenbildung) (S. 237 - 293). Göttingen: Hogrefe.

Friedrich, H. F. & Mandl, H. (2006). Lernstrategien: Zur Strukturierung des Forschungsfeldes. In H. Mandl & H. F. Friedrich (Hrsg.), Handbuch Lernstrategien (S. 1 - 23). Göttingen: Hogrefe.

Fritz, J. (1998). Identität in virtuellen Welten. Praxis. Spiel + Gruppe, 3, 116 - 127.

Gaudig, H. (1930). Die Schule im Dienste der werdenden Persönlichkeit (3. Aufl.) (zusammenfassend herausgegeben von Otto Scheibner) Leipzig: Quelle & Meyer.

Geißler, G. (1994). Das Problem der Unterrichtsmethode in der Pädagogischen Bewegung (9. Auflage). Weinheim: Beltz.

Geißler, K. A. (1995). Lernprozesse steuern. Weinheim: Beltz.

Gerstenmaier, J. & Mandl, H. (1995). Wissenserwerb unter konstruktivistischer Perspektive. Zeitschrift für Pädagogik, 41, 867 - 888.

Goleman, D. (2014). Der fokussierte Manager. Harvard und Business Manager, Februar, 18 - 31.

Goleman, D. (2015). Konzentriert Euch! Eine Anleitung zum modernen Leben. München: Piper

Grumbine, R. & Alden, P. B. (2006). Teaching Science to Students with Learning Disabilities. The Science Teacher, 3, 26 - 31.

Gudjons, H. (1994) Handlungsorientiert Lehren und Lernen.(4. neub. u. erw. Auflage). Bad Heilbrunn: Klinkhardt.

Groß, E. (Hrsg.) (1992). Freies Arbeiten in weiterführenden Schulen: Hinführung - Begründung -Beispiele. Donauwörth: Auer.

Grow, G. O. (1991). Teaching learners to be self-directed. Adult Education Quarterly, 41, 125 - 149.

Grow, G. O. (1993). In defense of the staged self-directed learning model. Adult Education Quarterly, 43.

Grow, G. O. (1991). Teaching learners to be self-directed. Adult Education Quarterly, 41, 125 - 149.

Hacker, W. (1986). Arbeitspsychologie. Psychische Regulation von Arbeitstätigkeiten. Bern: Huber.

Hänsel, D. (Hrsg.)(1997) Handbuch Projektunterricht, Weinheim: Beltz

Hage, K. (1985). Das Methodenrepertoire von Lehrern. Eine Untersuchung zum Unterrichtsalltag der Sekundarstufe I, Leske + Budrich.

Hattie, J., Beywl, W. & Ziere,r K. (2013). Lernen sichtbar machen (Überarbeitete deutschsprachige Ausgabe „Visible Learning"). Baltmannsweiler: Schneider-Verlag Hohengehren.

Hecker, U. Freie Arbeit Schritt für Schritt. Verlag an der Ruhr, ohne weitere Angabe

Heckhausen, H. (1989). Motivation und Handeln (2. Aufl.). Berlin: Springer.

Helmke, A. & Weinert, F. E. (1997). Bedingungsfaktoren schulischer Leistung. In F. E. Weinert (Hrsg.), Enzyklopädie der Psychologie (Themenbereich D: Praxisgebiete, Ser. I, Pädagogische Psychologie; Bd. 3: Psychologie des Unterrichts und der Schule) (S. 71 - 176). Göttingen: Hogrefe.

Helmke, A. (2012). Unterrichtsqualität und Lehrerprofessionalität. Diagnose, Evaluation und Verbesserung des Unterrichts. Seelze-Velber: Klett/Kallmeyer.

Heursen, G. (1996). Selbstorganisiertes Lernen: Autonomie im Unterricht. Pädagogik, 48, 7 - 8, 76 - 80.

Hoefs, H. (1996). Offenheit macht Schule: Ein anderer Schulalltag: Bausteine für Freies Lernen in Projekten. Mühlheim: Verlag an der Ruhr.

Huber, G. (1991). Methoden des kooperativen Lernens. In E. Meyer & R. Winkel (Hrsg.), Unser Konzept: Lernen in Gruppen (S. 166 - 174). Baltmannsweiler: Schneider Verlag Hohengehren.

Huber, A. (2007). Wechselseitiges Lehren und Lernen (WELL) als spezielle Form Kooperativen Lernens. Berlin: Logos Verlag.

Ingenkamp, K. (1988). Lehrbuch der pädagogischen Diagnostik. Weinheim: Beltz.

Jürgens, E. (1995). Die „neue" Reformpädagogik und die Bewegung offener Unterricht. Theorie, Praxis und Forschungslage (2. Aufl.). Sankt Augustin: Academia.

Klaffke, T. (1995). Von der inneren zur äußeren Öffnung des Unterrichts. Pädagogik, 47,12, 12 - 22.

Klafki, W. (1996). Neue Studien zur Bildungstheorie und Didaktik: zeitgemäße Allgemeinbildung und kritisch-konstruktive Didaktik (5. unveränd. Aufl.) Weinheim: Beltz.

Konrad, K. (1993). Kontrollüberzeugungen und Kontrollhandlungen in der Interaktion mit dem Computer in der Schule. Landau: Empirische Pädagogik.

Konrad, K. (1996). Selbstgesteuertes Lernen und Autonomieerleben bei Studierenden: Theoretische Grundzüge und erste empirische Befunde. Empirische Pädagogik, 10, 49 - 74.

Konrad, K. (2005). Förderung und Analyse von selbstgesteuertem Lernen in kooperativen Lernumgebungen. Lengerich: Pabst Science Publishers.

Konrad, K. (2015). Mündliche und schriftliche Befragung. Ein Lehrbuch (8. Auflage). Landau: Verlag Empirische Pädagogik.

Konrad, K. (2008). Erfolgreich selbstgesteuert Lernen. Bad Heilbrunn: Klinkhardt.

Konrad, K. (2009a). Leseförderung für Schüler der Sekundarstufe I: Über den Wissenserwerb beim Lesen. Hamburg: Dr. Kovac.

Konrad, K. (2009b). Kleingruppenprojekte. In A. Huber (Hrsg.), Kooperatives Lernen - kein Problem. Effektive Methoden der Partner- und Gruppenarbeit (für Schule und Erwachsenenbildung) (S. 102 – 110). Stuttgart: Klett.

Konrad, K. (2011). Wege des erfolgreichen Lernens. Weinheim: Beltz Juventa.

Konrad, K. (2013). Independent learning an der Hochschule - Bezüge zum selbstgesteuerten Lernen und unterstützende (kooperative) Lehr-Lern-Arrangements. In R. Arnold & M. Lermen (Hrsg.), Independent Learning - Die Idee und ihre Umsetzung. Baltmannsweiler: Schneider.

Konrad, K. (2017a). Lern- und Veränderungsprozesse aktiv gestalten. Mehrebenenkonzepte und Fördertechniken in Coaching, Aus- und Weiterbildung Stuttgart: Verlag W. Kohlhammer.

Konrad, K, (2017b). Lautes Denken in psychologischer Forschung und Praxis. In G. Mey, K. Mruck (Hrsg.), Handbuch Qualitative Forschung in der Psychologie, Springer Reference Psychologie. Wiesbaden: Springer.

Konrad, K. & Wosnitza, M. (1995). Neue Formen des Lernens in Schule, Aus- und Weiterbildung. Landau: Empirische Pädagogik.

Konrad, K. & Traub, S. (2012). Kooperatives Lernen. Theorie und Praxis in Schule, Hochschule und Erwachsenenbildung (5. Auflage). Baltmannsweiler: Schneider Verlag Hohengehren.

Konrad, K. & Bernhart, A. (2014). Lernstrategien für Kinder. Baltmannsweiler: Schneider.

Konrad, K. & Bernhart, D. (2017). Handbuch Gelingende Lernprozesse. Band 1: Lernen im Unterricht. Theorie und Praxis einer zeitgemäßen nterrichtsentwicklung. Köln: Wolters Kluwer Deutschland

Krapp, A. (1996). Die Bedeutung von Interesse und intrinsischer Motivation für den Erfolg und die Steuerung schulischen Lernens. In G. W. Schnaitmann (Hrsg.), Theorie und Praxis der Unterrichtsforschung (S. 87 - 110). Donauwörth: Auer.

Krengel. M. (2013). Golden Rules. Erfolgreich lernen und arbeiten. Zürich: Midas Management Verlag.

Krieger, C. (1994). Mut zur Freiarbeit. Praxis und Theorie für die Sekundarstufe. Baltmannsweiler: Schneider Verlag Hohengehren.

Kuhl, J. (1987). Motivation und Handlungskontrolle: Ohne guten Willen geht es nicht. In H. Heckhausen, P. M. Gollwitzer & F. E. Weinert (Hrsg.), Jenseits des Rubikon. Der Wille in den Humanwissenschaften (S. 101 - 120). Berlin: Springer.

Kuhl, J. (1996). Wille und Freiheitserleben: Formen der Selbststeuerung. In J. Kuhl & H. Heckhausen (Hrsg.), Enzyklopädie der Psychologie (Themenbereich C: Theorie und Forschung, Ser. IV, Motivation und Emotion, Bd. 4: Motivation, Volition und Handlung) (S. 665 - 765). Göttingen: Hogrefe.

Ladenthin, V. (1992). Wie frei ist die Freiarbeit? Schulmagazin 5-10, 11, 4-7

Lahtinen, V., Lonka, K. & Lindblom-Ylänne, S. (1997). Spontaneous study strategies and the quality of knowledge construction. British Journal of Educational Psychology, 67, 13 - 24.

Lichtenstein-Rother, I. (1986). Pädagogische Ort der Freien Arbeit in der Regelschule. Lehrer Journal, 54 , 5, 194 - 197.

Lompscher, J. (1996). Erfassung von Lernstrategien auf der Reflexionsebene. Empirische Pädagogik, 10, 245 - 275.

Markus, H. & Wurf, E. (1987). The dynamic self-concept: A social psychological perspective. Annual Review of Psychology, 38, 299 - 337.

McCarthey, S. J. & McMahon, S. (1992). From convention to invention: Three approaches to peer interactions during writing. In R. Hertz-Lazarowitz & N. Miller (Hrsg.), Interaction in cooperative groups. The theoretical anatomy of group learning (pp. 17 - 35). Cambridge: University Press.

McCombs, B. L. & Whisler, J. S. (1989). The role of affective variables in autonomous learning. Educational Psychologist, 24, 277 - 306.

Metzinger Th. (2014).Der Ego-Tunnel. Eine neue Philosophie des Selbst. München: Piper.

Meyer, H.(1987).Unterrichtsmethoden (2 Bände), Frankfurt/M.: Cornelson.

Meyer, H. & Meyer, M. A. (1997). Lob des Frontalunerrichts? Argumente und Anregungen. In M. A. Meyer, U. Rampillon, G. Otto & E. Terhart (Hrsg.), Lernmethoden, Lehrmethoden. Wege zur Selbständigkeit (Friedrich Jahresheft XV) (S. 34 - 37). Stuttgart: Klett.

Ministerium für Kultus und Unterricht, Baden Württemberg (2016). Bildungsplan für Primar- und Sekundarstufe. Stuttgart.

Mollenhauer, K. (1996a): Über Mutmaßungen zum »Niedergang« der Allgemeinen Pädagogik – eine Glosse. In: Zeitschrift für Pädagogik 42, S. 277–258.

Morf, C. C. & Koole, S. L. (2014). Das Selbst. In K. Jonas, W. Stroebe &·M. Hewstone (Hrsg.). Sozialpsychologie (6. Auflage) (S. 142 – 195). Berlin: Springer.

Neber, H. (1978). Selbstgesteuertes Lernen (lern- und handlungspsychologische Aspekte). In W. Einsiedler, H. Neber & A. C. Wagner (Hrsg.), Selbstgesteuertes Lernen. Psychologische und pädagogische Aspekte eines handlungsorientierten Lernens (S. 33 - 48). Weinheim: Beltz.

Nisbett, R. E. & Wilson, T. D. (1977). Telling more than we can know: Verbal reports on mental processes. Psychological Review, 84, 231 - 259.

Oberauer, K. (1993). Prozedurales und deklaratives Wissen und das Paradigma der Informationsverarbeitung. Sprache und Kognition, 12, 30 - 43.

Palincsar, A. S. (1998). Social constructivist perspectives on teaching and learning. Annual Review of Psychology, 49, 345 – 375.

Patry, J.-L. & Hofmann, F. (1998). Erziehungsziel Autonomie. Psychologie in Erziehung und Unterricht, 45, 53 - 66.

Payne, J. (1994). Thinking aloud: Insights into information processing. Psychological Science, 5 (5), 241 - 248.

Pekrun, R. & Schiefele, U. (1996). Emotions- und motivationspsychologische Bedingungen der Lernleistung. In F. E. Weinert (Hrsg.), Enzyklopädie der Psychologie (Themenbereich D: Praxisgebiete, Ser. I, Pädagogische Psychologie; Bd. 2: Psychologie des Lernens und der Instruktion) (S. 153 - 180). Göttingen: Hogrefe.

Perls, F. (2002). Gestalt-Therapie in Aktion (9. Auflage). Stuttgart: Klett-Cotta.

Peschel, F. (2010). Offener Unterricht 1 und 2: Idee, Realität, Perspektive und ein praxiserprobtes Konzept in der Evaluation Baltmannsweiler: Schneider-Verlag Hohengehren

Pintrich, P. R. (2000). The role of goal orientation in self-regulated learning. In M. Boekaerts, P. R. Pintrich, & M. Zeidner (Hrsg.), Handbook of self-regulation (pp. 451-502). San Diego: Academic Press.

Pintrich, P.R. (2002). The role of metacognitive knowledge in learning, teaching, and assessment. Theory into Practice 41 (4), 19 - 25.

Potthoff, W. (1992). Grundlage und Praxis der Freiarbeit (4. Aufl.). Freiburg: Potthoff.

Potthoff, W. (1994). Freies Lernen - Verantwortliches Handeln (2. überarbeitete und aktualisierte Auflage). Freiburg: Potthoff.

Prenzel, M. (1993). Autonomie und Motivation im Lernen Erwachsener. Zeitschrift für Pädagogik, 39, 239 - 253.

Pressley, M., Borkowski, J. G. & Schneider, W. (1987). Cognitive strategies: Good strategy users coordinate metacognition and knowledge. In R. Vasta & G. Whitehurst (Hrsg.), Annals of child development (Vol. 5) (pp. 89 - 129). New York: JAI Press.

Rambacher, H. (1991). Zur Handlungsorientierung des Berufschulunterrichts. Zeitschrift für Berufs- und Wirtsschaftspädagogik, 87, 147 - 151.

Reinmann-Rothmeier, G. & Mandl, H. (1996). Wissen und Handeln. Eine theoretische Standortbestimmung (Forschungsbericht Nr. 70). München: Ludwigs-Maximilians-Universität München, Institut für Pädagogische Psychologie und Empirische Pädagogik.

Reinmann-Rothmeier, G. & Mandl, H. (1997). Lehren im Erwachsenenalter. Auffassungen von Lehren und Lehren, Prinzipien und Methoden. In F. E. Weinert & H. Mandl (Hrsg.), Enzyklopädie der Psychologie (Themenbereich D: Praxisgebiete, Ser. I, Pädagogische Psychologie; Bd. 4: Psychologie der Erwachsenenbildung) (S. 355 - 403). Göttingen: Hogrefe.

Reinmann-Rothmeier, G. & Mandl, H. (2001). Unterrichten und Lernumgebungen gestalten. In A. Krapp & B. Weidenmann (Hrsg.), Pädagogische Psychologie. Ein Lehrbuch (S. 601 - 646). Weinheim: Beltz PVU.

Reinmann, G. (2013). Studientext. Didaktisches Design. München: Universität der Bundeswehr.

Rheinberg, F. (1989). Zweck und Tätigkeit. Göttingen: Hogrefe.

Röbe, H. (1986). Freie Arbeit - eine Bedingung zur Realisierung des Erziehungsauftrags der Grundschule? Frankfurt am Main: Verlag Peter Lang GmbH

Röbe, H. (1983). Freie Arbeit als eine Möglichkeit, einen pädagogisch begründeten Differenzierungsbegriff zu realisieren. Pädagogische Welt, 37, 489 – 496.

Rogers, C. (1981). Der neue Mensch. Stuttgart: Klett Cotta.

Rückert, Hans-Werner (2011) „Schluss mit dem ewigen Aufschieben" Frankfurt a.M.: Campus.

Rumpf, H. (1996): Abschied vom Stundenhalten. In A. Combe & W. Helsper (Hrsg.), Pädagogische Professionalität. Untersuchungen zum Typus pädagogischen Handelns (S. 472 - 500). Frankfurt am Main: Suhrkamp.

Scheibner, O. (1962). Arbeitsschule in Idee und Gestaltung (5. Auflage). Heidelberg: Quelle & Meyer.

Schiefele, H. (1993). Brauchen wir eine Motivationspädagogik? Zeitschrift für Pädagogik, 39, 177 - 186.

Schiefele, U. & Pekrun, R. (1996). Psychologische Modelle des fremdgesteuerten und selbstgesteuerten Lernens. In F. E. Weinert (Hrsg.), Enzyklopädie der Psychologie (Themenbereich D: Praxisgebiete, Ser. I, Pädagogische Psychologie; Bd. 2: Psychologie des Lernens und der Instruktion) (S. 249 - 278). Göttingen: Hogrefe.

Schiefele, U. & Schreyer, I. (1994). Intrinsische Lernmotivation und Lernen. Ein Überblick zu Ergebnissen der Forschung. Zeitschrift für Pädagogische Psychologie, 8, 1 - 13.

Schiefele, J. (2005). Prüfungsnahe Erfassung von Lernstrategien und deren Vorhersagewert für nachfolgende Lernleistungen. In C. Artelt & B. Moschner (Hrsg.), Lernstrategien und Metakognitionen (S. 13 - 41). Implikationen für Forschung und Praxis: Münster: Waxmann.

Schönberger, B. (2017) Konzentrieren Sie Sie sich! Psychologie Heute, 06, S. 19 - 23.

Schraw, G. & Dennison, R.S. (1994). Assessing metacognitive awareness. Contemporary Educational Psychology, 19, 460 - 475.

Schraw, G., Crippen, K. J., & Hartley, K. (2006). Promoting self-regulation in science education: Metacognition as part of a broader perspective on learning. Research in Science Education, 36, 111-139.

Schulze, H. (1993). „ ... und morgen fangen wir an!“ Bausteine für Freiarbeit und offenen Unterricht in der Sekundarstufe.(2. Auflage). Lichtenau: AOL

Schunk, D. H. & Zimmerman, B. J. (1994). Self-regulation in education: Retrospect and prospect. In D. H. Schunk & B. J. Zimmerman (Hrsg.), Self-regulation of learning and performance: Issues and educational applications (pp. 305 - 314). Hillsdale, NJ: Erlbaum.

Sczesny, C. (1996). Textgebundenes Blickverhalten als Indikator für „time-on-task“ innerhalb des Modells schulischen Lernens von Carroll. Empirische Pädagogik, 10, 411 - 432.

Sehrbrock, P. (1993). Freiarbeit in der Sekundarstufe I. Frankfurt am Main: Cornelson.

Simons, P. R.-J. (1992). Lernen, selbständig zu lernen – ein Rahmenmodell. In H. Mandl & H. F. Friedrich (Hrsg.), Lern- und Denkstrategien. Analyse und Intervention (pp. 251 - 264). Göttingen: Hogrefe.

Simons, P. R.-J. (1993). Constructive learning: The role of the learner. In T. M. Duffy, J. Lowyck & D. H. Jonassen (Hrsg.), Designing environments for constructive learning (pp. 291 - 313). Berlin: Springer.

Slavin, R. E. (1992). When and why does cooperative learning increase achievement? Theoretical and empirical perspectives. In R. Hertz-Lazarowitz & N. Miller (Hrsg.), Interaction in cooperative groups. The theoretical anatomy of group learning (pp. 145 - 173). Cambridge: University Press.

Slavin, R. E. (1996). Research on cooperative learning and achievement: What we know, what we need to know. Contemporary Educational Psychology, 21, 43 - 69.

Spiro, R. J. & Jehng, J. C. (1990). Cognitive flexibility and hypertext: Theory and technology for the nonlinear and multidimensional traversal of complex subject matter. In D. Nix & R. J. Spiro (Hrsg.), Cognition, education, and multimedia: Exploring ideas in high technolgy (pp. 163 - 205). Hillsdale. NJ: Erlbaum.

Spörer, N. & Brunstein, J. C. (2005). Diagnostik von selbstgesteuertem Lernen: Ein Vergleich zwischen Fragebogen- und Interviewmethoden. In C. Artelt & B. Moschner (Hrsg.), Lernstrategien und Metakognition: Implikationen für Forschung und Praxis (S. 43 - 63). Münster: Waxmann.

Stark, R., Gruber, H., Renkl, A., Mandl, H. & Graf, M. (1995). Dissonanz und Konvergenz instruktionaler Effekte beim komplexen Lernen (Forschungsbericht Nr. 63). Institut für Empirische Pädagogik und Pädagogische Psychologie der Ludwig-Maximilians-Universität.

Stebler, R., Reusser, K. & Pauli, C. (1994). Interaktive Lehr-Lern-Umgebungen: Didaktische Arrangements im Dienste des gründlichen Verstehens. In K. Reusser & M. Reusser-Weyeneth (Hrsg.), Verstehen. Psychologischer Prozeß und didaktische Aufgabe (S. 227 - 259). Bern: Huber.

Straka, G. A. (2005). Von der Klassifikation von Lernstrategien im Rahmen selbstgesteuerten Lernens zur mehrdimensionalen und regulierten Handlungsepisode. ITB Forschungsberichte 18 /2005 Februar 2005. Bremen: Institut Technik und Bildung, Universität Bremen.

Taylor, P. C., Dawson, V. & Fraser, B. J. (1995). A constructivist perspective on monitoring classroom learning environments under transformation. Paper presented at the annual meeting of the American Educational Research Association, San Fransisco, CA.

Taylor, P. C., Fraser, B. J. & Fisher, D. L. (1997). Monitoring constructivist classroom learning environments. International Journal of Educational Research.

Thanhoffer, M., Reichel, R. & Rabenstein, R. (1994). Kreativ unterrichten. Möglichkeiten ganzheitlichen Lernens (2. Aufl.). Münster: Ökotopia.

Traub, S. (1997). Freiarbeit in der Realschule. Analyse eines Unterrichtsversuchs. Landau: Verlag Empirische Pädagogik.

Traub, S. (1999). Auf dem Weg zur Freiarbeit. Entwicklung und Analyse eines Lehrerfortbildungskonzepts zur Vermittlung von Handlungskompetenz für Freiarbeit in der Sekundarstufe. Dissertation an der PH Weingarten.

Traub, S. (2000). Schrittweise zur erfolgreichen Freiarbeit. Ein Arbeitsbuch für Lehrende und Studierende. Bad Heilbrunn: Klinkhardt.

Traub, S. (2004). Unterricht kooperativ gestalten. Hinweise und Anregungen zum kooperativen Lernen in Schule, Hochschule und Lehrerbildung. Bad Heilbrunn: Klinkhardt.

Traub, S. (2006). Gespräche führen – leicht gemacht. Gesprächserziehung in der Schule. Baltmannsweiler: Schneider Verlag Hohengehren.

Traub, S. (2012a). Projektarbeit erfolgreich gestalten. Bad Heilbrunn: Klinkhardt; UTB.

Traub, S. (2012b). Projektarbeit – ein Unterrichtskonzept selbstgesteuerten Lernens? Eine vergleichende empirische Studie. Bad Heilbrunn: Klinkhardt.

Traub, S. (2016). Lehren und Lernen mit Methode. Individualisiert, kooperativ auf verschiedenen Lernniveaus. Baltmannsweiler: Schneider Verlag Hohengehren

Ulich, D. & Jerusalem, M. (1996). Interpersonale Einflüsse auf die Lernleistung. In F. E. Weinert (Hrsg.), Enzyklopädie der Psychologie (Themenbereich D: raxisgebiete, Ser. I, Pädagogische Psychologie; Bd. 2: Psychologie des Lernens und der Instruktion) (pp. 181 - 208). Göttingen: Hogrefe.

van Dick, L. (1991). Freie Arbeit, Offener Unterricht, Projektunterricht, Handelnder Unterricht, Praktisches Lernen. Versuch einer Synopse. Pädagogik, 6, 31-34.

Vaupel, D. (1995). Das Wochenplanbuch für die Sekundarstufe. Schritte zum selbständigen Lernen. Weinheim: Beltz.

Veenman, M. V. J. (2005). Assessment of metacognitiv skills. In C. Artelt & B. Moschner (Hrsg.), Lernstrategien und Metakognition: Implikationen für Forschung und Praxis (S. 77 - 99). Berlin: Waxmann.

Vermunt, J. D. & Verloop, N. (1999). Congruence and friction between learning and teaching. Learning and Instruction, 9 (3), 257 - 280.

Wahl, D. (2006). Lernumgebungen erfolgreich gestalten. Vom trägen Wissen zum kompetenten Handeln (2. Auflage). Bad Heilbrunn: Klinkhardt.

Wahl, D. (2013). Lernumgebungen erfolgreich gestalten. Vom trägen Wissen zum kompetenten Handeln (3. überarbeiteteAuflage). Bad Heilbrunn: Klinkhardt.

Wahl, Diethelm, Weinert , Franz E. & Huber, Günter L. (2001). Psychologie für die Schulpraxis (7. Aufl.). München: Kösel.

Wallrabenstein, W. (1994). Offene Schule - Offener Unterricht. Ratgeber für Eltern und Lehrer. (Aktualisierte Auflage). Hamburg.

Weidenmann, B. (1997). Medien in der Erwachsenenbildung. In F. E. Weinert & H. Mandl (Hrsg.), Enzyklopädie der Psychologie (Themenbereich D: Praxisgebiete, Ser. I, Pädagogische Psychologie; Bd. 4: Psychologie der Erwachsenenbildung) (S. 405 - 436). Göttingen: Hogrefe.

Weinert, F. E. (1982). Selbstgesteuertes Lernen als Voraussetzung, Methode und Ziel des Unterrichts. Unterrichtswissenschaft, 2, 99 - 110.

Weinert, F. E. (1991). Weiß das Gedächtnis, daß, was und wie es lernt? Anmerkungen zu Definitionen und Deformationen des Begriffs Metagedächnis. In K. Grawe, R. Hänni, N. Sommer & F. Tschan (Hrsg.), Über die richtige Art, Psychologie zu betreiben (S. 271 - 281). Göttingen: Hogrefe.

Weinert, F. E. (1994). Lernen lernen und das eigene Lernen verstehen. In K. Reusser & M. Reusser-Weyeneth (Hrsg.), Verstehen. Psychologischer Prozess und didaktische Aufgabe (pp. 183 - 205). Bern: Huber.

Weinert, F. E. (1996). Lerntheorien und Instruktionsmodelle. In F. E. Weinert (Hrsg.), Enzyklopädie der Psychologie: (Themenbereich D: Praxisgebiete: Ser. 1, Pädagogische Psychologie; Bd. 2: Psychologie des Lernens und der Instruktion) (S. 1 - 48). Göttingen: Hogrefe.

Weinert, F. E. (1997). Notwendige Methodenvielfalt. Unterschiedliche Lernfähigkeiten erfordern variable Unterrichtsmethoden. In M. A. Meyer, U. Rampillon, G. Otto & E. Terhart (Hrsg.), Lernmethoden, Lehrmethoden. Wege zur Selbständigkeit (Friedrich Jahresheft XV) (S. 50 - 52). Stuttgart: Klett.

Weinhäupl W. (Hrsg.)(1995). Lust auf Schule: Offener Unterricht in der Mittelstufe. Linz: Veritas.

Weinstein, C. E. & Mayer, R. E. (1986). The teaching of learning strategies. In M. C. Wittrock (Hrsg.), Handbook of research on teaching (3. Aufl.) (pp. 315 - 327). New York: Macmillan.

Weltner, K. (1978). Autonomes Lernen. Stuttgart: Klett-Cotta.

Wernke, S. (2009). Handlungsnahe Erfassung von Lernstrategien mit Fragebögen im Grundschulalter. In F. Hellmich & S. Wernke (Hrsg.), *Lernstrategien im GrundschulalterKonzepte, Befunde und praktische Implikationen* (S. 45-60). Stuttgart: Verlag W. Kohlhammer.

Wild, K.-P. & Schiefele, U. (1994). Lernstrategien im Studium. Ergebnisse zur Faktorenstruktur und Reliabilität eines neuen Fragebogens. Zeitschrift für Differentielle und Diagnostische Psychologie, 15, 185 - 200.

Wilhelm, K. (2017). Überschätzte Selbstkontrolle. Psychologie Heute, 09, S. 41 – 43.

Witte-Löffler, E.-A. (1995). Freiarbeit - ein Anfang mit 138 DM und zwei Stunden. Bildung und Wissenschaft, Zeitung der Gewerkschaft Erziehung und Wissenschaft, 12, 57-61.

ZEIT für die Schule-Arbeitsblätter (2016). Prokrastination: Von Aufschiebern und Self-Trackern. Online: http://tc-angebote.zeit.de/schule/wp-content/uploads/sites/9/2017/06/0116-ZEIT-ZfdS-AB-Sek2-Prokrastination.pdf. Zugriff: 23.8.2017

Zimmerman, B. J. (1989). A social cognitive view of self-regulated academic learning. Journal of Educational Psychology, 81, 329 - 339.

Zimmerman, B. (1990). Self-Regulated Learning and Academic Achievement: An Overview. Educational Psychologist, 25(1), 3-17.

Zimmerman, B. J. & Martinez-Pons, M. (1986). Development of a structured interview for assessing student use of self-regulated learning strategies. American Educational Research Journal, 23, 614 - 628.

Zimmerman, B. J. (1994). Dimensions of academic self-regulation: A conceptual framework for education. In D. H. Schunk & B. J. Zimmerman (Hrsg.), Self-regulation of learning and performance: Issues and educational applications (pp. 3 - 21). Hillsdale, NJ: Erlbaum.